全国学前教育专业
"十三五"规划教材

幼儿游戏
活动设计与案例

视频指导版

◎ 李丽 邓益云 主编

◎ 王庆春 万丽芳 海建利 副主编

◎ 欧从容 丛书主编

人民邮电出版社

北 京

图书在版编目（ＣＩＰ）数据

幼儿游戏活动设计与案例：视频指导版 / 李丽，邓
益云主编. -- 北京：人民邮电出版社，2018.1(2023.8重印)
全国学前教育专业"十三五"规划教材
ISBN 978-7-115-47438-4

Ⅰ．①幼… Ⅱ．①李… ②邓… Ⅲ．①学前教育－游
戏课－幼儿师范学校－教材 Ⅳ．①G613.7

中国版本图书馆CIP数据核字(2018)第011181号

内 容 提 要

　　本书共六章内容。第一章为"幼儿游戏概述"，具体包括幼儿游戏的定义及特点、幼儿游戏理论、幼儿游戏的基本构成及幼儿游戏的分类；第二章为"幼儿游戏的价值与作用"；第三章为"当前幼儿游戏活动的设计概况"；第四章为"幼儿游戏观察与指导"；第五章为"幼儿规则性游戏活动设计"，具体包括对幼儿智力游戏、体育游戏、音乐游戏的概述、设计与指导及案例分析；第六章为"幼儿创造性游戏活动设计"，具体包括对幼儿角色游戏、表演游戏、结构游戏的概述、设计与指导及案例分析。通过学习本书，读者既能了解游戏理论知识，从宏观上把握和建构知识体系，同时也能从微观上感知具体的游戏活动，能从案例着手，学习设计科学的游戏活动。

　　本书适合作为普通高校、职业院校学前教育专业学生的教材，也可作为幼儿园一线教师及培训机构的教学参考用书。

　◆　主　编　李　丽　邓益云
　　　副主编　王庆春　万丽芳　海建利
　　　责任编辑　古显义
　　　责任印制　马振武

　◆　人民邮电出版社出版发行　　北京市丰台区成寿寺路 11 号
　　　邮编　100164　　电子邮件　315@ptpress.com.cn
　　　网址　http://www.ptpress.com.cn
　　　三河市君旺印务有限公司印刷

　◆　开本：787×1092　1/16
　　　印张：12.75　　　　　　　2018 年 1 月第 1 版
　　　字数：305 千字　　　　　2023 年 8 月河北第 8 次印刷

定价：39.80 元

读者服务热线：(010)81055256　印装质量热线：(010)81055316
反盗版热线：(010)81055315
广告经营许可证：京东市监广登字 20170147 号

丛书编委会

主　编：欧从容

副主编：曹立峥　邓益云　巫　莉　陈莉莉　万丽芳　海建利
　　　　王庆春　杨剑钦　陈　雯　李建丽　侯红梅　杨　燕
　　　　徐惠军　陈　萍　黎晓芳

成　员：罗　萍　楼秀妮　覃朝霞　吕　奕　王　辉　李建华
　　　　余海燕　朱向阳　田　莉　袁艳华　徐　佳　赵春梅
　　　　夏　君　褚　红　宋丽双　代晓蓓　程　丹　吴　砚
　　　　龚　青　范　敏　何秀丽

前言
PREFACE

　　"幼儿园要以游戏为基本活动"是我国幼儿教育改革的重要课题，也是我国幼儿园课程改革的重要指导思想，目的是使幼儿园教育去小学化。学前教育和小学教育最大的专业性区别在于游戏，正如学前教育专家华爱华所说："对儿童游戏的把握，才是学前教育专业教师的拿手好戏和看家本领，也是幼儿园教师专业地位的重要体现。"

　　本书是依据《幼儿园教育指导纲要（试行）》（简称《纲要》）和《3~6岁儿童学习与发展指南》（简称《指南》）的指导要求编写的，强调内容的可读性和趣味性。全书内容主要包括游戏的基本理论、游戏的价值与作用、游戏活动设计的原则和要素、游戏活动的观察和指导、规则性游戏活动的设计与指导、创造性游戏的设计与指导。对本课程的学习将使读者具备幼儿游戏相关理论知识和设计、组织、指导幼儿游戏活动的基本技能。

　　本书既强调理论基础，又力求将国家教师资格证考试要求相关知识融合教材内容中。本书在编写体例上采用新的形式，文字表述简约，采用大量实物图片，图文并茂，直观明了；注重理论和实践的结合，设置了"资源库""小链接"等小栏目，为读者提供游戏案例和专家视野，以丰富和拓展读者的见识。

　　本课程的教学时数为58学时，各章的参考教学课时见课时分配表。

课时分配表

章节	课程内容	课时分配	
		讲授	实践训练
第一章	幼儿游戏概述	8	*
第二章	幼儿游戏的价值与作用	4	*
第三章	当前幼儿游戏活动的设计概况	2	2
第四章	幼儿游戏观察与指导	4	2
第五章	幼儿规则性游戏活动设计	9	9
第六章	幼儿创造性游戏活动设计	9	9
课时总计		36	22
总学时		58	

　　本书由李丽、邓益云任主编，由王庆春、万丽芳、海建利任副主编。感谢田莉、袁艳华、徐佳为本书的出版做出的贡献。本书通过多种渠道借鉴、参考了大量的相关资料和研究成果，在此向所有提供帮助的专家学者致以深深的敬意。

　　由于编者水平有限，书中难免存在不妥之处，恳切希望广大读者批评指正。

编　者

2017年5月

目录
CONTENTS

第一章
幼儿游戏概述

说到游戏，大家都非常熟悉，游戏不仅活跃于儿童的世界，而且也存在于成人的生活中。从婴孩的自在玩耍打闹、青少年的冒险探秘，到中年人的棋牌娱乐，甚至年逾古稀老翁的幽默笑谈，都体现了游戏在现实生活中存在的广泛性及其独特的魅力。那么，什么是幼儿游戏？幼儿游戏有什么价值？幼儿游戏有哪些类型？带着这些疑问，让我们进入"游戏"的世界吧！

第一节　幼儿游戏的定义及特点

为了理解游戏的本质含义，首先我们从游戏的中英文词义来看游戏概念的发展。

"游戏"一词，最早见于《史记·老子韩非列传》。楚威王欲以高薪聘庄子"为相"，庄子笑着对楚王派来的使者说："千金，重利；卿相，尊位也。……子亟去，无污我。我宁游戏污渎之中自快，无为有国者所羁，终身不仕，以快吾志焉。"表现出一种"不以物喜"、不恋权势，坦荡"游心于无穷""游于天地"的逍遥志趣。游戏于污渎之中，但游戏并非污渎。孔子也肯定游戏是有益的休闲活动，他说："饱食终日，无所用心，难矣哉！不有博弈者乎！"在欧美一些思想家那里，游戏多与庄子的逍遥相通，富有人生哲理、审美境界的大意味。

英语中与游戏相关的有"play"和"game"两词。其中"game"一词多指有规则的竞技活动，与汉语中"博弈""搏戏"等词相仿。而"play"与"playing"则有"玩"和"游戏"的含义，与现代汉语中通行的"游戏"一词意义相同。英语中的"fun"一词更是蕴涵了多种"乐趣"之意。把"游戏（game）""玩（play）"和"乐趣（fun）"联结起来，便构成了游戏品质的素描："游戏"是饶有趣味的玩乐活动；"玩"是游戏的具体行为；"乐趣"是从游戏中得到的体验和情感。

以上是游戏的词义解释，不同领域的学者们对游戏也有不同的解释。在教育学领域中，福禄贝尔认为游戏是儿童的本能的表现，是幼儿内部存在的自我活动的表现。艾利康宁认为，游戏是在真实的条件下，借助想象，利用象征的材料，再现人与人的关系的活动。我国学者黄人颂认为游戏是幼儿喜爱的、主动的活动，是反映社会现实的活动。

虽然给游戏下一个明确而又清晰的定义比较困难，但是研究者们倾向于将游戏定义为一种追求快乐的行为，是儿童自愿参加的，以娱乐为主要目的的活动。它具有以下几个特征。

1. 游戏是自发主动的行为

所谓的自发主动是"我要玩"，是由机体本身所发出的愿望需求，而非"要我玩"。游戏的目的在于自身的活动，幼儿追求的不是游戏以外的东西。一旦幼儿感知游戏的奖惩所在，这时候活动的性质就不再是游戏了。

 小资料

有位老太太在家中休养，她需要安静的环境。但附近住着一些喜欢踢足球的孩子，最近天天到她家的草坪上踢球，他们天天互相追逐打闹，吵闹声使老人无法好好休息。但是，老人没有去直接阻止，而是用了一个办法。一天，她来到草坪上，对孩子们说："我很喜欢你们踢足球，我决定给你们奖励。"于是她给了每个孩子一些钱，孩子们有了意外的收获，踢得更卖力气了。

第二天，第三天，孩子们得到的钱和第一天一样多。

第四天，老人对孩子们说："对不起，我最近经济有些困难，必须减少给你们的奖励。"钱少了，孩子们也没有那么卖力了。

一周后，老人一分钱也不给了。结果，孩子们认为自己受到的待遇越来越不公正，"不给钱了谁还给你踢球"……

2. 游戏是假装虚构的行为

幼儿游戏情境常常反映着周围世界的现实与幻想。在游戏中所扮演的角色、行为过程、所使用的材料都具有象征性。我们小时候都玩过娃娃家的游戏，我们拿土当饭，树叶撕碎了当菜，整片的梧桐树叶当碗，树枝当筷子，小朋友们分别扮演爸爸、妈妈和孩子，玩得不亦乐乎。而当夕阳西下，吃饭的时间到了的时候，他们都会放下这些材料各自回家吃饭，谁也不会吃这些树叶、土之类的"饭菜"，因为这些都是假装的。

3. 游戏是规则有序的行为

游戏是自由的，也是受规则约束的。除了明显的规则游戏之外，角色游戏等也有隐含的规则，游戏规则是对游戏者在游戏中的行为顺序和被允许或被禁止的各种行为的规定。我们可以将游戏规则分为显规则和潜规则（也可以称作隐规则）两种。显规则是游戏所明确规定的、游戏者需要有意识自觉遵行的规则，主要是关于游戏方法的规定。显规则也有约定俗成的，但通常是在游戏创编时予以说明或游戏前商定的。在游戏中，显规则的修改必须得到多数参加者的同意和全体参加者的理解（理解但不同意的可以退出游戏，不退出就必须遵行），否则游戏不能正常进行。

游戏的潜规则是约定俗成、不必说明的规则，以参加者的技能、经验和合作意识为基础。没有这个基础则无潜规则。潜规则与显规则同样具有限制和约束作用。潜规则又有两种情况，一种情况存在于有两名以上游戏者参加的多人游戏中，要求游戏者的基本行为必须符合社会准则和道德规范，这也是游戏社会性的规则底线。另一种情况出现在以角色扮演为主要内容的模拟游戏中。在这类游戏中，规则内化于角色之中，要求游戏者以生活为蓝本表现角色及角色之间的关系。显规则不妨碍游戏者的自由（任何自由都有所依循的规则），潜规则则赋予游戏者更大的自由，给游戏者提供了较大的随意性和创造性空间。

4. 游戏伴随着愉快的情绪体验

幼儿在游戏中没有强制性的目标，没有外在的压力，能感受到轻松愉快，其次幼儿在游戏中发挥其主观能动性，创造性地解决问题从而获得成功的喜悦。

这些关于游戏特征的研究及成果，为我们进一步认识和理解游戏，促进游戏指导的科学化，提供了更加科学的依据。然而，如果不能深入剖析游戏这一行为的整体结构模式及具体构成要素，对游戏特征的这些研究，只能停留在简单列举或描述的水平上，因此，我们需要进一步分析游戏的构成要素。

第二节　幼儿游戏理论

　　游戏的历史几乎跟人类的历史一样悠久，而游戏理论的历史，却只有一百多年。了解游戏理论的演进和发展，可以使我们更好地理解游戏的价值和作用。

一、古典游戏理论

　　古典游戏理论（见表1-1）是指从18世纪初到19世纪这一段时间里，人们系统地关注解释和研究游戏，并逐渐形成的游戏理论。主要的古典游戏理论主要有剩余精力说、松弛说、前练习说、复演说、天赋本能说等。

表1-1　古典游戏理论代表人物及主要观点

游戏理论	代表人物	主要观点
剩余精力说	英国的斯宾塞	游戏是儿童和高等动物对剩余精力的一种无目的的消耗，即游戏是剩余精力的发泄
松弛说	德国的柏屈克	对幼儿来说，由于身心发展水平的限制及生活经验的缺乏，对复杂的外部世界难以适应，很容易疲劳，需要游戏来轻松一下，以便恢复精力
预演说（前练习说）	德国的格鲁斯	游戏是对未来生活的一种无意识的准备
复演说	美国的霍尔	游戏是人类生物遗传的结果，儿童游戏是重现生物进化的进程，重现祖先进化过程中产生的动作和活动
天赋本能说	德国的福禄贝尔	游戏是儿童本能的表现、儿童生活的一部分，通过游戏，儿童才表达了内心的本质，即"神的本源"

二、现代游戏理论

　　现代游戏理论（见表1-2）是指20世纪以后流行的游戏理论，主要有精神分析学派的游戏理论、认知发展学派的游戏理论和社会文化历史学派的游戏理论。

表1-2　现代游戏理论代表人物及主要观点

游戏理论	代表人物	主要观点
精神分析理论	弗洛伊德 艾里克森	游戏是思想和情感的一种健康的发泄方式，是对现实生活中不能满足的欲望的一种补偿
认知结构理论	皮亚杰	游戏的实质是同化超过了顺应，游戏是学习新的事物，形成和扩大知识和技能的方法。该观点有助于对"游戏是一种学习方式"的理解

续表

游戏理论	代表人物	主要观点
社会文化历史学派	维果茨基 艾利康宁	游戏是学前儿童发展的基本源泉（儿童在游戏中表现出常常高于他们的真实的发展水平），也可以作为儿童最近发展区的支架，促进学前儿童思维能力和意志、行为的发展，帮助他们达到更高的发展层次。艾利康宁认为游戏的起源和本质，都是游戏的社会性

三、当代游戏理论

当代游戏理论（见表1-3）是指在皮亚杰的认知发展游戏论之后形成的游戏理论，比较有影响的是唤醒理论和元交际理论。

表1-3 当代游戏理论代表人物及主要观点

游戏理论	代表人物	主要观点
唤醒理论	博莱恩 艾利斯 亨特	游戏是由于外界刺激引发学习的内驱力活动而形成的产物
元交际理论	贝特森	人类的交际不仅限于语言的交际，也有意义含蓄的交际，这种意义含蓄的交际就是元交际，它常表现为"言外之意"和"不言而喻"的隐喻。元交际理论认为游戏是儿童通往人类文化和表征世界的必需技能和重要途径

第三节 幼儿游戏的基本构成

游戏作为人类行为的模式之一，是人（儿童）与环境相互作用的结果。把游戏看作是儿童的一类行为或活动现象，是区别于非游戏活动的现象，可以对游戏活动的结构组成进行探讨，游戏活动的基本构成要素是可观察的外部行为。这种外部行为表现的内在依据即儿童的内部主观心理体验，以及游戏发生的外部客观条件。

一、游戏的外部可观察行为因素

表情、动作、活动对象以及言语等通常是活动的外显因素。我们通过对儿童在游戏活动中的表情、动作、言语、材料（玩具）等外显行为的观察，可以认识游戏的外部特征。

（一）表情

表情是人们常常用来判断一种活动是不是游戏的一项外部指标。皮亚杰就曾经用微笑作为游戏发生的标志，用以区分和探究游戏。当婴儿听到因偶然碰到绳子而带动了挂在摇篮上方的玩具摇晃发出的声响时，他最初的表情是严肃的、认真的。但是经过几次反复，他理解并掌握了这种情景之后，开始出现轻松愉快的表情。这时，皮亚杰认为活动的性质由探究转变为游戏。婴儿活动的目的是为了"让有趣的情景保持下去"。

对灵长类动物游戏的研究发现，动物在游戏时有一种特殊的脸部表情或"玩相"（playface）。在对儿童游戏的观察中也发现有这种类似的"玩相"出现，尤其是当儿童在一起追逐打闹、捉迷藏时最为常见。这种"玩相"的特征是张大的嘴巴、得意扬扬的神情、眼睛里充满的笑意。这种"玩相"的作用在于它能够传递给伙伴一个特殊的游戏信号："这是在玩啊！"或"我跟你闹着玩儿呢！别当真。"

但是，必须指出，儿童在游戏时并不总是在"笑"，有时候他们的表情是非常专注认真的，比如说当他们在观察蚂蚁搬家的情形、在拼图、在和伙伴讨论用什么东西代替给马吃的草时的表情。这取决于游戏活动的性质与类型（是认知性成分较强的活动还是嬉戏性成分较强的活动；是自己玩还是与伙伴一起玩等），也取决于游戏活动的阶段（开始还是进行中或是结束）和材料（新异的玩具还是熟悉的玩具）等。

儿童在游戏中的表情有兴奋性程度的差异，如图1-1所示。我们在图中可以清楚地看到儿童在游戏中的表情不是只有一种，而是有多种，构成一个正向的情绪连续体。无论是专注认真的表情还是微笑、嬉笑、扮鬼脸（夸张变形）、哈哈大笑，儿童在游戏中的表情特征说明儿童在游戏中身心总是处于一种积极主动的活动状态，而不是消极被动的状态。这一点可以帮助我们把游戏和无所事事、闲逛、坐着发呆等行为区分开来。无所事事是一种消极被动的状态，其典型的表情特征是茫然发呆。无所事事表明儿童没有在游戏。因此，我们也可以把无所事事作为判断儿童是否在游戏的一个客观指标。如果一个班级中的幼儿无所事事率高，说明参与游戏活动的人数少。

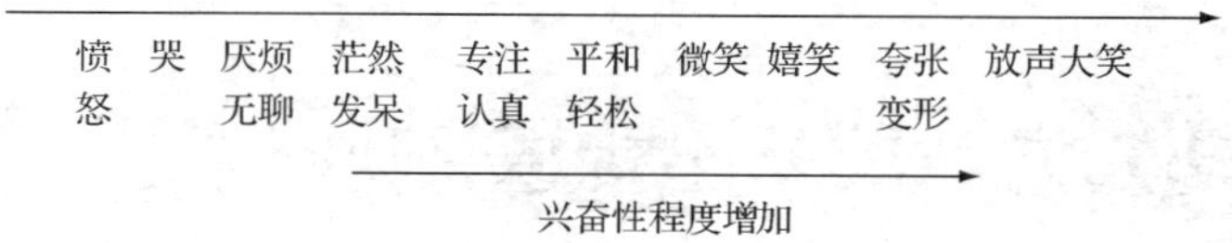

图1-1　游戏的表情

（二）动作

游戏动作是儿童游戏活动中最引人注目的部分。在游戏活动中，儿童对物体或游戏材料的使用往往不同于日常生活中对其他物体的使用方式，具有非常规性、重复性和个人随意性的特点。游戏动作具有非常规性，即在游戏中，儿童往往不按物体的社会意义来使用它们，而是按照自己的想法与意图来使用它们。例如，脸朝椅背骑在椅子上假装开汽车，这是游戏性动作而不是常规性动作或工具性动作。重复性也是游戏动作的特征之一，例如爬楼梯本身不是游戏，但是假如我们看到一个孩子在来来回回地爬楼梯（加上表情等线索），我们可能会判断说"这个孩子在玩"。重复可以使幼儿体验掌握本领的欢乐，即所谓"机能性快乐"。游戏动作具有个人的随意性，不同的人可以用不同的方式去对待同一物体，同一个人这次玩的方式也可能与下一次的方式不同。游戏动作的非常规性与个人随意性使游戏动作具有丰富多样性和灵活性。根据游戏动作的不同性质，我们可以把游戏动作分为探索、象征和嬉戏三种基本类型。

1. 探索

探索是对当前事物的性质（如形状、颜色、软硬等）以及事物与事物之间的关系、事物的变化（如形状改变、空间位移等）与自己的动作之间的关系的考察，通常是视觉、听觉、触摸觉、本体觉等感知觉的联合活动。

（1）对物体性质的探索。当给儿童一个新的玩具或游戏材料时，他们首先出现的反应是探索，这种探索的目的在于确定当前事物或对象"是什么"，然后才用它来玩。

（2）物体之间关系的探索。儿童通过这种探索，发现事物之间的关系。如在搭积木的过程中，发现小块的积木要放在大块的积木上面才不会掉下来。儿童通过这种探索可以形成序列、对应、平衡等概念。

（3）动作效应的探索。儿童通过这种探索发现事物的变化与自己的动作之间的关系。如通过滚大小、重量不同的球，可以体验到自己用力的大小与球的大小重量、球的滚动距离之间的关系。

探索在个体发生上和游戏的时序结构上都先于象征的发生。

2. 象征

象征性动作是在表象作用支配下的想象性、虚构性动作（其动作的意义超越了当前的知觉情境）。象征性动作包括以一物假装代替另一物来使用（如用一块积木当作小人），也包括以言语、动作来代替或标志另一事物和动作的意义（如伸开双臂跑玩"开飞机"）。

3. 嬉戏

嬉戏是故意做"坏事"或某种动作来取乐，带有幽默、逗乐、玩笑的性质。如把玩具一次一次地往下扔；在洗澡时，故意用手击水，把水溅得满地都是，弄湿了母亲的衣服，母亲越是呵斥，就越是起劲儿地击水。

如果把这三种性质不同的游戏动作看作是一个连续体，那么探索是这一连续体的一端，嬉戏是另一端。在探索的这一端，外部刺激物对儿童游戏动作的制约作用大，表现为对外部事物的顺应，认知性成分高；在嬉戏这一端上，儿童已有的知识经验、愿望与需要对儿童游戏动作的制约作用大，表现为对外部事物的同化，嬉戏性成分高，如图1-2所示。

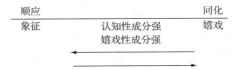

图1-2 探索、象征与嬉戏性动作之间的关系

在不同内容的游戏活动（如娃娃家、搭积木等）中，这三种不同性质的游戏动作可能所占的比例不同。在娃娃家游戏中，占优势的动作可能是象征性动作，在搭积木、拼图游戏中，占优势的动作可能是探索。在游戏过程中的不同时段，占优势的动作也可能不同。例如在搭积木的最初阶段，占优势的可能是探索。但是当建筑物搭好以后，幼儿可能用它来玩"小矮人的家"

（白雪公主的故事），这时象征性动作就成为占优势的动作。

（三）角色扮演

角色扮演是一种特殊的游戏动作，是儿童以自身或他物为媒介对他人或他物的动作、行为、态度的模仿，也可以说是一种象征性动作。我们往往是因为看到幼儿在模仿别人的行为、态度（如模仿医生给娃娃打针）时，就判断幼儿是在游戏。这是儿童游戏的一种鲜明的外部特征。儿童所扮演的角色，大致可以分为以下三种类型。

（1）机能性角色。这是儿童通过模仿范例或对象（如司机）的一两个最富特色的典型角色动作（如转方向盘）来标志他所模仿的对象。

（2）互补性角色。这是以角色关系（如母亲—孩子）中的另一方存在为条件的角色扮演。例如，有人当"医生"，就得有人当"病人"。这种角色主要来源于儿童的日常生活经验，往往是他们比较熟悉的社会人际关系的再现。在这种相对的角色关系中，儿童往往担任占据主动地位的一方，如医生—病人关系中的医生，作为配角的被动一方往往由"娃娃"担任。

（3）想象的或虚幻性角色。这种角色往往在现实生活中不存在，常来源于故事、图画书等作品中，如孙悟空、蓝精灵等。

儿童除了自己直接模仿他人或他物以及自己的动作或行为以外，还通过其他物品或玩具来间接地模仿他人或他物以及自己的动作与行为。例如，让一只小玩具狗"哭"，自己发出"呜呜"的哭的声音，然后让一只大些的玩具狗当妈妈，来到小狗面前说："妈妈回来了，别哭了。"在这种游戏中，儿童自己好像是导演，因此这种游戏可称之为"个人导演式游戏"。这是在学前期常见的一种游戏形式。皮亚杰把这种情况称为"象征性的投射"。通过角色扮演、模仿和想象，儿童再现自己的现实生活经验。儿童游戏的内容是儿童现实生活经验的反映。

（四）言语

儿童的游戏往往有言语相伴随。注意倾听幼儿的言语，也可以帮助我们判断儿童是否在游戏。儿童在游戏中的言语，按照功能划分，大致有以下三种不同的类型。

（1）伙伴之间的交际性语言。例如，"我们来玩过家家吧！""把这个借给我用一会儿行吗？""这是我的，不给你玩！"这种交际性语言具有提议、解释、协商、表达、申辩、指责他人等功能。

（2）角色之间的交际性语言（抑或称之为游戏性语言）。例如，"医生，我的孩子生病了，请您给看看。"这种语言对合作性的角色游戏起到维系与支持的作用。

（3）以自我为中心的想象性独白，表现为儿童一边玩一边自言自语："这是小兔子的家，大老虎在睡觉，小黄狗在看家，它不会咬人……"这种语言是儿童在游戏过程中思维与想象的外化。

注意倾听儿童的言语，一方面，可以帮助我们判断儿童是否在游戏以及游戏的水平与状况。另一方面，儿童在游戏中的言语伴随率的高低也可以作为评价儿童活动的自由度以及班级的心理环境质量的一个指标。

（五）材料

儿童的游戏往往依赖于具体的游戏材料或玩具来进行。儿童年龄越小，对游戏材料的逼真程度要求越高。在研究中发现，许多大班幼儿用"玩就是玩玩具"来定义"玩"。

虽然任何东西都可以成为儿童的游戏材料，但是玩具是现代社会儿童游戏时经常使用的游戏材料。因此，有无玩具或游戏材料也经常成为人们判断儿童是否在游戏的一个指标。

在游戏中儿童的表情、动作、言语以及活动材料等构成了游戏的外部行为特征。这些行为特征作为一个整体，告诉我们"这是游戏"，同时它们也在游戏者之间传递着"这是玩啊"的信号。

综上所述，儿童的游戏是一种外部可观察的行为，通过对儿童的表情、动作、角色扮演、言语和所使用的材料的观察，我们可以判断儿童是否在游戏。在某种具体的游戏活动中，我们可能不能同时观察到上述五个方面的因素及特征，这与游戏的种类和具体条件有关（如有无伙伴、游戏材料的性质与种类等），也与儿童的个性特点有一定的关系。

二、游戏的内部主观心理因素

游戏构成的内部要素是游戏行为发生的内在依据或内部原因，它主要包括作为游戏主体的儿童的动机与体验。

（一）游戏的动机

动机是推动人去活动的心理力量。活动动机是指向于解释个体活动的原因。在"儿童为什么游戏"这个问题上，不同的游戏理论有不同的解释，但是有一点是共同的，即各种游戏理论都把游戏看作是在发展过程中出现的现象，是由儿童身心发展的需要驱动的活动。需要是推动人去活动的内在力量。由于游戏是由儿童身心发展的需要推动的活动，因此，游戏活动在动机系统上就具有以下特征，这些特征是解释游戏外部行为表现的根据。

1. 内部动机

从动机产生的来源来看，我们可以把活动动机分为内部动机与外部动机，内部动机是指活动本身来自于活动主体自身的需要，而外部动机则相反，是指活动本身是由他人的直接要求引起的。儿童游戏的动机是内部动机，是儿童身心发展的客观要求。儿童游戏是"我要玩"而不是"要我玩"，不是因为外部的命令或要求。游戏是儿童主动、自发自愿的活动，不需要任何强迫与催促。

2. 直接动机

根据动机与目的之间的关系，我们可以把活动动机分为直接动机与间接动机。游戏的动机是直接动机。"玩即目的""游戏是目的在自身的活动"，儿童不是为了游戏以外的东西，如为了得到老师的表扬或一朵小红花才去游戏。游戏过程本身就能使儿童感到满足。游戏不是"无目的"的活动，而是"目的在自身"的活动。儿童在游戏中不是不追求结果，而是不追求游戏活动以外的结果（如小红花或糖果）。

3. 内部控制

由于游戏是由内部动机、直接动机支配的活动，没有来自外部的要求与压力，因此游戏是儿童独立自主的自由活动，游戏者可以自己控制活动的过程与方式方法，自己决定玩什么、怎么玩、和谁玩；以及决定对活动材料、伙伴、内容的选择，决定对待和使用活动材料的方式方法，决定是否按照外部的要求与规则来玩。游戏本身也有规则，但游戏的规则是游戏者自愿遵守或自己协商制定的，是一种积极的自我约束。

总之，在游戏的外部行为因素与游戏的动机因素之间存在着因果制约的关系。游戏活动的动机特征决定着游戏活动在外部的面貌特征。正是因为游戏是由内部动机、直接动机支配的，由内部控制的活动，游戏才是儿童积极主动的、愉快的、丰富多样的创造性活动。

（二）游戏性体验

儿童作为游戏的主体，在游戏中总会产生对于这种活动的主观感受或内部的心理体验，它影响着儿童对于游戏的态度（积极或不积极）和评价（喜欢或不喜欢）。这种在游戏中产生的主观感受或心理体验，就是游戏性体验。

游戏性体验是判断一种活动是不是游戏至关重要的依据。事实上，游戏性体验是所有游戏不可或缺的重要心理成分。如果说游戏的外部行为特征和动机特征都是外在于游戏者的，是他人的观察、判断与解释，那么，只有游戏性体验才是内在于游戏者的，是游戏者在游戏过程中的实实在在的获得。人们正是因为这种体验才喜欢游戏。游戏性体验正是游戏的魅力所在。事实上，人们正是根据自己的体验来给游戏下定义的。人们常常说，游戏是自由的、自主的、愉快的活动。"愉快的""自由的""自主的"这些词汇无一不带着强烈的情绪体验色彩。人们加在游戏前面的形容词或限定词，正是人们对自身游戏体验的概括。

一般认为，游戏性体验可以分为以下几种主要成分。

（1）兴趣性体验。这是一种为外界刺激物所捕捉和占据的体验，是一种情不自禁地被卷入、被吸引的心理状态。兴趣性体验是游戏性体验不可缺少的成分。没有这种体验，游戏就会停止。

（2）自主性体验。这是由游戏活动可以自由选择、自主决定的性质所引起的主观体验，是"我想玩就玩，不想玩就不玩"或"我想怎么玩就怎么玩"的体验。

自主性体验是儿童游戏性体验的重要成分。许多儿童都用"随便玩"来说明什么是玩，概括他们的游戏体验。"随便玩"实际上就是可以自行决定、自主选择。

（3）胜任感体验/成就感。这是一种对自己能力的体验，这种体验可以增强游戏者的自信心。胜任感体验的产生在于主体知觉到当前任务与自己能力之间有合适的差距。

在游戏中，由于儿童可以自由选择、自行决定游戏的内容和方式方法，可以通过尝试错误，反复选择找到适合自己能力与兴趣的活动内容和方式方法，不担心失败会招致他人的批评，因此，游戏一般总可以让儿童获得胜任感和成就感。这是游戏过程给儿童的自然奖赏，也是儿童为什么喜欢游戏的原因之一。

（4）幽默感。这是由嬉戏、玩笑等引起的快感。儿童的幽默感有一个发生、发展的过程。最初的幽默感来源于嬉戏性行为的偶然结合，当熟悉的情景或行为程序中出其不意地出现了一种让儿童觉得有趣新奇的因素时，儿童会马上重复这种新的因素，表现出一种故意取乐的倾向（如偶然发现把母亲的长发拉下来挡住眼睛很有趣，马上重复这一动作，咯咯直乐）。以后随着儿童知识经验的丰富和认识能力的提高，逐渐能够理解语言、电视、绘画等文学作品中的幽默，并用于游戏（嬉戏性重复）。

（5）驱力愉快。游戏快感包括生理快感。游戏中的生理快感主要是由于身体活动的需要和中枢神经系统维持最佳唤醒水平的需要得到满足之后产生的。骨骼肌肉系统在生长发育上的特点使儿童在生理上有身体活动的需要。好动是儿童的特点，长时间呆坐不动、无所事事会使儿童困倦烦躁。在游戏中儿童可以随意变换动作与姿势，可以使中枢神经系统的机能状态调整到最佳水平。

在一种活动中，不一定同时出现上述五种游戏性体验，这取决于游戏活动的类型。如在活动性游戏或练习性游戏中，驱力愉快可能是其中最主要的成分。但是不管在哪一种游戏活动中，兴趣性体验、自主感体验和胜任感体验都是不可缺少的最基本成分。

游戏性体验是游戏活动不可或缺的重要心理成分和构成因素。一种活动是不是游戏，关键在于儿童能否把这种活动体验为游戏性的。游戏性体验是一种正向的情绪体验或快乐体验，它与儿童身心发展的需要、兴趣、态度等构成了游戏活动动机的连续体，对于儿童的游戏起着积极的强化作用。儿童身心发展的各种需要发动了游戏，游戏使他们的各种需要得到了满足，需要的满足带来了快乐，快乐作为强化物使儿童对游戏活动本身产生兴趣。如此循环往复，游戏就成为儿童稳定的兴趣，成为儿童的基本活动，成为儿童身心发展的客观要求。

三、游戏的外部条件因素

游戏性体验是构成游戏活动的重要心理成分，它虽然是一种主观的心理感受，但是它的产生依赖于一定的外部条件，是主客体相互作用的产物。游戏的外部条件因素不仅包括成年人（教师等）为儿童创设的游戏物质环境，还包括通过成年人的言行举止以及成年人行为与儿童行为的交互作用过程形成的游戏心理环境，它们构成儿童游戏的背景或氛围，是儿童游戏的活动情景。对活动背景的分析是区分游戏和非游戏活动的途径之一。一般认为能够使游戏真正成为儿童主动自愿的自主性活动的外部条件因素必须符合以下要求或特征。

1. 儿童有自由选择的权利与可能

游戏是儿童主动自愿的自主性活动，是自愿的而非强迫的活动。要使游戏活动的这样一个本质特征得到体现，儿童游戏所需要的第一个外部条件就是儿童要有自由选择的权利与可能。这里包含着两层含义：首先，要允许儿童并使儿童知道自己可以根据自己的兴趣与愿望来决定干什么，而不是规定儿童必须干什么；其次，要使儿童实际上有进行自由选择的可能性或物质条件。在幼儿园里，如果成年人或教师只给儿童准备了一样或相同的游戏材料，除了这一样材料以外，别无其他材料可供选择，在这种情况下，教师即便允许儿童自由选择，实际上也没有可选择的可能性。

2. 活动的方式方法由儿童自行决定

游戏的特征是"内部控制"而非外部控制。儿童主动控制活动进程，自主决定活动的方式方法，而不仅仅是操作材料或物体。只有当儿童可以根据自己的愿望与想法来使用游戏材料，才能实现活动的方式方法的多样性和灵活性，才可能使儿童真正产生兴趣和自主感体验。教师要把握好对儿童游戏的干预的度，尽量减少不必要的干预，避免代替儿童去游戏。对学前儿童游戏的指导以不改变游戏中的主客体关系为原则。

3. 活动的难度（任务）与儿童的能力相匹配

研究表明，任务的难度与能力相匹配对于成年人游戏性体验的产生具有重要性，对于幼儿来说也同样如此。当儿童知觉到当前的任务或要求低于自己的能力，换句话说，当前的游戏环境对于儿童来说没有任何新颖性，这时儿童会产生厌烦的情绪体验。反过来，当儿童知觉到当前的任务与要求远远高于自己的能力，自己完全不能胜任当前的活动，那么就会变得担忧和焦虑。只有当儿童感觉到活动的任务或要求与自己的能力相适应——既有一定的难度但又是通过努力可以解决的，这时活动本身才能给孩子带来满足和快乐，才能产生"掌握"的胜任感。

在自然条件下，儿童往往根据自己的需要与兴趣去选择活动材料，自行决定活动的方式方法，因此活动的难度一般与儿童的能力、兴趣是一致的。但是在幼儿园，游戏的环境是教师创设的，游戏材料是由教师提供的，而可供儿童选择的材料范围又总是相对有限的，儿童的游戏体验可能受到影响。因此为了使每个儿童在游戏中都能产生胜任感、兴趣性体验，教师在投放游戏材料时、在设计活动内容时，要了解儿童已有的知识经验与能力。

4. 儿童不寻求或不担忧游戏以外的奖惩

"玩即目的"，游戏性体验产生于游戏活动之内，而不在游戏活动之外。对游戏之外的奖惩的期望或担忧会改变活动的游戏性质。儿童在活动中是否寻求或担忧外部奖惩，与教师干预儿童游戏的策略有关。如果教师经常使用外部奖惩手段来刺激或鼓励儿童进行游戏，久而久之，就会造成儿童对外部奖惩手段的依赖，缺乏活动的内在积极性与主动性，同时也会造成心理气氛的紧张。

因此，在游戏过程中，教师要把对儿童活动的直接的、外部的控制降到最低，尽量减少对儿童活动的内容、方式方法的直接干涉，发挥儿童作为活动主体的内在积极性，对常规的维持以不破坏气氛为前提。

第四节　幼儿游戏的分类

幼儿游戏的各式各样是客观存在的，而游戏的分类是人为的，所依据的分类标准各异，于是也就有了多种多样的游戏分类方法。通过对文献的梳理，现有的游戏主要按以下七个依据进行分类，如表 1-4 所示。

表1-4　幼儿游戏分类的依据及内容

游戏分类的依据	游戏分类的内容
认知发展	感知运动游戏、象征性游戏、结构性游戏、规则性游戏
社会性发展	独自游戏、平行游戏、联合游戏、合作游戏
活动对象	身体运动游戏、物质材料游戏、语言材料游戏、生活材料、规则材料
活动形式	运动性游戏、智力性游戏、装扮性游戏、操作性游戏、接受性游戏
活动内容	技能性游戏、认知性游戏、社会性游戏、结构性游戏
游戏时间	累积型游戏、分节型游戏、连续型游戏、统一型游戏
教育作用	规则类游戏、创造类游戏

一、以认知发展为依据的分类

认知发展伴随着幼儿的成长，不同的认知发展水平，会出现不同的游戏内容和形式。以认知发展为依据，我们通常把幼儿游戏分为以下四类。

（1）感知运动游戏。它也称练习性游戏或机能游戏，是幼儿发展过程中最早出现的一种游戏形式，随着年龄的增长而逐渐减少，主要指简单的重复性运动，以及运动器官在使用过程中所获得的快感。如爬、敲打和摆弄物体等。

（2）象征性游戏。它主要通过一物代替另一物、扮演某种角色或模仿身边真实情景等来完成。它是幼儿典型的游戏形式。如"过家家""扮演妈妈""建医院，当医生"等。

（3）结构性游戏。它主要指幼儿按照一定的目的来组织物体或游戏材料，使之呈现出一定结构和形式的活动。如拼图、搭积木、堆雪人和玩沙泥等。

（4）规则性游戏。它主要指两个以上的游戏者按照一定的规则进行的具有竞赛性质的游戏。如下棋、跳房子、抛纸包、猫捉老鼠、老鹰捉小鸡等。

二、以社会性发展为依据的分类

依据幼儿在游戏中的社会性参与程度可将游戏分为以下四类。

（1）独自游戏。即幼儿专注地玩自己的游戏而无视他人的存在。如幼儿自己玩玩具，或张开双臂"开飞机"等。

（2）平行游戏。幼儿玩着和身边幼儿相同的玩具，可模仿他人，但却不和他人进行交流。如幼儿自言自语当"老师"、当"警察"等。

（3）联合游戏。幼儿和其他幼儿一起玩，进行相似却不一定相同的活动，相互之间没有明确的分工与合作，只按照自己的意愿和兴趣进行。

（4）合作游戏。两个以上的幼儿围绕某个共同的主题一起进行的游戏，有明确的目标和分工是幼儿社会性逐步成熟的表现，如图1-3所示。

图1-3　合作游戏

三、以活动对象为依据的分类

不同幼儿会借助不同对象或材料去开展游戏活动，进而得到不同的游戏体验与感受。

（1）身体运动游戏。指感知觉与运动器官的联合活动，类似于练习性游戏。如我们把幼儿举上举下，或放在膝上前后摇摆，幼儿会高兴得咯咯大笑。

（2）物质材料游戏。指幼儿通过摆弄实物的玩物游戏，表现为反复做某些动作或以相同的方法反复玩弄物品以取乐。如幼儿反复地玩弄 iPad 上的"语言猫"以获得愉悦的体验感受。

（3）语言材料游戏。指以声音、节律、词汇、语法等各种语言要素构成的嬉戏性游戏。如儿歌、歌谣、猜谜语、说笑话等。

（4）生活材料游戏。指以幼儿现实生活经验为主要内容的游戏。扮演不同的社会角色是这类游戏的主要特征。

（5）规则材料游戏。指受到规则支配或以探索社会规范限度为目的的嬉戏性游戏。如恶作剧、开玩笑等。

四、以活动形式为依据的分类

（1）运动性游戏。指以肢体运动为活动方式的游戏，如走、跑、跳、爬、投等基本动作构成的身体运动，能有效培养幼儿的动作协调性、肌肉的控制力、肢体的平衡性和耐力等。

（2）智力性游戏。指运用脑力来进行的游戏，可有效促进幼儿思维活动。

（3）装扮性游戏。指以假设现实生活中或文学作品中各种人物形象的动作、语言、表情和事件等，而使幼儿获得一种想成为大人的心理满足。

（4）操作性游戏。指幼儿通过手指的灵巧操作而使各种不同的材料在自己的想象创造下变幻无穷。

（5）接受性游戏。指通过看电视、听录音、阅读画册或玩电子游戏机等方式而使幼儿感受到乐趣的活动。

五、以活动内容为依据的分类

（1）技能性游戏。指有规则的室内外操作性游戏，如荡秋千、投掷、剪贴、弹豆子、拍纸牌等。

（2）认知性游戏。指在活动过程中能促使幼儿获得知识、发展智力的游戏，如猜谜语、拼图、听故事、念童谣等。

（3）社会性游戏。指模仿成人世界的游戏，如装扮爸爸、妈妈、警察、司机等，以及把他们在实际生活中的所见所闻通过表演形式反映出来。

（4）结构性游戏。指幼儿通过双手操作把想象中的东西造型出来，如搭积木、捏橡皮泥、折纸、画画等。

六、以游戏时间为依据的分类

这种分类主要以幼儿参与同一种游戏或在同一种游戏中持续的时间长短为参照坐标。

（1）累积型游戏。通常指把片断的游戏活动连接起来的游戏。如幼儿看几分钟图片，然后在纸上乱涂几分钟，之后又玩起其他玩具来，往往在特定时间内能玩多种游戏，一般多见于1～2岁幼儿。

（2）连续型游戏。指对同一类型的游戏能连续玩近一个小时，然后连续玩另一个与上个游戏内容无关的游戏，一般多见于2～4岁幼儿。

（3）分节型游戏。指把一个完整的游戏分成两次或二三次来进行的游戏。如玩沙子时玩了盖房子游戏，又玩打隧道游戏等，一般多见于4～6岁幼儿。

（4）统一型游戏。指整个游戏是在统一的主题、目标下进行，游戏内容彼此有联系，游戏方式也基本相同，一般多见于年龄稍大的幼儿。

七、以游戏教育作用为依据的分类

我国习惯以游戏的教育作用进行分类，将游戏分为规则类游戏与创意类游戏。规则类游戏包括智力游戏、体育游戏、音乐游戏；创意类游戏包括建构游戏、角色游戏、表演游戏。

1. 规则类游戏

（1）智力游戏。智力游戏是依据一定的智育任务设计的，以智力活动为基础，以生动、有趣的游戏形式，使幼儿在轻松愉快的活动中完成增进知识、发展智力的任务，是帮助幼儿认识事物、巩固知识、锻炼思维的一种有规则的游戏。

（2）体育游戏。体育游戏是以走、跑、跳、投、平衡等基本动作为主要内容，以不同的角色、情节和规则为形式的活动。它的作用是培养幼儿对体育活动的兴趣，锻炼幼儿的基本动作，增强幼儿的体质。体育游戏是根据一定的体育任务设计的。

（3）音乐游戏。所谓音乐游戏是在音乐伴奏或者歌曲伴唱的情况下，按照一定的要求和规则进行的各种活动，主要目的是为了发展幼儿的音乐感受能力和音乐表现能力。

2. 创造类游戏

（1）角色游戏。角色游戏是指幼儿通过扮演角色，运用想象和模仿，创造性地反映生活经验的一种游戏。

（2）表演游戏。表演游戏是指幼儿按照故事、童话的内容，分配角色、安排情节，通过动作、表情、语言、姿势等进行的游戏。

（3）建构游戏。它又称结构游戏，是指利用各种结构材料或玩具（如积木、积塑、沙石、泥、雪、金属材料等）进行建构活动的游戏。

知识巩固

1. （　　）认为游戏是为未来生活做准备的游戏理论。

　　A. 复演说　　　　B. 松弛消遣说　　　　C. 预演说　　　　D. 剩余精力说

2. 幼儿反复敲打桌子，在房间里跑来跑去，在椅子上摇来摇去这类游戏属于（　　　　）。

    A. 结构游戏　　　　B. 象征性游戏　　　　C. 规则游戏　　　　D. 机能性游戏

3. 幼儿拿一竹竿当马骑，竹竿在这个游戏中属于（　　　　）。

    A. 表演性符号　　　　B. 工具性符号　　　　C. 象征性符号　　　　D. 规则性符号

4. 游戏的特点是什么？

5. 游戏构成的要素有哪些？

实践练习

观察某个幼儿的游戏表现，分析游戏中有哪些行为构成要素。

第二章
幼儿游戏的价值与作用

　　我国有关幼儿教育的重要文件中，关于"游戏"一词，《幼儿园工作规程》提到了9次，《幼儿园教育指导纲要（试行）》（以下简称《纲要》）中提到了8次，《3～6岁幼儿学习与发展指南》（以下简称《指南》）中提到了39次，仅次于"活动"和"生活"（其中关于"活动"一词，《幼儿园工作规程》中提到了29次，《纲要》中提到了47次，《指南》中提到了83次；关于"生活"一词，《幼儿园工作规程》中提到了9次，《纲要》中提到了32次，《指南》中提到了81次）。游戏，当之无愧成为学前教育最重要的关键词之一。然而，"勤有功，戏无益"这句话依旧影响着不少人，许多人认为玩物丧志，游戏是学习的劲敌。这些是由于对游戏价值的认识不足而产生的片面的、固执的看法。事实上，游戏在幼儿学习与发展中起着重要的作用。

第一节　幼儿游戏的价值

一、游戏与幼儿发展

　　游戏是幼儿的天性，它伴随着幼儿的成长，可以说没有游戏就没有发展，游戏与幼儿发展的关系，可以概括为三句话：游戏反映发展，游戏巩固发展，游戏促进发展。

　　第一，游戏是幼儿已有经验的表现活动，也就是说游戏往往是幼儿力所能及的活动。每个孩子都在他们自己的水平上玩，不会选择难度太高于自己能力的活动内容。他们在选择玩伴时，也往往是寻找与自己水平相当的伙伴。所以观察孩子在游戏中的语言动作和社会合作行为，就能看出他的发展水平，这是皮亚杰关于游戏是一种同化行为的观点，游戏水平与发展水平相同步，不同发展阶段的儿童有不同的游戏行为，因此，游戏是我们了解儿童发展水平的一个窗口。

　　第二，重复性行为是幼儿游戏的一个明显特点。我们可以看到，当他们刚获得一种新的经验，或刚学会一种新的技能时，他们就会通过游戏反反复复、不厌其烦地重现。比如，当他们刚接触到一种新玩具和新材料时，就会不断重复这种玩具和材料的玩法，直到完全掌握。这表明，游戏具有一种自发练习的功能，促使幼儿重复某一行为，这种行为是幼儿发展过程中的某种知识和能力，他们的每一次重复对其掌握和巩固这一知识和能力有极大的意义。当他们不再重复某种行为或某一种玩具材料时，说明他们已经玩腻，这一行为已经得到了充实和发展，或这种玩具材料对他们发展的潜在价值已基本实现。从这个角度来看，那种幼儿一玩就觉得没意思而不愿意重复去玩的材料，对他们的发展价值不大。从这个意义上说，游戏为幼儿提供了自发练习的机会。

　　第三，尝试性行为是幼儿游戏的另一个常见表现。根据维果茨基的观点，幼儿在游戏中往往不满足于已经达到的行为水平，他们总是以略高于日常的水平来尝试新的游戏行为。比如当他们已经玩惯了滑滑梯游戏，并且对于爬上去滑下来，已经玩得很熟练了，这时他们便不再满足于已有的水平，开始尝试一种新的滑滑梯方法，或许不再从楼梯上爬上去，而是从滑梯这边攀上去；或许不再正着滑，而是趴着滑。当他们小心翼翼并成功尝试了新的玩法后，便又开始重复，直到玩腻。当这种新的行为水平得以巩固，他们又会开始新的尝试，每当儿童尝试一种新的玩法时，他们总能准确地估计自己的能力，并调整自己的行为水平，新行为所体现的水平略高于原有水平，而不会去尝试自己力所不及的高难度行为。正如维果茨基所说，游戏使幼儿自己创造了最近发展区（而教学需要老师估计儿童最近发展区），可见幼儿在游戏中是小步递进的自我发展的。

二、游戏与学习

《指南》在说明部分特别提出了要注意的四个方面：一是关注幼儿学习与发展，二是要尊重幼儿的个体差异，三是理解幼儿的学习方式与特点，四是重视幼儿的学习品质。这个四个方面非常明确地提醒我们：必须立足于幼儿，从幼儿出发，去思考他们的学习发展问题。具体来说，就是在解读幼儿学习与发展的基础上，推进他们的学习与发展，而游戏则是最能体现这一要求的活动。

1. 游戏使幼儿聪明

常言道："会玩的孩子聪明。"会玩，指的是游戏水平高；聪明，指的是认知水平高，这也印证了游戏水平与发展水平相同步的观点。那么游戏为什么能使孩子聪明呢？这与游戏的三个重要特征有关。

第一，游戏是一种重过程轻结果的活动。我们知道游戏的本质是非功利性的，幼儿游戏的目的就是游戏本身。比如，搭积木，幼儿总是搭好了就拆，拆掉了换一种方法再搭，这种用多种方式做同一件事情的现象，表明幼儿总是在游戏中实践，用不同的方法达到同一个目的，这就极大地促进了幼儿思维的灵活性和发散性的发展。

第二，幼儿在游戏中经常因缺乏相应的材料而使用替代物。这种对替代物的使用有两种表现。一是用不同的方法作用于同一种材料。比如，在不同的游戏情景下，一根木棒可用于表征，当马、当枪、当剑、当老爷爷的拐杖、当孙悟空的金箍棒，一根木棒也可以用作工具，比如用来测量、敲打等。二是用同一种方法作用于不同的材料，比如，当游戏中需要测量，可以用尺子、木棒、绳子、纸条、鞋子等各种材料。游戏中的这种对物体使用的转换替代特征，对幼儿同样是一种思维灵活性和发散性的练习。

第三，相比教师设计的教学活动，游戏具有很大的随机性和不确定性。这种不确定性就经常给正在游戏的幼儿带来始料不及的问题，比如球滚到树洞里了，沙包扔到树杈上了，绳子不够长了，棍子突然断了，线被缠住了，玩伴不高兴了等。为了实现自己游戏意愿，幼儿总是竭尽全力、想方设法自己去解决问题；为了游戏的需要，幼儿往往急中生智。游戏使幼儿有更多的机会去运用各种策略解决问题，使幼儿增长智慧。

2. 游戏对幼儿发展具有长远效应

在此我们要强调的是，虽然集体上课和自发游戏都能促进幼儿的发展，但是其学习效应，有很大的区别。前者可以带来即时效应，尤其是关于知识技能的教学，其目的性很强，教什么学什么，马上就能在幼儿身上得到反映，在潜移默化中带来小步递进的能力提升和智慧增长，带给幼儿的是"聪明"。这种"聪明"，虽然不如识字背诗那样显而易见，却能在以后的成长过程中发挥作用。例如，我们经常看到幼儿在游戏中分东西，有时给几个娃娃分食物，有时玩伴之间分材料，久而久之，他们就会发现，当同样大小或同样多少的东西，分成不同份数时，分的份数越多，每一份的量就越少，这一发现会使他们以后到小学学习除法时格外"聪明"。又如，经常玩拼图游戏的孩子，对形状认知的敏感也会优于其他同学。再如，由于角色游戏是幼儿通过想象构思情节的一种装扮活动，所以经常玩角色游戏练习的是叙事能力，有助于入学以后的记叙文写作。再如，经常的玩伴交往会使幼儿体会到，处于同样游戏情景下，有时大家的想法和理解是一样的，有时是不一样的，这就有助于幼儿产生同理心，提高观点采择能力，学会站在别人的立场上来调整自己，从而顺利开展游戏，这样有利于他未来成为一个善于合作的人……

后者具有潜移默化的学习效应，这种效应的影响不仅是现实的（有助于《指南》中目标的实现），还是未来的（有助于长远发展）。

第二节　幼儿游戏的作用

一、游戏促进幼儿身体的生长发育

幼儿的身体发展是指幼儿身体的生长发育、身体基本动作和技能的发展、身体协调能力的发展和身体适应能力的发展，它是幼儿全面发展的基础。

1. 游戏促进幼儿身体系统的生长发育

幼儿身体各系统器官的生长发育包括形态结构与生理机能的发展变化，可以用身高、体重、头围、胸腔、脉搏、肺活量等作为测量指标。户外体育游戏对促进幼儿身体的生长发育效果显著。现代儿童体育专家黄世勋"关于体育游戏促进幼儿生长发育的实验研究"表明：活动性游戏能促进幼儿生长发育，促进幼儿骨骼、肌肉系统的发育，可以使幼儿身体各器官得到活动和锻炼，促进幼儿大肌肉、小肌肉的运动，促进骨骼、关节的灵活与协调。

2. 游戏促进幼儿动作的协调发展

运动能力发展过程的基本问题是如何控制运动。在运动控制的学习过程中，幼儿必须学会进行两个控制：运动的一致性和运动的一贯性。运动的一致性是指幼儿熟练掌握一套动作技能，如行走、抓握等；运动的一贯性是指幼儿在不同情境下灵活地运用这些具有一致性的动作技能，如在各种不同的地面上行走，或既能接住球也能接住一张纸。幼儿在游戏时总是多次反复练习各种基本动作，如抓、爬、滚、跑、跳、攀登、投掷等。这些运动不仅能促进他们骨骼、肌肉系统及体内新陈代谢的发展，还可使幼儿动作的协调和控制能力得到提高。特别是游戏给幼儿提供了大量动手的操作活动机会，也促进了幼儿肌肉精细动作能力的发展，如图 2-1、图 2-2 所示。

3. 游戏促进幼儿身体适应能力的发展

幼儿的身体适应能力包括机体对外界环境的各种变化，如冷、热、干燥、潮湿、风雨、噪声等环境的适应能力以及机体对各种疾病的抵抗能力和病后恢复能力。户外游戏可以使幼儿直接接触到充足的阳光、新鲜的空气，在游戏中能提高神经系统和运动系统的生理机能，加强自身的调节能力，增加对一些疾病的抵抗力和对气候变化的适应能力。游戏给幼儿带来愉快和满足，这是幼儿身体健康所必需的。情绪与人的身体健康有密切关系，长期处于紧张或焦虑等不良情绪状态，免疫力会降低，会引起食欲减退、消化不良等疾病。 而幼儿游戏时总是快乐的，轻松愉快的情绪对幼儿身心健康发展有积极作用。

图2-1　游戏中的幼儿（一）

图2-2　游戏中的幼儿（二）

二、游戏促进幼儿的认知发展

认知能力是幼儿心理品质的重要部分，它包括感知能力、记忆能力、想象能力和思维能力等。游戏中的动作、情节、玩具和游戏材料符合幼儿认知的特点，能够唤起幼儿的兴趣，激发幼儿积极地进行思考、想象和创造等，使幼儿在轻松愉快的氛围中发展智力。

1. 游戏丰富幼儿的知识，培养其学习能力

皮亚杰认为，儿童在游戏中主要获得物理知识和数理逻辑知识。物理知识是指反映事物本

身性质的知识，如物体的形状、大小、质量、密度、色彩等；数理逻辑知识是指反映事物之间关系的知识，如数概念和空间概念等，数字反映的是事物之间的数量关系，而空间概念反映的是事物之间的空间方位关系。幼儿在游戏中获得的这些知识和经验，可以支持和帮助幼儿解决问题，特别是幼儿能够发现自己的动作与物体变化之间的规律，他可以对同一物体做不同动作，对不同物体做同一动作，尝试进行动作一物体、手段一目的之间的多种联结，探索解决问题的最佳可能性，这是游戏经验有助于培养幼儿解决问题能力的重要原因。游戏不仅能够丰富幼儿的物理知识和数理逻辑，还能够丰富幼儿的社会性知识和经验。幼儿通过社会性游戏如联合游戏和合作游戏等，与同伴和教师进行交往，在群体中获得有关日常生活、文化、政治等各种社会性知识，获得社会性交往的体验，懂得交往的规则，掌握交往的技能等，这是幼儿发展所必需的知识前提和经验基础。

2. 游戏促进幼儿思维能力的发展

在幼儿主动性和创造性的游戏中，幼儿需要不断地进行思考，不断地尝试解决问题。在游戏中幼儿的思维活跃，尤其是计算游戏、语言游戏、猜谜语等智力游戏更能促进幼儿积极思考。游戏可以使幼儿变换各种方式来对待物体，不仅扩大了幼儿与材料之间相互作用的机会，也使幼儿的思维具有流畅性、变通性和灵活性。比如玩娃娃家游戏，幼儿会选择用什么当作食物，什么当作盛饭容器等，在解决问题中发展了幼儿的发散性思维、想象能力和创造能力。

3. 游戏促进幼儿语言的发展

幼儿在游戏中，发展了自己的口头语言。幼儿在与同伴进行交流的过程，实质上是其语言组织及表达能力的锻炼过程。幼儿通过语言进行协商、设计，完成对游戏主题、情节的计划，角色、玩具的分配，背景的安排，规则的制定。如幼儿在角色游戏中建议他人："你来当老师，我们是你的学生。"在孩子们共同建筑一所公司、一座大厦、一座桥梁等大模型时，大一些的孩子会事先讲自己的游戏计划，年龄小的孩子也会表达自己的愿望。在游戏中，幼儿也会使用书面语言。如在"医院"游戏中，将书面文字引入游戏，"挂号""注射室"和"药房"等牌子，可以使幼儿初步理解这些书面词汇的含义，而拼音游戏则直接加强了幼儿对书面文字的理解力。总之，游戏为幼儿提供了语言实践的机会，幼儿通过生动、具体的语言运用，调节自己的游戏行为，也通过具体的动作，变换自己的语言，从而发展了语言，并以语言为中介建构对现实世界的认识与理解，发展了幼儿智力。

三、游戏促进幼儿的社会性发展

1. 游戏发展幼儿的社会交往能力

社会交往能力是指幼儿在发起、维持某种同伴关系所运用的策略和方法。通过游戏活动，特别是社会性游戏活动，幼儿实现与同伴的交往，并形成他们的社会性行为。比如当两个陌生的幼儿想要彼此成为朋友时，往往都会这样对对方说："我是某某，我们来一起玩吧。"于是交往便借助游戏展开了。社会关系的维持需要遵守一定的规则，比如分享、合作、谦让、商量、轮流等。游戏能够促进幼儿对规则的遵守，有助于幼儿社会行为的形成。比如，玩娃娃家游戏的时候，角色应该如何分配，谁当爸爸，谁当妈妈，谁当宝宝，这些就需要小朋友一起商量。

如果都想要当爸爸，怎么办？这时小朋友就需要想办法解决。为了游戏能够进行下去，小朋友需要学会谦让，或者学会耐心等待轮流扮演等。

2. 游戏有助于增强幼儿的社会角色扮演能力

社会性角色是随着幼儿社会生活范围的扩大而出现的。幼儿对"我是谁"开始有了初步的概念之后，性别意识开始成为幼儿自我意识发展的一个重要部分。幼儿对生理上的性别认识一般容易掌握，能够明确地知道自己是男孩或女孩。但是随着幼儿的成长，幼儿还需要在心理上理解性别的概念，理解自己在社会行为中扮演的相应的性别角色，这就是我们所说的性别和性别角色认同。在幼儿游戏中，常常是女孩子当"妈妈"，男孩子当"爸爸"，很少有男孩子当"妈妈"的。社会角色的承担者的行为要符合社会认同的标准，这就需要一个学习和掌握的过程。角色游戏和表演游戏能够很好地帮助幼儿建立社会角色认同感，帮助幼儿形成稳定且多元的社会角色理解力。幼儿在游戏中，既是自己，又是别人，一个人同时可以扮演几个不同的角色，他一会儿是娃娃家里的妈妈，一会儿又是学校里的老师，一会儿又是商店里的顾客。这种自我与别人、角色与角色之间的同一、交叉与守恒，有助于幼儿对角色的多样化与稳定性的理解，如图2-3 ~ 图2-5所示。

图2-3 游戏场景（一）

图2-4 游戏场景（二）

图2-5　游戏场景（三）

3. 游戏有助于培养幼儿的意志品质

意志品质在生活中表现为行动的自觉性、果断性、自制性和坚持性。游戏对幼儿是有吸引力的。在游戏中，幼儿乐于抑制自己其他的愿望，使自己的行动服从游戏的要求，遵守规则。在角色游戏中，角色本身包含着行为准则和榜样意义，幼儿扮演角色的过程就是锻炼意志的过程。

心理学家马努依连柯曾做过"哨兵站岗"的实验，要求幼儿在空手的情况下，保持哨兵持枪的姿势。有两种情境：一种是非游戏情境——其他小朋友在一边玩，让他在一边以哨兵持枪的姿势站着；另一种是游戏情境——实验者以游戏方式向他提出要求，告诉他其他小朋友是工人，他们正在包装糖果，你来当哨兵为保护工厂而站岗。结果表明，游戏情境下与非游戏情境下幼儿的坚持时间差距明显，如表2-1所示。

表2-1　游戏情境与非游戏情境下幼儿的站立时间

情境 \ 年龄	4～5岁	5～6岁
非游戏情境下站立时间	41秒	2分55秒
游戏情境下站立时间	4分17秒	8分5秒

四、游戏促进幼儿的情感发展

1. 丰富幼儿的情绪体验，发展幼儿的审美情趣

游戏使幼儿体验各种情绪情感，学习表达和控制情感的不同方式，而且丰富情绪情感的体验，也对幼儿产生潜移默化的影响，发展他们的友好、同情、责任心、爱憎分明等情感。比如在"医院"游戏中，幼儿会像医生一样给"病人"听诊、开药，嘱咐"病人"按时吃药。当"护士"的幼儿不仅给"病人"试体温、打针，还主动搀扶"病人"，让"病人"好好休息。这些关心关爱的行为也会迁移到幼儿日常生活中。幼儿在玩具的选择和使用、环境及场面的布置等方面都感受到了美。特别是音乐游戏、表演游戏对幼儿感受美、表现美的能力发展有着更为重

要的作用。在表演游戏中幼儿深深地体验着故事中人物的喜、怒、哀、乐；在音乐游戏中幼儿会获得丰富的美与丑、善与恶的情绪体验。比如《三只蝴蝶》让小朋友在表演中体会到好朋友的不离不弃，相亲相爱；《小兔乖乖》中兔妈妈的唱段唤起了幼儿温柔、亲切的情感。

2. 发展幼儿的成就感，培养幼儿的自信心

成就感，又称胜任感，它是主体对自己力量与能力的认识与体验，是一种正向的积极的情感。幼儿搭建一个城堡，猜对了一个谜语，都会使幼儿体验到成功的快乐，体验到自己的能力，进而产生自豪感，建立自信心。

3. 游戏能够帮助幼儿消除消极情感

人的情绪情感具有"两极性"：愉快的和不愉快的。人不仅有积极的、正向的情绪情感，也有消极的情绪情感。人的各种情绪情感，都需要得到表现。消极的情绪情感（如焦虑、紧张、愤怒、嫉妒等）如果长期受到压抑而得不到缓解与释放，就会影响人的心理健康。游戏是幼儿表达自我情感的自然媒介，幼儿在玩的过程中有机会发泄郁积起来的紧张、挫折、不安、攻击性、恐惧、迷惑和混乱等情感，幼儿通过游戏可以发泄自己郁积的感情，并由自己加以控制和扬弃。例如，本来孩子很怕打针，但通过玩"医院"游戏，孩子给娃娃打针，宣泄不愉快的回忆，从而减轻了心理压力使幼儿的心理处于健康的状态。

知识巩固

游戏的作用有哪些？

实践练习

调查某所幼儿园中某个小班／中班／大班的区域角的数量，观察幼儿的区域游戏活动，并说明这些游戏活动促进幼儿哪些方面能力的发展。

第三章

当前幼儿游戏活动的设计概况

　　游戏是幼儿在幼儿园中的基本活动，是幼儿学习的基本方式，我们应该充分保障幼儿的游戏时间、游戏空间和游戏材料，让游戏精神渗透到幼儿的一日生活之中。然而，游戏虽然在理论上有较高的地位，但在实践中的设计、组织、实施却没有受到应有的重视。

第一节　当下幼儿游戏活动设计存在的问题

1. 注重游戏的教育作用，忽略游戏的发展价值

　　教师特别强调游戏对智力发展的价值，在游戏活动中较多地提供智力游戏、音乐游戏、体育游戏，其次是结构游戏，拼图、积木等，角色游戏安排最少。游戏活动的内容、材料、形式均由教师统一安排，什么时候玩游戏，用什么材料都是由教师决定的，游戏过程中教师把重心放在常规、品德方面，总是急于给孩子一个现成的正确答案，忽略了让幼儿自己进行探索；忽略了从幼儿的角度去考虑游戏对他们的价值，把幼儿主动积极的活动变成了消极被动地适应教师要求的活动。

2. 注重游戏的外在形式，忽略游戏的特点和需求

　　游戏的开展未能依据幼儿自身的兴趣去自由地在游戏中满足愿望、获得发展。为了能让幼儿逼真地反映现实生活或再现文艺作品中的情节，不少教师把大量的时间和精力花在为幼儿提供现成的玩具材料上。如角色游戏中为幼儿提供酷似真实物品的自制玩具：用海绵和布缝制的饺子、包子、馄饨等，用发泡材料制成的"麦当劳汉堡"，空的原装食品袋塞满并封口而成的方便面、饼干等。这些现成而美观的"食品"，幼儿只能被动地摆弄，游戏的主动性、自主性、独立性及创造性被剥夺了。教师为幼儿准备的玩具材料、环境布置等，不能体现小、中、大三个年龄班各自的特点。在游戏的具体指导过程中，对幼儿已有的生活经验了解不够，教师只能人为地去引导、帮助或教幼儿游戏，认为只有这样才能提高幼儿游戏的水平，结果教师往往感觉很累、很麻烦，付出了这么多心力然而幼儿却没有兴趣，这是因为违背了幼儿游戏的特点。幼儿需要的是对游戏过程的体验，而教师追求的是游戏的结果。调查研究显示：提高幼儿教师指导游戏的水平，成为改进游戏的首选做法。52.8％的教师认为幼儿的游戏如果缺少教师的指导就玩不出水平。

3. 注重游戏的随意性指导，忽略系统的观察指导

　　教师在指导游戏的过程中，缺乏对幼儿游戏行为的系统观察。因此，游戏的计划性不够，缺乏指导游戏的目的意识，不了解幼儿游戏的意图，不能对幼儿游戏的行为给予有针对性的具体指导。教师对幼儿观察的时间少，参与游戏的时间也少，直接指导的行为则较多。教师对游戏的干预意识很强，过于关注游戏的结果，而缺乏足够的耐心让幼儿在游戏中去自己尝试、探索、发现。特别是组织幼儿的自发性游戏，除了提供多种材料、场地及时间外，教师在游戏中作为旁观者串来串去，却不能对游戏环境中的多种因素加以合理组织，这正表明，如果教师没有观察幼儿的游戏，就不能对幼儿游戏的状况做出正确的判断。

4. 注重以成年人的既定模式来讲评游戏，忽略以幼儿的经验获得能力的发展

　　游戏的讲评，成为教师对幼儿游戏进行总结的时机，教师引导幼儿一起讲评游戏，以既定

模式进行，教师讲得多，不给或很少给幼儿发表自己意见的机会，使幼儿缺乏表达自己在游戏中的体验及就存在的问题展开争执和讨论的机会，失去了内化经验的过程。从游戏开始到结束的讲评，教师占用了大量的时间，总希望每次游戏都能达到一定的教育目的和要求。幼儿游戏变成了游戏幼儿。在游戏讲评中，教师很少考虑幼儿的知识经验和接受能力，不能发挥幼儿的主动性、积极性，使其流于形式，失去了应有的价值。

以上是游戏在幼儿园中所存在的问题，其产生的原因可能是对游戏的本质、特征及在游戏中教师应该担任的角色的理解不清所导致。在幼儿园游戏中教师应该始终认识到，幼儿是游戏的主人，幼儿在游戏中是自主、自在、自得其乐的。教师在游戏前是游戏的策划者，在游戏中是观察者、指导者、支持者和促进者。

第二节　幼儿游戏活动的设计原则及要素

在游戏中幼儿根据已有的生活经验，用自己的方式主动、独立、创造性地反映着他们对社会的认识。我们在游戏活动设计、组织、实施中应该尊重和支持幼儿的自主性、创造性，促进幼儿认知、情感、社会性等的全面发展。

一、幼儿游戏活动设计的原则

为了使游戏顺利有效地开展，我们应该遵循以下几个原则。

1. 主体性原则

主体性是在教育活动中，作为主体的幼儿在教师的引导下处理同外部世界关系所表现出的功能特征，具体表现为选择性、自主性、能动性和创造性。无论是目标的制定、内容的选择，还是游戏活动的设计、组织与实施都要尊重幼儿的身心发展特点，尊重幼儿的积极主动性和创造性。要明确幼儿是游戏的主人，玩什么游戏、和谁一起玩、怎样玩、在哪里玩等问题应该放手让幼儿自己来决定，这样才能满足幼儿自愿游戏的需要。教师不是游戏的导演而是幼儿的玩伴，当他们需要帮助时，及时给他们以支持和帮助。

2. 发展性原则

发展性原则是指游戏活动设计要有效促进幼儿的发展，要遵循"最近发展区"原则，通过设计适宜难度的活动，循序渐进，让幼儿在游戏中"跳一跳"而摘到"桃子"。

在游戏中促进幼儿发展的前提是教师在幼儿游戏中系统客观地对幼儿进行观察。因此，教师在设计游戏之初，要考虑到幼儿的年龄特点，考虑到本班幼儿的需求，游戏的规则、内容不能太简单或太难。在游戏过程中教师要及时捕捉幼儿在游戏中的一些无意识、无目的的闪光点或是幼儿经过自己坚持不懈的努力后取得成功的画面。通过游戏讲评，教师应肯定和升华幼儿在游戏中的点滴进步或创造，以促进幼儿游戏能力的发展。

3. 教育性原则

教育性原则是游戏活动的目标、内容选择、游戏活动过程、游戏评价要有助于幼儿身心健康成长，积极向上，有助于幼儿在德、体、智、美等方面的全面发展。提供游戏活动的类别上不能偏颇规则类游戏，在促进幼儿智力发展的同时，教师也要注重角色游戏、表演游戏的组织和实施，这些游戏对幼儿情感、社会性等方面的发展有很大的作用。

二、幼儿游戏活动设计的基本要素

1. 游戏活动名称

游戏活动的名称一般包括年龄段、游戏活动的类别和游戏活动名称。

例如：

大班 体育游戏 "快乐的小袋鼠"

中班 音乐游戏 "变石头"

大班 建构游戏 "超级机器人"

小班 表演游戏 "小河马过生日"

2. 游戏目标

制定游戏活动目标是游戏活动设计中最重要的一环。它的恰当与否，将对整个活动设计产生决定性影响，包括影响活动设计的方向、范围和程度。但是长期以来，幼儿园教育中普遍存在只有内容没有目标，或者先选择内容后制定目标的现象，使教育存在着极大的盲目性。因此，要使幼儿园游戏活动能够达到预期的目的，产生良好的效果，就要制定好活动目标。制定幼儿园游戏目标应遵循以下原则。

（1）目标的制定要符合幼儿的年龄特点和已有发展水平。

（2）制定的目标要稍高于幼儿的已有水平，促进幼儿的发展。

（3）具体的活动目标要与幼儿园的月目标、班级学期目标、幼儿发展水平目标、幼儿教育总目标相一致。要注意由浅入深、循序渐进地提出各项目标。

（4）目标包括认知、情感态度和能力等方面的内容。

例如：小班 智力游戏 "谁不见了"

活动目标：

（1）喜欢玩游戏，并体验动脑筋的过程，获得更多成功的乐趣。

（2）能认真观察游戏场景中信息的变化，保持注意力集中。

（3）主动遵守游戏规则，在掌握游戏玩法的基础上初步尝试自主游戏。

首先，这个小班的游戏活动从幼儿的前期经验入手（幼儿都玩过躲猫猫），一方面可激发幼儿的游戏兴趣，另一方面为后期游戏规则做铺垫。在了解幼儿的经验、原有发展水平之上促进其进一步的发展（即掌握新游戏的规则，幼儿能够自主游戏）。

其次，活动目标全面完整，目标（1）为情感目标、目标（2）为能力目标、目标（3）为认知目标。

3. 游戏活动的准备

游戏活动的准备包括物质准备、经验准备、环境准备。

例1：小班 智力游戏 "谁不见了"

活动准备：

（1）经验准备：前期有"躲猫猫"的游戏经验。

（2）物质准备：PPT（水果、玩具、动物等图片）、轻音乐、计时器。

例2：中班 智力游戏"挑挑乐"

活动准备：

（1）知识经验：接触过生活中各种小棒且有玩过"游戏棒"的经验。

（2）物质材料：彩色游戏棒若干、小猴若干、中空大树、小黑板、粉笔、五支签、六张桌子。

（3）环境创设：幼儿围坐成半圆。

4. 游戏活动的过程

（1）设置游戏情景：目的在于引起幼儿参与游戏的兴趣。如运用材料、借助动作和语言创设游戏的情景。比如游戏"挑挑乐"中老师通过创设情境导入，激发幼儿的兴趣。

教师："小朋友们，今天呀有一群小动物来做客，大家猜一猜会是谁呢？看，谁来啦？你们想和翻斗猴一起玩游戏吗？"

教师出示游戏教具，以翻斗猴的口吻设计"挑挑乐"大闯关，导入游戏。

（2）交代游戏规则并引导游戏：目的在于使幼儿熟悉游戏规则，进一步理解游戏的程序。

教师可通过用语言解释和动作相结合的方式，告诉幼儿游戏的基本规则、步骤和要求。教师在讲解过程中应注意语言要简洁明确，速度适中；重点说明游戏规则的要点和游戏的开展顺序。比如，在体育游戏"丢手绢"中，教师通过游戏来介绍丢手绢的规则。

教师："现在我们一起来玩丢手绢的游戏吧！（教师和幼儿共同进行丢手绢游戏）

① 请一个小朋友拿着手绢围着自己的圈跑。

② 当唱到'轻轻地放在小朋友的后面'时，拿手绢的那一个小朋友就把手绢悄悄地丢在另一个小朋友的身后，然后继续围着圈跑。

③ 当唱到'快点快点捉住他'时，捡到手绢的小朋友就应该马上去追刚才那个丢手绢的小朋友，要围着圈追。

④ 如果被追的小朋友没有被追到，而是跑到一个空位子旁坐下，这时候就该追的小朋友再来丢手绢了。

⑤ 如果追到了，就该被追到的小朋友再来丢手绢。"

（3）幼儿自主游戏：目的在于使幼儿顺利进行游戏，遵守规则。

在"神勇小毛虫"游戏中，教师加大"钻"的难度，在"电网"上挂上小铃铛，幼儿有两次游戏机会。当有一个幼儿成功钻过"电网"，但"铃铛"响了时，教师就应有意识地请其余孩子看，并请违反了规则的幼儿重来一次，这样，幼儿在钻过"电网"时就要考虑自己使用的方式会不会碰到"铃铛"，在遵守游戏规则的前提下成功完成挑战。自主游戏环节中教师要留心观察，及时反馈，从而保证游戏的顺利进行。

5. 游戏总结与评价

首先，教师可以用游戏式的语言自然地结束游戏；其次，教师应鼓励幼儿，让幼儿分享自己的感受，说一说自己在游戏中扮演了什么角色，玩游戏过程中是否开心，是否遇到什么问题，这些问题是如何解决的。教师在评价时要重视幼儿解决问题能力的培养，充分鼓励、肯定爱动脑的幼儿。比如，在游戏"儿童购物超市"中的结束部分，教师用游戏的语言"超市营业结束了，要下班了"，很自然地结束游戏，随后请幼儿自评游戏情况，并提问："你今天扮演了什么角色？你是怎么玩的？有什么好的经验分享？有什么困难或问题？"然后，教师再次评价和做小结，重点从角色的扮演和文明的交往语言方面来总结幼儿游戏情况，评选"最受欢迎的顾客"和"最佳营业员"，最后引导幼儿想办法解决游戏中发现的问题，为下一次游戏做好准备。

知识巩固

幼儿游戏活动设计的原则是什么？游戏设计要素包括哪些内容？

实践练习

结合对幼儿园游戏的观摩学习，尝试写出一个体育游戏的设计方案。

第四章
幼儿游戏观察与指导

意大利著名教育家蒙台梭利说过："教师唯有通过观察和分析，才能真正了解幼儿的内在需要和个别差异，以决定如何协调环境，并采取应有的态度来配合幼儿成长的需要。"幼儿在游戏中有着最真实的自我表现，教师作为游戏过程中的观察者，应关注幼儿在游戏过程中的言行举止，分析、思考和了解幼儿的需要、意愿、困难和情绪体验，并以此作为自己指导游戏的依据，只有这样才能满足幼儿的游戏需要，推进游戏的发展。因此，教师观察、指导游戏的能力是必不可少的专业素养。

第一节　幼儿游戏观察概述

一、幼儿游戏观察的含义

观察并非单纯意义上的观看，它包括两层含义：一是"观"，即运用感官获取事实资料；二是"察"，即细致入微地了解事实背后更为深刻的东西。因此，幼儿游戏观察并非简单地观看或关注幼儿游戏，而是指观察者（主要是幼儿教师）运用感官（如视觉、听觉等）对自然游戏情境中的幼儿进行有目的、有计划的考察和探究，从而了解幼儿兴趣和需要，获取幼儿认知、情感、社会性、游戏水平等方面的信息，以便更好地指导幼儿开展游戏，促进幼儿身心全面发展的活动。

二、幼儿游戏观察的意义

1. 帮助教师了解真实的幼儿，是游戏设计的依据

游戏是幼儿最喜爱的活动，在游戏中幼儿可以自由地活动，充分地表现自己的一切。通过观察幼儿的游戏表现，教师可以了解幼儿的兴趣和需要、发展水平和规律、个体特点和能力差异，从而为设计适合幼儿的游戏提供依据。

2. 帮助教师恰当评价与指导幼儿游戏

教师通过观察，可了解游戏并给幼儿提供游戏的必要条件，如游戏的时间是否合适、空间是否足够、玩具材料恰不恰当、游戏经验的丰富程度如何等。只有观察了游戏的过程，对幼儿游戏的情况有大致的了解，知道游戏存在的问题，教师才能找出解决问题的有效办法，才能对游戏形成正确的认识和评价。只有那些经常花时间仔细观察幼儿游戏的教师，才能在游戏中避免打扰幼儿的游戏过程，才能够把握机会选取适当时机指导幼儿游戏。

三、幼儿游戏观察法

1. 扫描观察法

扫描观察（见表4-1）又称为分时段定人观察，即观察者（主要是指幼儿教师）将注意力和观察时间平均分配给全班每一位幼儿，以相同的时间对每位幼儿轮流进行观察。

表4-1　扫描观察法概述表

特点和适用情况	适合观察所有幼儿，适用于集体游戏，一般在游戏开始或结束时使用
具体观察内容	观察群体中幼儿的整体游戏情况，如幼儿扮演了哪些角色，使用了哪些材料，幼儿的游戏兴趣如何，游戏是否符合和满足幼儿发展的需要等
优点	可以了解全班幼儿的参与情况和某一年龄段幼儿的游戏水平
局限性	由于扫描观察法需要对所有幼儿进行观察，这样一来对幼儿个体观察的时间会减少，不利于深入了解幼儿个体的游戏水平和发展需要

游戏类型：角色游戏

游戏时间：××月××日

观察描述：角色游戏开始之前，老师请小朋友自主选择游戏区域及角色。在娃娃家区域的丫丫选择扮演妈妈，家明扮演爸爸，明明扮演孩子；在超市区域，佩佩扮演售货员，青青扮演收银员；在医院区域，诚诚选择扮演医生，小华扮演他的助手护士小姐；还有饭店区域，胖胖当起了老板，小丽和敏敏做起了服务员。其他的小朋友当顾客，有的在饭店就餐，有的去医院看病，还有的在超市购物。

2. 定点观察法

定点观察法（见表4-2）又称为定点不定人观察，即教师在某一固定游戏区域对进入该游戏区域的幼儿行为表现或该区域游戏材料使用情况进行观察的一种方法。

表4-2　定点观察法概述表

特点和适用情况	这一方法要求观察者对游戏中的某个区域进行集中管理，对象以已进入该游戏区域范围的幼儿为主，适用于区域游戏或部分主题游戏的观察
具体观察内容	幼儿在区域游戏中使用材料的情况、使用效率和效果、幼儿交往互动情况、幼儿自主游戏的能力
优点	可以较为全面地了解某一区域或主题游戏的相关情况，了解幼儿的经验以及在游戏中的种种表现，使指导能有的放矢
局限性	进入该游戏区域的观察对象的游戏水平不同，可能使观察结果也有所不同

以下案例是观察者在娃娃家的定点观察。

大一班的娃娃家区域里有锅、碗、杯子和勺子。一段时间以来，这个游戏区域的活动都比较平淡。这天，大一班幼儿进行分组游戏，欣欣和云云跑到了娃娃家区域。欣欣拿起杯子和勺子，用勺子往杯里搅拌，一边搅拌一边喊道："卖豆浆了！卖豆浆了！谁喝热豆浆？"

云云走近她，问道："你在干什么？"

欣欣回答："我在熬豆浆呢。"

云云说："豆浆不好喝啊！"

欣欣说："豆浆可有营养了，小朋友都得喝。"

云云说："你做火锅吧。火锅里有肉有蔬菜，也有营养。"

欣欣说："好吧，我给你做火锅。"

欣欣于是拿起锅放在炊具台上，一边做一边说："可是没有蔬菜啊！我买蔬菜去。"说完就离开了娃娃家区域。

这时宁宁走过来，看见炊具台上有锅，就问："这是谁做的菜啊？"

云云回答说："我们在做火锅呢。"

"哦，那我来拌调料吧。"宁宁高兴地拿起一个小碗拌起了调料。

好一会儿，欣欣还没回来。于是云云去找她，发现原来欣欣被理发店的游戏吸引住了，在排队等着理发呢。云云叫上欣欣去拿蔬菜（绿色的玩具），回来将这些蔬菜倒进了锅里。云云也找来了肉片（红色的纸片）放到锅里，还对两个同伴说："这是羊肉片，可好吃了。"说着就要捞起来吃。欣欣这时拦住了她，说："还不行，水还没开呢。"

又过了大约两分钟，宁宁说："可以吃了，我都闻到香味了。"

于是，几个小朋友就"吃"了起来。小玉和鹏鹏也来到了娃娃家区域，欣欣、云云和宁宁热情地邀请他俩加入。五个小朋友一起像模像样地涮起了火锅。

3. 个案追踪观察法

追踪观察即定人不定点观察，由观察者事先确定一到两个幼儿作为观察对象，观察他们在游戏中的活动情况。被观察的幼儿走到哪里，观察者就追随到哪里，固定人而不固定地点。这种方法适合于观察了解个别幼儿在游戏全过程中的情况，了解其游戏发展的水平，获得更详细的信息。以下观察是观察者对一个幼儿的追踪记录。

时间到了，毛毛端起自己的小椅子来到娃娃家，这是她上幼儿园以来第一次主动选择游戏。毛毛在娃娃家里摆弄餐具，之后来了一男一女两位小朋友，和他一起摆弄餐具，开始烧饭。小女孩把烧好的饭给毛毛，他假装吃了两口就放在桌子上，去超市买东西。他在超市停留约五分钟，不时摆弄超市里的商品，最后什么也没买就走了。之后他又跑到图书角拿了一本书，看了很长时间，直到游戏结束。

4. 线索提示法

线索提示法即事先提供几个观察的要点，让观察者在观察游戏时根据提示对照使用，增加观察的目的性，比较适用于缺乏观察技能的教师。有些教师常常对观察内容无从下手，运用线索提示法可以使教师主动、有目的、有针对性地进行观察，从而提高观察效果，为指导游戏奠定基础。

第二节 幼儿游戏干预的时机与指导方法

一、幼儿游戏干预的时机

教师干预幼儿游戏的时机取决于两方面的因素。一是教师的期待，即教师所期望的幼儿游戏水平，幼儿的游戏态度和游戏体验等。二是幼儿的需要，即幼儿的游戏行为是否自然顺畅，是否得到所需要的帮助。教师要把握好干预的时机，可以从以下几种情形判断。

1. 当幼儿遇到困难、挫折，即将放弃游戏时

教师发现亮亮一个人在下棋区，他拿了一副水果棋，不知所措，因为这需要两个人一起玩，

而他只有一个人。老师说："你为什么不去找好朋友和你一起下棋呢？"于是亮亮过去邀请正在娃娃家里玩耍的婷婷。教师应及时发现幼儿在游戏中遇到困难、不知所措的时候给予幼儿及时的引导，幼儿在克服困难后继续投入游戏中。

2. 幼儿对游戏失去兴趣，准备放弃时

在游戏中，幼儿会由于角色单一或对角色的社会经验不足等原因，出现失去兴趣或者放弃角色的现象。在这种情况下，教师可以给幼儿一些启发和引导，也可以与幼儿一起讨论，丰富游戏情节或增加新的角色，重新唤起幼儿的游戏兴趣。如在中班的一次建构游戏中，一个小女孩对自己进行的游戏失去了兴趣，长时间坐在那儿玩自己的衣角，教师见状走过去，小女孩告诉老师，她已经搭好了"东方明珠"，老师看了看马上表扬小女孩，搭的"东方明珠"真漂亮，高高地耸立在这里真有气势，你会搭"东方明珠"，也一定会搭"金茂大厦"，"金茂大厦"比"东方明珠"还高。小女孩听了，点点头，开始建搭建"金茂大厦"。

3. 幼儿产生冲突时

在一次搭建游戏中，小刚不小心碰坏了小朋友们搭的动物园，小朋友们一时很激动，有的埋怨小刚，有的以暴力攻击小刚，有的不知所措。老师见状，马上说："小朋友们，动物园是不是地震啦？我们赶快抢救动物，重新搭建动物园吧。"孩子们又重新投入游戏中。教师的处理巧妙地避免了一次即将发生的纠纷。幼儿在游戏中不可避免地会遇到各种各样的冲突，小刚是不小心碰坏动物园的，有些小朋友情绪比较激动，这时老师通过很形象的引导说"地震了"，转移了幼儿的注意力，帮助他们继续投入游戏中。

4. 游戏规则或常规发生问题或困难时

快乐小吃店里非常吵，有几个幼儿跑过来告状：调皮的小路把他们厨房间里的食品故意扔在地上，因为小路想当老板，但是小吃店的老板已经由琪琪当了，这引起了他的不满。王老师走过去了解情况后，对小路进行了引导，要求他与小吃店的幼儿们一起整理好材料，并向小吃店的老板和服务员道歉。随后，王老师问小路，是否还想在小吃店玩，小路说想到建筑工地去玩。于是，小吃店的员工又开始做他们的生意了，而小路做了一名建筑工人。由于幼儿协商能力有限，在游戏中的角色分配遇到了问题，使小路因愿望无法实现而情绪化地进行了"破坏"活动，导致游戏氛围和环境受到影响，王老师及时的干预避免了游戏的中断，智慧的化解使小路和其幼儿的游戏得以继续。

5. 当游戏出现消极内容时

游戏是幼儿对现实生活的反映，现实生活内容有积极的，也有消极的，有时还会出现一些不健康或不适合幼儿的内容，如打麻将、烧香拜佛、赌博。要是教师发现了这些情况应干预并进行适当引导。比如下面的假扮死人游戏，假装爸爸的马文，躺在床上不动，他告诉佳佳，我假装死了，你们就哭，于是就玩起了死人的游戏，佳佳开始假哭，一边叫着，你不要死呀，你不要死呀！小亮跟着假哭，马文躺在床上一动不动，哭声吸引得同伴都来看死人，有的还跪下磕头，这时有人提出要烧锡箔、纸钱。小亮还说，他烧纸时在地上画个圈，大家跳过去，于是他跑到美工角，拿来一些折好的纸工，画了房子，还将一些废纸放在地上，画了一个圈，带大家跳过去。幼儿异常的行为引起了教师的注意，老师来了，"你怎么啦？""爸爸死了"，小亮说。

教师假装没听见，假装听听爸爸的胸口说："没死没死，还有气，快救快救，救人要紧。"听说要救人，有的拿听筒，有的拿针筒，有的拿药，有的喂水，有的抚摸，有的抬来担架，还有的开来救护车，医院也开始准备抢救，有的说准备开刀，有的说准备输血，大家玩起了救人的游戏。这个案件中，玩的游戏本无可厚非，因为祭奠死人也是正常的社会现象，假装哭也是真正的消极情绪体验，这时教师只是在一旁关注着。但是当幼儿商量着要烧纸、跨圈时，教师开始干预了，但是对幼儿来说，很难从道理上引导，于是教师便采取了转移游戏情节的做法，将幼儿的兴趣引向救人。

6. 当游戏中出现不安全的行为时

明明假装妈妈，贝贝做宝宝。来到餐厅，贝贝对妈妈说："妈妈我饿了，我想吃饺子。"于是妈妈把一块块积木放到碗里，给贝贝说："吃吧，刚做好的，热腾腾的饺子呢。"贝贝拿起积木就往嘴巴里面放。教师看见，连忙阻止："这是假的饺子，你要假装吃。"贝贝于是拿起积木假装"啊呜啊呜"地吃起来。游戏中，托班、小班幼儿在玩娃娃家的时候可能会把真的假的混淆，把假的积木当作真的饺子来吃，而积木吃到嘴巴里是不利于孩子的身体健康的。

二、教师指导游戏的方法

教师在对幼儿的游戏进行观察的基础上，可以采用通过不同的身份干预并进行指导。

（一）游戏者

教师以幼儿游戏伙伴的身份干预幼儿的游戏，通过游戏的语言和行为来指导幼儿的游戏。教师可采取平行游戏和共同游戏两种方式。

1. 平行游戏

教师尽量接近幼儿，与幼儿玩同一种玩具，但两者之间并不互动，教师也不干扰幼儿的游戏。其目的只是为幼儿提供行为的范型。这种干预方法的优点在于，教师和幼儿玩同一种游戏，让幼儿感到教师对其游戏的支持和认同，激发幼儿的游戏兴趣。同时，教师也为幼儿游戏的玩法提供了范型，幼儿可以参照教师的玩法，学到新的游戏技能，提高幼儿的游戏水平。

例：变戏法

容容用手在一大团橡皮泥上揪了一小块，放在手心里搓成了一个长条，她还继续搓，长条断了。她又揪了一块，还是那样搓，搓着搓着又断了，桌上已经有了好几个长条。容容把这些长条放在一起，东张西望。教师坐到容容的旁边，也揪了一块橡皮泥开始搓。容容看到教师也来玩橡皮泥，显得很高兴。教师也像容容一样搓了一个长条，同时嘴里说："长长的一条。"容容看着教师，不作声。这个情境中，教师是配合者，做应答性反应，并借机给幼儿以适当的游戏建议。这种指导方法的优点在于，幼儿与教师共同游戏的体验增加了幼儿游戏的乐趣，同时也能塑造幼儿的游戏行为。

2. 共同游戏

教师参与幼儿的游戏，幼儿是游戏的主导者，教师是配合者，做应答性反应，并借机给幼儿适宜性指导。王老师进入某小吃店，对服务员说："服务员，你好！我要一碗馄饨。"这时服务员说这里没有馄饨。老师问："那有什么好吃的？"服务员说："有炸薯条、鸡腿、面条、羊肉串。"这时老师说："啊呀，就是没有馄饨，那太遗憾了。那你们可以做一些，如果没有馄饨，很多想吃馄饨的人就不会来了。"一个孩子问："那我们用什么做呢？"王老师说："我看见美工区的几位孩子做的馄饨可好了，你们可以商议从他们那里'买'一些放到这里，然后学着做一些，希望过几天我能在你们的店里吃到香喷喷的馄饨！"

（二）旁观者

教师以旁观者身份影响幼儿的游戏，可采取多种多样的方式方法，包括言语、非言语混合的方法（当然，这也可运用于以游戏者身份进行的指导）。

第一，言语的方法。言语是教师作用于幼儿的重要影响手段。在教师作为游戏者的游戏指导中，教师的言语往往是游戏中角色的语言表达，是角色的语气、语调。而作为旁观者，教师的指导言语则是成年人或教育者的语言表达，具有比前者更明显的教育意图和成年人的期待。作为旁观者的教师言语指导可分为两种：一种是直接方式，即教师对幼儿明确的指示、教授、指挥等。这种方式只有在特殊情况下才可采用，如游戏中出现了较严重的危险因素或违反常规的现象，或者游戏需要教师直接教授才能开展等。另一种是间接方式，即教师重在启发、诱导、暗示幼儿该如何做，主要包括以下方式。

（1）建议，即教师通过言语试探地或协商性地要求或暗示幼儿去做什么和如何做，重在对幼儿的游戏行为进行引导。

（2）评论，即教师通过言语，对幼儿的游戏行为进行评论，表扬或肯定正确的行为，指出或建议不足的行为。当然，评论应以鼓励、表扬为主，激发幼儿游戏的积极性。评论的方式也有多种，教师既可对幼儿游戏进行个别式评论，也可对幼儿游戏进行总结性评论。

（3）描述，即教师用言语描述幼儿的行为，使幼儿对自己的行为，以及行为的意义有明确的意识。同时，教师的言语描述也为幼儿描述自己的行为提供了"范例"。教师应鼓励幼儿用言语描述自己的行为或所发生的事情。

（4）重述，即教师在与幼儿交谈时，采用有变化的句子结构，重述幼儿所讲的话。重述具有纠正、示范的作用，可以使幼儿了解到能够用不同的语言结构表达同一件事。

（5）提问，即教师采用提问的形式，鼓励和引导幼儿探索、思考和表达。教师所提问题应以开放性问题为宜，尽量少提只需简单回答是或不是的问题。

总之教师在指导幼儿游戏时，可灵活采用多种指导策略，但无论采用什么策略，教师的语言都应具有引导、鼓励、肯定、启发等作用。

第二，非语言方式。教师还可以采用动作、表情、眼神等对幼儿进行指导。以下的案例中教师并没有说一个字，但是她很好地帮助幼儿解决了问题。可见，"教"不一定要用"说"的办法。在娃娃家中，其他的女孩们都戴上了漂亮的发饰，但是雯雯还没有戴好，她看了看其他的小朋友，又低下头继续摆弄头饰，她不时地抬头看一眼教师，教师每次都报以微笑。教师的关注使雯雯坚持探索。她尝试着用各种办法来使头饰适合自己，摆弄了许久，还是没有找到解决问题的办法，小脸憋得通红。她求助般地看教师。这时，教师在远处用手对她做了一个"折叠"的动作，雯雯马上明白了，她把头饰的带子折叠了一小段，弄短了，高兴地把它戴在了头上。教师在远处朝雯雯笑着点点头。

（三）环境支持与材料的提供者

研究调查表明，幼儿在活动中可否选择活动材料以及自选程度的高低，直接影响着活动的针对性和积极性。在材料不可选的情况下，幼儿无所事事率最高；随着材料可选择程度的提高，无所事事率降低，交往频率提高。因此教师一方面提供丰富的材料，另一方面还要根据情况及时添置新的材料。比如幼儿正在玩"小菜场"的游戏，王老师观察到孩子们对于自选蔬菜有兴趣。但是她发现在小菜场中没有为自选蔬菜的顾客提供购物小篮子，使得扮演顾客的幼儿有些失望。于是，王老师到办公室拿了五个塑料袋给售货员，并告诉售货员碰到问题可以自己多想想办法，也可以求助老师。案例中王老师作为一个游戏的材料支持者为小菜场的售货员提供自购塑料袋，解决了游戏中的问题。

三、教师把握好干预和指导的范围

教师对幼儿游戏的指导既可以面向全体，也可以个别指导的方式来进行，做到面向全体与个别指导相结合，整体与部分相结合，这需要教师针对具体情境灵活把握。教师在对幼儿游戏进行干预时，还应把握好干预的节奏。教师应站在幼儿的立场上，体会幼儿的兴趣与需要，给幼儿时间和空间去探索、思考，鼓励幼儿验证自己的想法。

总之，教师要有效指导幼儿的游戏，关键是教师要准确估计幼儿游戏的行为意向，尊重幼儿游戏的主体性、积极性和创造性。教师应在细致观察幼儿游戏的基础上，给幼儿以恰当的支持和干预，保证教师指导的科学性、合理性，以顺应和扩展幼儿的游戏水平。

知识巩固

1. 幼儿游戏观察的方法有哪些？
2. 教师干预幼儿游戏的时机有哪些？
3. 教师指导游戏的方式有哪些？

实践练习

1. 使用扫描法对某个班级的幼儿游戏进行观察。
2. 使用定点观察法对大班的建构区进行观察。
3. 观察某一个幼儿在游戏环节中的表现。

第五章

幼儿规则性游戏活动设计

规则游戏又称教学游戏，是教师根据教育目标为发展幼儿的各种能力而编制的用于教学的游戏。规则游戏包括游戏的目的、玩法、规则和结果，规则是规则游戏的核心。

规则游戏包括智力游戏、音乐游戏和体育游戏。

第一节　幼儿智力游戏活动设计

> 热身游戏："大家好，我是 1 个人来的"，"大家好，我是 2 个人来的"顺次 3 个人、4 个人、5 个人，4 个人、3 个人、2 个人、1 个人。犯错的幼儿将被淘汰，淘汰 10 个人，游戏结束。
>
> 思考：这个游戏主要发展幼儿的哪些能力？

一、智力游戏概述

（一）智力游戏的含义

智力游戏是依据一定的智育任务设计的，以智力活动为基础，以生动、有趣的游戏形式，使幼儿在轻松愉快的活动中完成增进知识、发展智力的任务，帮助幼儿认识事物、巩固知识、锻炼思维的一种有规则的游戏。

（二）智力游戏的结构

智力游戏的结构由四个部分组成：游戏任务、游戏玩法、游戏规则和游戏结果。

1. 游戏任务

游戏的任务也是游戏的目的，即游戏者最终要达到的目标。智力游戏的任务明确，通常是结合幼儿不同年龄阶段的智育要求，根据其认识内容和智力水平来确定的。

2. 游戏玩法

游戏的玩法是幼儿在游戏中对幼儿动作和活动的要求。例如，各种不同的棋类有不同的玩法，游戏的玩法是多样的，但是要符合游戏的目的，也要注意玩法要有吸引力，能够引起幼儿的兴趣，愿意进行游戏。

3. 游戏规则

游戏的规则是指在游戏执行过程中，游戏者需要遵守的行为准则或方法的限定。智力游戏的规则是事先由成年人拟定好的，每个游戏都有一定的规则。游戏的规则指导幼儿在游戏中的动作和行为，保证游戏任务的完成。游戏的规则要符合幼儿的年龄特点，小班游戏的规则大都通过使用实物、玩具和简单的动作来完成，中班、大班则逐渐要求多运用思维、语言进行游戏，或采取竞赛的方式，或在一个游戏中不同任务的参与者有不同的规则。恰当的游戏规则能够提高游戏的趣味性和刺激性，促进幼儿参与游戏的积极性和坚持性。

4. 游戏结果

游戏的结果是游戏目的实现的程度、游戏任务完成的状况。良好的游戏结果，可以使幼儿获得满足和快乐，同时促进幼儿继续游戏的兴趣和愿望，如在游戏中答对了题目，或赢完对方的棋子，猜中谜语等。游戏的结果也反映了幼儿掌握知识和智力发展的情况。

案例：

游戏名称	中班"夹珠子"
游戏的目的	训练幼儿的空间感知觉、目测力，并练习夹物技能
游戏的玩法	用筷子将大小不同的珠子夹入相应大小的洞里
游戏的规则	必须用筷子夹，不能用手去取，珠子与洞的大小必须匹配
游戏结果	在一定时间内将所有珠子都准确夹入相应的洞里

智力游戏的这些因素是互相联系、互相作用的。缺少某些因素就失去了游戏的性质。

（三）智力游戏的种类

1. 根据智力游戏所使用的材料进行分类

（1）用专门的玩教具、自然材料和日常用品进行的智力游戏，如积木、一次性纸杯等，如图5-1所示。

图5-1　用一次性纸杯作为玩具

（2）利用图片进行的智力游戏，如拼图、迷宫等，如图5-2、图5-3所示。

图5-2　拼图游戏

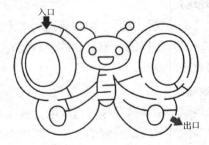

图5-3　迷宫游戏

（3）用语言进行智力游戏，如猜谜语等。

2. 根据智力游戏的任务进行分类

（1）训练感官的智力游戏，如图5-4、图5-5所示。

（2）发挥想象力和创造性思维的游戏，如猜谜语。

上边毛，下边毛，中间一颗黑葡萄。

图5-4 蒙氏感官教具（光滑、粗糙）

图5-5 蒙氏感官教具（嗅觉）

（3）发展语言的智力游戏，如手指游戏。

孩子手掌心朝上，放在妈妈（或爸爸）的右手上，妈妈（或爸爸）一边唱着童谣，一边配合节奏做动作（父母右手的动作）：

炒萝卜，炒萝卜（在孩子手掌上做炒菜状），

切一切，切一切（在孩子胳臂上做刀切状），

包饺子，包饺子（将孩子的手指往掌内弯），

捏一捏，捏一捏（轻捏孩子的胳臂），

煎鸡蛋，煎鸡蛋（在孩子手掌上翻转手心手背），

砍一骨碌头！（伺机向对方搔痒）

（4）练习记忆力的游戏。

比如把几样（不少于5样）东西按先后次序排列在桌子上，给孩子30秒的时间记住，然后遮起来，要求孩子凭记忆依次说出这几样东西的名称。

（5）训练计算能力的智力游戏，比如"猴子荡秋千"。

五只猴子荡秋千，嘲笑鳄鱼被水淹，鳄鱼来了鳄鱼来了，嗷嗷嗷！

四只猴子荡秋千，嘲笑鳄鱼被水淹，鳄鱼来了鳄鱼来了，嗷嗷嗷！

三只猴子荡秋千，嘲笑鳄鱼被水淹，鳄鱼来了鳄鱼来了，嗷嗷嗷！

二只猴子荡秋千，嘲笑鳄鱼被水淹，鳄鱼来了鳄鱼来了，嗷嗷嗷！

一只猴子荡秋千，嘲笑鳄鱼被水淹，鳄鱼来了鳄鱼来了，嗷嗷嗷！

没有猴子荡秋千，鳄鱼鳄鱼回家了！

（四）智力游戏的作用

有趣、适宜的智力游戏，能够调动幼儿的各种器官。幼儿通过看看、听听、摆摆、放放、找找、想想、猜猜等，能使他们自身产生愉悦的情绪，提高他们尝试、探索、思考的主动性、积极性，提高他们努力完成任务的坚持性以及思维的灵活性、敏捷性，有助于他们形成乐于动手、动脑的好习惯，有效促进他们的智力发展，具体表现为以下几个方面。

1. 通过智力游戏促进幼儿观察力的发展

观察是在一定任务下实现的一种有计划的比较持久的知觉，是人认识客观现实的一种主要形式，是知觉的一种特殊状态。幼儿更多地依靠具体刺激物来直接感知外部世界，全面而细致地观察具体事物，辨别事物的外部特征、现象及变化，进而发现事物的内在本质联系。观察力的发展在幼儿智力、心理发展中具有重要意义。良好的观察力是在生活实践中经过有计划的系

统训练而获得的，因此，幼儿通过智力游戏，不断运用各种感觉器官积极活动，从而得到充分的锻炼，提高其机能。智力游戏对促进幼儿感知觉的发展有着特别重要的作用。

2. 通过智力游戏培养幼儿注意力

注意是心理活动对一定客体有选择的指向和集中，它本身不是独立的心理过程，而是感觉、知觉、思维、想象等心理过程的一种共同特征。在智力游戏中，幼儿通过动手操作、动脑思考、注意观察游戏的发展过程等，在游戏的乐趣和求知的兴趣中，注意力也得到了培养。

3. 通过智力游戏培养幼儿记忆力

记忆是人脑对过去经验中发生过的事物的反映，记忆的品质主要表现在记忆的速度、准确性、持久性、准备性和灵活性上。记忆在幼儿心理的发展中有重要意义，倘若没有记忆，幼儿所感知过、经历过的一切，便不会在大脑中留下痕迹，心理也就无从发展。记忆在幼儿个性形成过程中也是不可或缺的，因为情感、意志、性格等都脱离不开记忆，没有记忆，便不可能形成意识。智力游戏要求幼儿把已有的知识经验通过回忆再现于游戏活动中，可见，智力游戏在幼儿记忆力培养过程中起着十分重要的作用。

4. 通过智力游戏发展幼儿创造力

创造力是指人们运用一切已知信息产生某种新颖、独特，有社会及个人价值的产品的能力。幼儿创造力则指幼儿所具有的独创性地解决新问题的能力，是思维和行动的方式，是智力的高级表现。智力游戏中幼儿思路比较开阔，有很强的创造倾向，游戏中的任何一个问题、一件事都要开动脑筋，尝试各种方法思考、实践，这个过程就是创造性活动的过程。因此，智力游戏对培养和发展幼儿创造力有直接影响。

5. 通过智力游戏锻炼幼儿的意志力

智力游戏是一种规则游戏，其中有明确的任务、有一定的规则要求，最终要通过努力达到游戏的成功，这不是一个一蹴而就的过程，而是需要幼儿动用多种智力因素，分析问题、想出解决方案、尝试方案、重组方案、再尝试、最终获得成功的过程。这是一个复杂的思维过程，需要幼儿表现出极大的耐心，在尝试解决问题的过程中还必须遵守游戏的规则，因此，智力游戏对锻炼幼儿的自制能力，磨炼幼儿的意志具有重要的作用。

二、智力游戏设计

（一）智力游戏的设计原则

1. 趣味性原则

在设计智力游戏时，教师要尽可能提高游戏本身的趣味性和吸引力，使幼儿乐于参与，在玩中学，在玩中达到提高智力的目的。比如拍电报游戏，幼儿对拍电报传递信息的方法很感兴趣，通过敲击手掌传递数字信息，发展触觉、注意力和记忆力以及自制力等各方面的能力，并巩固相关的数学概念。

2. 难易适中原则

游戏设计要符合幼儿的年龄特点，不能太简单，太简单激发不起幼儿的兴趣，太难又挫伤幼儿的积极性。因此，游戏的设计要难易适中。

3. 循序渐进原则

游戏材料的投放遵循循序渐进的原则，由刚开始投放一些简单材料到逐渐投放复杂有难度的材料。比如投放拼图，小班可以先投放镶嵌式的，9块的，逐渐到12块甚至块数更多的，如图5-6、图5-7所示。然后，投放材料的形状也可以从规则到不规则。

图5-6　9块拼图

图5-7　12块拼图

（二）幼儿智力游戏设计的要点

1. 游戏目标的设计

游戏目标是游戏活动的指南针，它决定游戏活动设计的方向、范围和程度，因此设计游戏目标是设计游戏最重要的一环。游戏的目标要根据幼儿的年龄水平、认知特点来确定。目标包括认知目标、情感目标和能力目标。例如，小班智力游戏"大鞋小鞋"，这个游戏目标的设计从幼儿的生活经验出发，用幼儿日常生活用品鞋子作为玩教具，在游戏中培养幼儿的认知能力，即比较、观察、认识大小的能力；形成情感态度（喜欢和鞋子做游戏），体验游戏活动的快乐，以及遵守游戏规则的能力。

小班："大鞋小鞋"

【活动目标】

（1）喜欢和鞋子做游戏，并能遵守游戏规则。

（2）能够在观察、比较鞋子的过程中认识大小，进行配对。

2. 选择游戏内容

游戏的内容是游戏活动的主体，是达成游戏目标的具体手段。智力游戏内容的选择和设计一方面要遵循教学目标，另一方面也要遵循幼儿的智力水平。游戏内容设计包括游戏材料的选择、游戏主题的设计及玩法和规则。内容应该不断地丰富，以提高游戏的吸引力。我们在实践中经常采用改变游戏玩法和增加游戏情节的方法来保持游戏的吸引力。比如，大班智力游戏"拍电报"的比赛规则为：各组幼儿按组长的指令一个接一个以点拍的形式依次正确传递，最后一个幼儿在筐子里找到与自己接收到的电报号码信息相应的数字卡，并贴在黑板上。拍得最快、最准确的组获胜。第一轮竞赛，分四组玩游戏，教师当裁判，引导幼儿将电报号码逐渐增大；组长尝试当裁判。第二轮竞赛，分四组玩游戏，启发各组最后一个幼儿将取得的数字卡反方向再次传回到本组第一个幼儿（组长）处来验证。第三轮竞赛，启发引导幼儿增加人数玩游戏，四组变成两组玩游戏。这个游戏里，教师就是通过改变游戏的玩法增加挑战性，不断提高游戏的吸引力。

3. 材料的准备

玩教具是幼儿进行智力游戏的载体，智力游戏的材料应该通过幼儿摆弄操作、游戏来发展幼儿的感觉，调动幼儿通过五官感受物体的形状、大小、长短、粗细，让幼儿在不停的探索中开发智力。教师应该根据幼儿需要和教育的需求，为幼儿选择、制作各种玩教具。我们主张利用日常生活用品和废旧材料让幼儿在动手操作中发展创造性思维、动手能力，以及节约的精神，如图 5-8 ~ 图 5-10 所示。

图5-8　游戏材料（一）　　　图5-9　游戏材料（二）　　　图5-10　游戏材料（三）

（三）设计游戏的过程

（1）创设游戏情境。创设游戏情境的主要目的，是让幼儿在宽松愉悦的氛围中受到感染，调动其参与智力游戏的积极性。创设游戏情境的方法很多，主要有利用相关实物创设游戏情境，利用动作创设情境，运用生动的语言创设情境等。

① 利用实物创设游戏情境。

教师在导入游戏时，运用一些与活动有关的、形象直观的实物创设游戏的环境，会迅速将幼儿带入游戏的气氛之中。如大班游戏"撕名牌"，教师在导入环节出示名牌，激发幼儿兴趣并结合指导语："你们看过'跑男'这个节目吗？那这是什么？（名牌），上面有什么？（名字）请在你自己的名牌上写上你的名字或画上属于你的标记吧！"通过实物就很自然地把幼儿带入游戏情境。

② 利用动作创设情景。

教师可以通过形象的动作表演，让幼儿通过想象，进入游戏氛围。如"送南瓜"中，教师通过以老奶奶的形象——老奶奶头戴着围巾，拄着拐杖，弯着腰，边走边捶着后背，引导幼儿进入游戏。

③ 利用生动的语言创设情境。

教师通过生动、有趣、直观的语言，感染幼儿，营造游戏气氛。如在感知游戏"猜猜哪杯是清水"中，教师通过儿歌导入："揉揉我的小眼睛，摸摸我的小鼻子，嘟嘟我的小嘴巴，它们是我的好朋友，帮我找出清水来"。生动形象的语言把幼儿带入游戏情境。

一般情况下，游戏开始时，教师不仅仅只会用一种方式进行导入，而是将几种方式综合起来，通过形象的实物、逼真的动作，再配以生动的语言，把幼儿的游戏积极性充分调动起来，为顺利游戏打好基础。

（2）教师介绍游戏玩法和规则。游戏情境创设好后，教师要向幼儿介绍游戏的玩法，语言要简单明了，讲清楚游戏开展的顺序。介绍游戏玩法的时候一般采用讲解和示范相结合的方法。

（3）教师引导幼儿游戏。托班和小班的游戏中，教师可以直接参加游戏，担任主要角色。游戏开始时，教师可请部分能力强的幼儿和老师一起游戏，给其他幼儿起示范作用，并使幼儿进一步熟悉游戏规则和玩法，然后逐步过渡到全体幼儿参加游戏。在中班、大班，教师讲清楚玩法和规则后，也可以请部分能力强的幼儿做游戏，既可以起到示范作用，又可以检查幼儿是否明确了正确的玩法和规则，如发现有错，教师应及时纠正。当全体幼儿都明确玩法和规则后，就可以正式开始游戏了。

（4）幼儿自主游戏。在自主游戏中，教师应明确，游戏的主体是幼儿，要让全体幼儿都能积极参与游戏，从而实现游戏的教育目的。在这个过程中，教师是观察者，观察的目的有两个，一是了解幼儿对游戏的玩法规则的掌握和游戏目标的完成情况，督促幼儿遵守游戏规则，二是及时发现问题，提供适时的帮助和教育。

（5）游戏结束。游戏结束，教师可以组织幼儿评议和总结游戏。对游戏的评价，一般是在教师的主持下，由教师和幼儿共同参加。

三、智力游戏指导与案例分析

（一）小班

智力游戏较简单，游戏的趣味性较强，规则较少且简单，游戏时的兴趣时间较短。对材料的操作大多停留在常规性的操作上，不断地重复，扩展性的操作较少出现，如有也是简单的变化，有时则离开了材料的固有功能，只把材料作为随意摆弄的工具。幼儿有时也有创造性的表现，只是这种表现是低水平的，需要由家长或教师引导。

由于小班幼儿的智力游戏多是利用玩具材料进行的。玩具和材料应该颜色鲜明，品种简单，形象生动，同一种材料可以投放相同的若干个。游戏规则讲解力求生动、简明和形象。避免过多的解释，以免冲淡幼儿的注意力，使他们失去游戏的兴趣。

游戏中：可以允许他们按照自己的理解操作玩具材料，在幼儿熟悉玩具材料后，教师可以引导幼儿一起讨论玩具材料的新玩法。教师指导采用语言与非语言相结合的方法，给予幼儿充足的时间和空间，维持活动的兴趣。

游戏后：可以请幼儿简单说一说今天玩的是什么玩具，在游戏过程中遇到了什么问题，鼓励幼儿勇敢表达自己的想法；鼓励幼儿自己把玩具放入玩具箱，初步养成良好的行为习惯。

小班："谁不见了"

【设计意图】

生活中，幼儿喜欢玩躲猫猫游戏，同类游戏"谁不见了"也是幼儿感兴趣的题材，既贴近幼儿生活，又有助于提高他们的观察力、注意力。对于幼儿在平时活动中注意力不集中、观察力差等情况会有所改善。活动通过不同层次的游戏形式让幼儿成为学习的主人。

小班智力游戏：谁不见了

【活动目标】

（1）喜欢玩游戏，并体验动脑筋才能获得更多的成功乐趣。

（2）能认真观察游戏场景中的变化信息，保持注意力集中。

（3）主动遵守游戏规则，在掌握游戏玩法的基础上初步尝试自主游戏。

【活动准备】

（1）经验准备：前期有"躲猫猫"游戏经验。

（2）物资准备：PPT（水果、玩具、动物等图片）、轻音乐、计时器。

【重点、难点】

（1）重点：能认真观察游戏场景中的变化信息，保持注意力集中。

（2）难点：主动遵守游戏规则，能尝试自主游戏。

【活动过程】

程序	进程	分析
导入部分	**1. 谈话导入，激发幼儿活动兴趣** 指导语：我们班上有很多的小伙伴，你们都记住他们的名字了吗？ （1）熟悉身边小朋友的名字。 指导语：小朋友们谁玩过"躲猫猫"的游戏？是怎么玩的呢？ （2）教师简要归纳"躲猫猫"游戏的玩法。 指导语：原来玩"躲猫猫"游戏的时候，寻找的人要把眼睛遮住，不偷看，10个数后等小伙伴藏好了再开始寻找，并在规定的时间内找到对方才算赢！	从幼儿的前期经验入手，游戏才容易被幼儿理解和接受，一方面可激发幼儿的游戏兴趣，另一方面为后期游戏规则做铺垫
基本部分	**2. 幼儿自主游戏** （1）尝试游戏，初步感知规则：找一找。 指导语：现在我们用和躲猫猫相似的玩法来玩游戏。 游戏玩法：请一位小朋友躲起来。其他幼儿闭上眼睛，10个数后，请大家睁开眼睛，说出是谁躲起来了，然后让躲起来的幼儿走出来，大家看看猜得对不对，并再说一遍："是某某小朋友躲起来了。" 游戏规则：在游戏时，老师请猜测的小朋友闭上眼睛，	幼儿在原有躲猫猫经验上玩找一找游戏。教师在调动幼儿的兴趣后采用集体游戏，运用多媒体手段玩"谁不见了"。建议教师先带着全班小朋友玩一下，然后进行分组比赛。

程序	进程	分析
基本部分	小朋友要闭上眼睛不能偷看，当教师说睁开眼睛时才能睁开眼睛。说对则获胜，游戏可反复进行 1 ~ 3 轮。 （设计意图分析：总结、归纳、梳理游戏经验，让幼儿们学习模仿，自由尝试新游戏。） （2）集体游戏：谁不见了。 游戏玩法：幼儿按意愿分为两组，观察图片中不见的图片，两组 PK，哪组观察到的多，则获胜。 指导语：大家都明白怎么玩了吗？我们观察竞赛游戏开始了。今天我们分成两组游戏，哪组观察到的多则获胜。 （3）公布结果。 指导语：刚才我们小组进行了游戏，游戏结果出来了，是××组获胜。 （4）利用操作材料，幼儿自主小组游戏。 指导语：刚才我们小组玩游戏了，现在你们找到自己的好朋友组成一组，一个人藏材料，其他人猜少了什么，游戏角色轮流交换。 （设计意图分析：结合多媒体课件操作，提高游戏难度，增添游戏趣味性，自然地引发幼儿的有意注意，使孩子的注意力集中体现，幼儿也能通过营造的活动氛围，在游戏中认真观察游戏场景中的变化信息，保持注意力集中，并在掌握游戏玩法的基础上初步尝试自主游戏。）	小班一般不进行比赛游戏，他们更喜欢游戏的过程，没有强烈的输赢意识。 小班小朋友自主玩多媒体游戏还是藏实物游戏，要考虑到游戏材料是否齐全，幼儿能否顺利进行藏—找的游戏
结束部分	**3. 分享快乐经验，结束游戏** 指导语：小朋友今天玩得开心吗？回家后可以和自己的爸爸妈妈继续玩这个游戏	

【总结与提升】

（1）"谁不见了"游戏可以很好地培养幼儿的观察能力。反复游戏是锻炼幼儿养成良好注意力的绝好途径。在活动中利用已有经验，教师怎样帮助幼儿理解和遵守游戏规则？教师要怎样引导幼儿观察，利用游戏具体而形象地再现游戏中的意义？教师如何使幼儿的注意力集中？如何引导幼儿认真观察游戏中的变化信息，并保持注意力集中参与到游戏中？以上都需要教师思考。教师同时需关注幼儿在掌握游戏玩法的基础上引导幼儿自主游戏。

（2）小班年龄段的幼儿有意注意的时间还不长且不够稳定，容易受无关因素的干扰。因此教师必须根据幼儿的年龄特点，为他们选择贴近生活、熟悉的操作内容及材料。同时各班幼儿发展具有差异性，教师应如何满足不同层次幼儿的需求？

【延伸活动】

幼儿在熟悉了基本玩法后，教师可尝试利用各种实物道具让幼儿练习。"谁不见了"操作材料可以利用生活中的物品操作，并且可以适当增加难度，让幼儿的注意力、观察力，逐步得到提高，并让幼儿成为学习的主人。

湖南省长沙市雨花区教育局第一幼儿园　郑菲菲

（二）中班

中班幼儿玩的智力游戏可以增加一定的难度，但要注重趣味性及幼儿实际操作能力的培养，使游戏方法逐渐复杂多样，让幼儿能够完成任务并遵守游戏规则。

游戏前：中班幼儿的智力游戏材料应有一定的趣味性和挑战性，一份材料可以用一种方法进行操作，也可以鼓励幼儿探索其他玩法。中班幼儿仍需教师对智力游戏的玩法和规则进行讲解和示范，当玩法、规则熟悉了以后，他们便能自己独立地玩游戏了。

游戏中：鼓励幼儿遵守游戏规则，使幼儿充分体验到因遵守游戏规则而达到胜利结果时的乐趣。观察幼儿游戏活动中的表现，当幼儿遇到困难玩不下去的时候，当幼儿出现纠纷与行为问题的时候，当游戏无法深入开展的时候等，一旦出现这些情况，就需要教师及时干预和进行指导。

游戏后：鼓励幼儿表达玩玩具的心情、遇到的问题及解决办法，教师鼓励并表扬幼儿解决问题的能力以及在游戏中表现出来的其他优秀品质（如遇到困难不放弃、坚持不懈等），鼓励幼儿把玩具放回原处，养成良好的行为习惯。

中班："挑挑乐"

【设计意图】

中班智力游戏：
挑挑乐

夏天到了，走在街上，随处可见人们享受着手中冰棍所带来的凉爽之意。此情此景让人不由地回想起儿时自己和小伙伴们一起用冰棍的棒子、牙签、筷子等材料玩的"挑小棒"游戏，真是乐在其中啊！借此，"挑挑乐"在传统游戏的玩法和材料上进行了创新与设计，引导幼儿直接感知、亲身体验父母儿时的游戏乐趣。更重要的是，此游戏可锻炼幼儿的感知和观察力、思维能力及实践能力，从而促进其智力发展。

【活动目标】

（1）乐意参加"挑挑乐"，体验与同伴一起游戏的乐趣。

（2）学会仔细观察并成功地挑起小棒，有规则意识。

（3）锻炼快速反应能力，提高思维能力。

【活动准备】

（1）知识经验：接触过生活中的各种小棒且玩过"游戏棒"游戏。

（2）物质材料：彩色游戏棒若干、小猴若干、中空大树、小黑板、粉笔、五支签、六张桌子。

（3）环境创设：幼儿围坐成半圆。

【重点、难点】

（1）重点：能成功挑起小棒，体验游戏的乐趣。

（2）难点：能快速反应，提高思维能力。

【活动过程】

程序	进程	分析
导入部分	**1. 情境导入，激发幼儿兴趣** 指导语：小朋友们，今天呀有一群小动物来做客，猜一猜会是谁呢？看，谁来啦？你们想和翻斗猴一起玩游戏吗？ 教师出示游戏教具，以翻斗猴的口吻设计"挑挑乐"大闯关，导入游戏	从幼儿直接感知入手，一方面从视觉上激发幼儿对游戏的好奇心，另一方面小朋友们乐意与小动物做朋友，能够自然地进入游戏状态
基本部分	**2. 分组体验游戏** 指导语：那么这个游戏怎么玩呢？让我们一起来了解一下"挑挑乐"的玩法和规则吧！ 玩法：将一定量（多于小组人数）的游戏棒集中一起握在手中，然后撒开手，游戏棒自由落在桌面。幼儿商定先后顺序依次挑起一根游戏棒，直至游戏棒被挑完，兑换小猴，游戏结束。 规则：每组商定选派一名幼儿撒游戏棒；挑棒时可借助手或小棒，选定一根棒挑且不可碰动其他小棒，否则失去机会不得棒，并由下一位小朋友继续。一根游戏棒兑换一只小猴。 教师示范游戏玩法，幼儿体验游戏，教师分组指导。 （设计意图分析：给幼儿模仿学习的机会，使其自由尝试玩游戏。） **3. 拓展游戏：分组竞赛闯关** 指导语：现在呀，很多小朋友都已经找到了小猴做好朋友了，看来呀，这点雕虫小技还是难不倒我们聪明的小朋友的。有些小朋友暂时没有找到翻斗猴做好朋友，是不是因为没有掌握挑棒的技巧呢？没有关系，那还有很多小猴在树上等着我们呢！准备好迎接真正的"挑挑乐"大闯关吧！ 新玩法：每组推荐一位"挑棒高手"作为闯关挑战者，抽签决定游戏顺序，按序进行"挑挑乐"游戏，挑起何种颜色的小棒则可在大树上抽出一根同色棒，掉下的小猴则归该组所有；若碰到其他小棒，则要说出教师给出的数的分法。 新规则：若成功挑起一根棒，便可继续挑棒，直至失败（碰动其他小棒）；挑得几根棒就可在大树上抽出几根同色小棒；根据"数的分法"，每一种正确分法得一只小猴。 教师根据幼儿游戏的实际情况梳理游戏新玩法和新规则	教师介绍玩法规则，幼儿通过模仿，初步体验游戏的乐趣，进而通过游戏竞赛，设置新的游戏规则，激发幼儿游戏兴趣并巩固幼儿的数学学习经验（数的分成）

续表

程序	进程	分析
结束部分	**4. 分享交流结束游戏** 　　统计每组所得翻斗猴的数量，比比哪组找到的朋友多。交流游戏感受、分享成功挑棒的经验和技巧，并在交到好朋友的满足与喜悦中结束游戏	总结、归纳、梳理游戏经验，使幼儿从游戏中得到快乐

【总结与提升】

（1）"挑挑乐"游戏的设计灵感主要源自生活中常见的棍棒类物品，以经典的传统游戏"挑小棒"为依托，巧妙地融入"翻斗猴"这一动物角色创设情境，很好地调动了幼儿游戏的兴趣。在游戏中，幼儿能够通过模仿学习、自由探索的方法完成挑战，从而与"翻斗猴"做朋友，快乐地在玩中学。个别幼儿虽然在一次游戏中未能找到"翻斗猴"做朋友，但仍然保持良好的游戏心态，开心地继续游戏，不断努力，最终也找到了好朋友，体验到了成功的乐趣。作为幼儿游戏的支持者与引导者，教师应不断地引导幼儿发现问题并自主探索解决方法，给予挑战失败的幼儿及时的鼓励与帮助，保障游戏顺利进行。

（2）活动反思建议从以下几个点进行。

① 从中班幼儿年龄特点出发，教师通过怎样的游戏方式让幼儿在游戏中习得经验并提升各方面能力，从而达到游戏目标？

② 幼儿前期游戏经验是否充分，如果幼儿缺乏经验，教师考虑采用什么方式进行支持？

③ 在体验游戏环节中，教师如何引导幼儿理解游戏玩法并遵守规则？

④ 教师如何根据游戏情况进行拓展游戏，增加游戏的情境或难度，进一步丰富幼儿的经验？

【延伸活动】

（1）将游戏材料投放到活动区，让幼儿自选材料和玩伴进行游戏。

（2）幼儿与父母一起用冰棍的小棒、筷子等材料设计"挑挑乐"游戏。

湖北省实验幼儿园　胡梦媛

（三）大班

大班幼儿对活动强度高的智力游戏（如棋类）更感兴趣，也喜欢参加竞赛性的智力游戏。大班幼儿玩的智力游戏知识性大于娱乐性，创造性增强；游戏任务较为复杂，有时一个游戏多项任务；游戏方法多且难度较大；游戏规则可以改变，幼儿可以在活动中通过协商制定新的规则。

游戏前：教师可有针对性地投放带有一定挑战性的游戏材料，同时要注意经常更换和增加新的玩具材料。教师还可以根据游戏的内容，发动幼儿共同收集游戏材料，或动手制作一些简单玩具，如自己画棋盘等，这样能使幼儿感到更亲切，并能提高参与游戏的积极性。

游戏中：教师一般只需用语言讲解游戏，要求幼儿能独立地进行游戏，严格遵守游戏规则，争取最好的游戏结果。

游戏后：请幼儿对自己玩游戏的过程和结果进行评价，在集体中分享游戏中发现的问题、尚未解决的困难，请其他幼儿共同开动脑筋寻求解决的办法。幼儿能够自主地将玩具材料整理并摆放回原位。

四、幼儿智力游戏案例分享

（一）大班："撕名牌"

【设计意图】

"撕名牌"游戏随着综艺节目"跑男"的热播，已经悄然流行起来。生活中常常听到孩子们谈论起"撕名牌"游戏是多么的有趣。因此，此活动就是将数学渗透到"撕名牌"的游戏中，让孩子们除了感受到"撕名牌"时的刺激感，又能从玩中学习到数学知识。

【活动目标】

（1）体验玩"撕名牌"规则游戏的乐趣。

（2）知道并能够创新"撕名牌"游戏规则，能和同伴分工合作竞赛玩"撕名牌"游戏。

（3）在游戏中锻炼身体，并巩固数数能力。

【活动准备】

（1）物质准备：大（红、蓝）、小名牌每人一份，黑板两块，笔若干。

（2）经验准备：有玩过"石头剪刀布"游戏的经验，有初步 10 以内数数的经验。

【重点、难点】

（1）重点：懂得"撕名牌"的规则，知道如何"撕名牌"。

（2）难点：能创造性地改变规则，尝试创新游戏玩法。

【活动过程】

程序	进程	分析
导入部分	**1. 出示"名牌"，激发幼儿兴趣** 教师："你们看过'跑男'这个节目吗？那这是什么？（名牌）上面有什么？（名字）请在你自己的名牌上写上你的名字或画上属于你的标记吧！"	教师从幼儿的直观经验入手，一方面可激发幼儿的游戏兴趣，另一方面给孩子们充分的自主权，让孩子们做属于自己的名牌
基本部分	**2. 玩游戏：撕名牌** （1）分组尝试玩"撕名牌"游戏。 指导语：名牌做好了，现在我们就来玩个小游戏检验一下，看看我们的名牌是否牢固？玩过"石头剪刀布"的游戏吗？两人一组，看谁能撕到对方的名牌最多呢？ 游戏玩法：幼儿按意愿两人一组玩"石头剪刀布"，赢的一方撕掉对方的名牌，三局两胜，看谁撕的次数最多。 教师和幼儿示范游戏玩法，教师分组指导。 （2）分组竞赛玩游戏。 指导语：看看我这儿有几种颜色的名牌	游戏组织层层递进，从尝试玩游戏到分组竞赛再到创新游戏玩法，不断提高难度，循序渐进地巩固幼儿原有的数学学习经验（数数的能力）

续表

程序	进程	分析
基本部分	（红、蓝）？现在我们分组来玩撕名牌的游戏。听口令，看看哪组最先撕掉对方的名牌呢？ 游戏规则：名牌变成了红、蓝两种颜色的名牌，游戏开始时，发布口令者说出任意一个10以内的数字。听到口令后，两组开始撕名牌，将撕下的名牌贴在黑板上，最先撕下口令中所说数字的名牌数量的那组为胜（如数字5，则就是撕5个对方的名牌）。 教师根据幼儿游戏的实际情况梳理游戏玩法与游戏规则。 **3. 尝试创新游戏玩法** 指导语：你们觉得我们还可以怎么玩"撕名牌"的游戏呢？那你们敢接受更难的"撕名牌"的游戏吗？ （1）教师出示一个写有数字的小名牌，幼儿自由商讨游戏玩法。 （2）尝试将小的名牌放在大名牌下玩"撕名牌"游戏（听口令，撕名牌，找数字）	
结束部分	**4. 分享、交流、结束游戏** 师幼总结、归纳、梳理游戏经验，从游戏中得到快乐	分享、总结与提升游戏经验

（二）大班："拍电报"

【设计意图】

拍电报游戏是一个传统的智力游戏，幼儿对拍电报传递信息的方法很感兴趣。幼儿在比较安静的游戏过程中通过敲击手掌传递数字信息，发展触觉、注意力和记忆力以及自制力等各方面的能力，并巩固相关数学概念。大班幼儿好动且竞争意识强，能够通过小组合作冷静、准确地完成任务，这着实是一项很有成就的挑战。

【活动目标】

（1）遵守"拍电报"游戏规则，体验游戏的乐趣。

（2）能和同伴分工合作竞赛玩"拍电报"游戏。

（3）培养幼儿的专注力及数数的能力。

【活动准备】

（1）物质准备：10以内数卡4套；10以内点卡2套；黑板2块；磁条若干。

54

（2）经验准备：了解发电报的方法；玩过传递游戏。

【重点、难点】

（1）重点：知道游戏的规则，能体验游戏的乐趣。

（2）难点：创造性地改变游戏规则，尝试新的游戏玩法。

【活动过程】

程序	进程
导入 部分	**1．以传递游戏导入，激发幼儿兴趣** 指导语：你们还记得传递游戏怎么玩的吗？ 教师与幼儿玩有传递动作的游戏并简单小结玩法。 （设计意图分析：从幼儿的直观经验入手，一方面可激发幼儿的游戏兴趣，另一方面为后期较高难度的游戏经验搭支架做铺垫。）
基本 部分	**2．玩游戏：拍电报** （1）分组尝试玩游戏。 指导语：现在我们用相似的玩法来玩拍电报的游戏。 游戏玩法：幼儿按意愿四人一组，每组选一名组长站在第一位，组长将电报号码迅速、准确地在下一个幼儿手心轻轻点出，一个接一个，最后一位幼儿按自己接收到的电报号码信息找出并举起相应的数字卡。 游戏规则：在拍电报时不能说话，不发出声音。必须以点手心的方式按指令一个接一个依次传递，不传错，最后一个幼儿在筐子里找到与自己接收到的电报号码信息相应的数字卡并举起来。本组组长和组员一起验证。 教师和幼儿示范游戏玩法，在尝试玩的阶段教师分组指导。 （设计意图分析：给幼儿学习模仿的机会，自由尝试玩游戏。） （2）分组竞赛玩游戏。 指导语：你们都会玩拍电报游戏了，那我们来进行比赛吧，比比哪组拍得又快又准。 比赛规则：各组幼儿按组长的指令一个接一个以点拍的形式依次正确传递，最后一个幼儿在筐子里找到与自己接收到的电报号码相应的数字卡，并贴在黑板上。拍得最快、最准确的组获胜。 教师强调在拍电报时不能说话，不发出声音，否则算违规。 第一轮竞赛，分四组玩游戏，教师当裁判，引导幼儿将电报号码逐渐增大；组长尝试当裁判。 第二轮竞赛，分四组玩游戏，启发各组最后一个幼儿将取得的数字卡反方向再次传回到本组第一个幼儿（组长）处来验证。 第三轮竞赛，启发引导幼儿增加人数玩游戏，按幼儿意愿将四组变成两组玩游戏

续表

程序	进程
基本 部分	教师根据幼儿游戏的实际情况梳理游戏玩法与游戏规则。 （设计意图分析：提高游戏竞赛性质，激发幼儿游戏兴趣，巩固学习经验。）
结束 部分	3. 小结 （1）梳理游戏经验。 （2）教师出示两个数字，幼儿自由商讨游戏玩法。 （设计意图分析：总结、归纳、梳理游戏经验，提高游戏难度，激发幼儿游戏兴趣，巩固学习经验并进行经验迁移，举一反三。）

【总结与提升】

（1）活动结束后执教教师根据实际情况进行评析。

（2）活动反思建议从以下几个点进行。

① 幼儿游戏前期传递游戏经验是否充分？如果幼儿缺乏经验，教师应采用什么方式进行弥补？

② 尝试玩游戏环节中，教师是如何引导幼儿按指令一个接一个依次传递、不传错，并找出相应的数卡的？

③ 竞赛游戏环节，教师采取了哪些措施鼓励幼儿在竞争环境中遵守规则（一个接一个用手敲打），冷静完成比赛并引导幼儿探索总结"拍得又快又准"的方法？

【延伸活动】

幼儿在熟悉了基本玩法后可尝试用两个（三个……）数字组成电报号码，玩拍电报的游戏，甚至可以创造新的传递信息的方法。

湖南省长沙市雨花区教育局第一幼儿园　刘娜

（三）大班："创意连连看"

【设计意图】

"连连看"游戏对大班幼儿来说并不陌生，规则简单，容易上手，趣味性强，符合大班幼儿的思维特点。抓住幼儿兴趣，我设计了智力游戏"创意连连看"。

大班智力游戏：
创意连连看

新《纲要》指出：游戏活动应作为幼儿在园日常活动的基本活动，教师应为幼儿的探究活动提供丰富的可操作的材料，为每个幼儿都能运用多种感官、多种方式进行探索活动提供条件。活动内容必须与幼儿兴趣、需要及接受能力吻合。因此，在本次活动中，教师为幼儿提供丰富多样的活动区材料，让幼儿在游戏中动脑筋解决问题，协商制定游戏规则，提高幼儿的思维、表达及归纳能力，体验与同伴合作玩游戏的快乐。

【活动目标】

（1）乐意与同伴一起玩"连连看"游戏，体验连成功后的乐趣。

（2）尝试与同伴协商"连连看"游戏中的规则问题，并动脑筋解决问题。

（3）能自主选择合适的材料玩"连连看"游戏，分享连接经验。

【活动准备】

（1）物质材料准备：幼儿人手一个小篓，5×8 的 40 格游戏板每组一套，各种图形图片、1～10 的数字卡片、彩色吸管、各种图案的小图片、各种颜色的积木、塑料拼花、小棒、瓶盖。

（2）经验准备：幼儿已有玩"连连看"游戏的经验，知道"连连看"游戏的基本规则。

【重点、难点】

（1）重点：尝试与同伴协商"连连看"游戏中的规则问题，并动脑筋解决问题。

（2）难点：能自主选择合适的材料玩"连连看"游戏，分享连接经验。

【活动过程】

程序	进程
导入部分	**1. 经验回顾，熟悉玩法** （1）询问幼儿都玩过什么样的"连连看"游戏。 （2）出示"图形连连看"，说说哪些图形卡片可以相连。 （3）出示玩法图片，进一步提炼基本玩法：相连的路线，不能超过两个弯，不能有障碍物。 （设计意图分析：从幼儿熟悉的、玩过的游戏入手，一方面可激发幼儿的游戏兴趣，另一方面可回顾规则，为进行游戏做铺垫。）
基本部分	**2. 体验游戏，协商规则** （1）幼儿体验游戏，教师巡回指导。 玩法：将 10 种不同图形的卡片随意摆放在游戏板中，幼儿四人一组轮流进行游戏，找到可以相连的图形卡片放到自己的小篓内，游戏结束后，谁的卡片多，谁获胜。 （2）集中讨论，协商规则。 ①你们在游戏中遇到什么问题，是怎样解决的？ ②有的小朋友找不到可以相连的，我们怎么办？ 规则：我们给他数 5 个数，如果还没有找到，就停一次。 （3）按照制定的规则，幼儿再次游戏。 （设计意图分析：智力游戏是规则游戏，帮助幼儿在游戏时发现问题，并引导幼儿解决问题，共同制定游戏规则，巩固练习。）
结束部分	**3. 集中交流，拓展游戏** （1）为什么你们组玩得最快，连得最好？ 小结：当别人在连时，我们就找到下一个，这样快一些。 （2）我们用图形玩了"连连看"游戏，可不可以用其他材料玩这种游戏呢？ （3）幼儿自选活动区材料进行游戏。 （设计意图分析：分享交流连得快的方法，总结、归纳、梳理游戏经验，并迁移游戏经验，自选其他材料再次进行游戏，激发幼儿游戏兴趣，巩固学习经验。）

【总结与提升】

（1）"连连看"游戏来源于幼儿生活，教师巧妙地将教育目标与幼儿感兴趣的游戏进行融合，迁移游戏经验，让幼儿在玩中学。智力游戏属于规则游戏，规则是智力游戏顺利进行的主线。幼儿在游戏中发现问题，并积极动脑筋协商解决，从而制定出新的规则，保障游戏顺利进行。

这充分发挥了教师作为引导者、帮助者、支持者的作用，引导幼儿运用多种不同材料进行游戏，体验发散思维的乐趣。

（2）活动反思建议从以下几个点进行。

① 从大班幼儿年龄特点出发，教师通过怎样的游戏活动，让幼儿能在游戏中习得经验，获得各方面的提升？

② 在玩游戏环节，教师是如何引导大班幼儿共同制定规则，按规则与要求，顺利完成游戏的？

③ 根据幼儿的游戏情况，教师是如何增加游戏情境或游戏难度，进一步丰富幼儿实践经验的？

【延伸活动】

（1）将游戏板放到益智活动区内，请幼儿继续尝试用生活中和其他活动区中的材料玩"连连看"游戏。

（2）根据幼儿经验，教师可以增加60、80、100格数的游戏板，供幼儿尝试挑战游戏。

湖北省实验幼儿园　徐金晶

（四）中班："传话"

【设计意图】

说悄悄话是日常生活中特别神秘有趣的事情，根据孩子在"悄悄话"游戏中带来的灵感，设计了"传话"游戏这个幼儿感兴趣的题材，既贴近幼儿的生活，又有助于拓展幼儿的经验与视野。活动将幼儿本身的需要、兴趣、经验和能力放在首位，通过三个不同层次的挑战让幼儿成为学习的主人。

【活动目标】

（1）积极地参与到传话的游戏中，获得与同伴一起顺利、准确传话的成功感。

（2）能认真倾听同伴传话信息，保持注意力集中。

（3）主动遵守游戏规则，在掌握传话游戏玩法的基础上初步尝试自主游戏。

【活动准备】

（1）物质准备：3张图片、彩旗若干、1个圈。

（2）经验准备：会玩传球的游戏与有说悄悄话的经历。

【重点、难点】

（1）重点：能保持注意力并积极参与到传话游戏中，认真倾听同伴的传话。

（2）难点：能主动遵守游戏规则，并能自主游戏。

【活动过程】

程序	进程
导入部分	1. 话题导入激发幼儿活动兴趣 指导语：孩子们，你们玩过说悄悄话的游戏吗？是怎么玩的呢？ 教师简要归纳幼儿悄悄话玩法 指导语：原来说悄悄话的时候要轻声地将秘密告诉自己的好朋友，不能让旁边的朋友听到啊！ （设计意图分析：从幼儿的前期经验入手，易被幼儿理解接受，一方面可激发幼儿的游戏兴趣，另一方面为后期较高难度的游戏经验搭支架做铺垫。）
基本部分	2. 玩游戏：传话 （1）分组尝试玩游戏。 指导语：现在我们用相似的玩法来玩传话的游戏。 游戏玩法：幼儿按意愿八人一组，每组选一名组长站在第一位，组长将听到的悄悄话迅速、准确地传话给下一个小朋友，依次传话，最后一位接收到传话信息者最早站到中间圈圈内，获得最先发言权。 游戏规则：在传话时要轻声说，不能让周围的朋友听到。必须在听到裁判指令后一个接一个依次传递给下面一位小朋友，不传错，最后面的一名幼儿接收到传话信息后最早站到两队中间的圈圈内，可获得最先发言权。两组公布自己传话内容后，由裁判员公布答案，站到圈内的小朋友复述一致则获胜，复述错误则看对方是否复述正确，对则获胜。 教师和幼儿示范游戏玩法，在试玩阶段，教师分组指导。 （设计意图分析：总结、归纳、梳理游戏经验，让孩子们学习模仿，自由尝试新的游戏玩法。） （2）分组竞赛玩游戏。 指导语：大家都明白怎么玩了吗？看来我们传话竞赛游戏可以开始了。今天我们分成两组分三次比赛，哪组获得的红旗最多则获胜。 强调听到裁判口令后才开始传，不能提前告密，让对方与裁判听到悄悄话内容，否则算违规 第一关：小狗 第二关：喜洋洋 第三关：看图传话——猫和老鼠
结束部分	3. 公布最后竞赛结果，活动结束 （设计意图分析：提高游戏难度，增添游戏趣味性，能自然地引发幼儿的有意注意，使幼儿的倾听体现自主，使幼儿在游戏的情境中乐于倾听别人，积极与人交往，体验到相互尊重和合作的重要与快乐。）

【总结与提升】

（1）传话游戏可以很好地培养幼儿的倾听习惯。反复游戏是锻炼幼儿养成良好倾听能力的绝好途径。为了让幼儿在活动中有效参与，教师要了解幼儿的年龄特点，从而进行游戏分解。

如：

① 让幼儿明确传话初级玩法——悄悄话。

② 可以在前期让幼儿玩传球游戏，了解传球过程中的游戏规则为传话活动做好前期铺垫。

（2）活动反思建议从以下几个点进行。

① 如何调整活动来尊重幼儿的差异性？

② 如何引导幼儿合作性的发展？

【延伸活动】

幼儿在熟悉了基本玩法后，教师可尝试利用各种实物道具让幼儿练习传话游戏，并逐渐说一句完整的话进行游戏，提高幼儿的倾听能力和语言表达能力。

湖南省长沙市雨花区教育局第一幼儿园　周欣

（五）中班："打败魔咒"

中班智力游戏：
打败魔咒

【设计意图】

打败魔咒的游戏来源于童话故事。大灰狼等角色是幼儿熟悉的故事角色，深受幼儿喜爱，幼儿也很享受故事结尾获得成功解救的喜悦。用大灰狼的魔咒来引起幼儿的兴趣，在角色扮演的过程中，引导幼儿认真倾听和表达，从而发现魔咒的规律，运用规律创编魔咒。

【活动目标】

（1）通过角色扮演，体验打破魔咒的快乐。

（2）能够认真听清魔咒内容并进行完整表述。

（3）学习运用 AAAB 模式创编魔咒。

【活动准备】

（1）物质准备：游戏背景音乐（《植物大战僵尸》）；大灰狼头饰 4 个。

（2）经验准备：听过相关童话故事。

【重点、难点】

（1）重点：能够认真听清魔咒内容并进行完整表述。

（2）难点：学习运用 AAAB 模式创编魔咒。

【活动过程】

程序	进程
导入部分	**1. 创设情境，激发幼儿兴趣** （1）教师：小精灵们，请你们听着音乐和我一起到森林里去玩。我说魔咒的时候请你们摆一个造型，请仔细听我说了什么。 情境引导语：森林里有 / 大灰狼，大灰狼 / 有魔咒，魔咒 / 魔咒 / 是什么？听……（咒语：花花花树） 引导个别幼儿回答魔咒内容，鼓励幼儿完整表达。 （设计意图分析：第一次游戏在于带领幼儿计入游戏情境，观察幼儿注意力集中情况，语速适当缓慢，咒语内容简单，个别能力强的幼儿复述，这样使幼儿有兴趣、有信心参与活动。）

程序	进程
导入部分	（2）第二次游戏，感知游戏。边念儿歌边摆造型，引导所有的幼儿说出魔咒（红红红蓝）。说对魔咒的小精灵"获救"，回到小椅子上。（<u>设计意图分析</u>：加入规则，全部幼儿通过答对魔咒"获救"，为梳理游戏规则做铺垫。） **2. 共同分析，理解游戏规则和注意事项** （1）提问：我发现，你们和我说的魔咒一个字都不差，一模一样，你们是怎么做到的？ 指导语：先听清楚，再记牢。 （2）引导幼儿发现规律：魔咒里的秘密。 指导语：魔咒里有个秘密，你们发现了吗？（鼓励幼儿大胆表达，教师适时进行引导：前面相同的内容说了几遍？） 指导语：这个游戏的魔咒里藏了一个秘密，就是前面相同的内容重复说三次。 （<u>设计意图分析</u>：通过前两次的尝试游戏和梳理，帮助幼儿理解游戏规则。）
基本部分	**3. 教师和幼儿分角色进行游戏** 指导语：你们是一群非常聪明的小精灵，森林里也来了一只聪明的大灰狼，它说："我也会说有秘密的魔咒。"待会儿你们要听清楚大灰狼的魔咒，如果跟它说得一样，就可以战胜大灰狼，打破魔咒，你们有信心吗？ （1）教师头戴大灰狼头饰，幼儿扮演小精灵，教师提醒幼儿边念儿歌边做造型。对于幼儿出现的问题，教师及时予以回应，鼓励同伴相互帮助，引导幼儿感知魔咒内容的规律（咒语：猫猫猫狗、小鸟小鸟小鸟飞）。 （<u>设计意图分析</u>：两次游戏咒语内容难度提升，结合情境引导幼儿认真倾听，巩固对魔咒规律的认识。） （2）请个别幼儿扮演大灰狼，其他幼儿扮演小精灵，教师在旁观察并进行指导。 （<u>设计意图分析</u>：调动幼儿的参与性，通过幼儿模仿和教师的适时帮助逐渐放手让幼儿成为游戏的主人，初次尝试时教师需先检验该幼儿咒语的模式是否正确。）
结束部分	**4. 幼儿分组进行集体游戏** 指导语：还有很多孩子想要当大灰狼。我这里有四个大灰狼头饰，请用你们的智慧来打破魔咒。 游戏要求：第一，分成四组，找到好朋友坐下；第二，商量好谁先当大灰狼，谁当小精灵；第三，遵守规则，听魔咒说魔咒。 幼儿游戏，教师巡回指导。 （<u>设计意图分析</u>：幼儿已经通过模仿学习，对游戏玩法有了比较清楚的了解，给予幼儿更多体验游戏的机会，让幼儿自主游戏，真正成为游戏的主人。） 指导语：我发现你们都是能够听清、记牢、数清楚的聪明的小精灵。当大灰狼的只有一个，你们会轮流玩，而且真正学会了轮流玩。和其他小组的朋友分享你们的魔咒吧

【总结与提升】

中班幼儿有初步的合作经验，但协商合作的能力有限，因此教师在组织和设计的时候应注意：怎样在活动中让幼儿学会与人协商进行游戏？

【延伸活动】

在幼儿学会 AAAB 模式的魔咒之后，教师还可以创编更有趣的魔咒，如 ABAB 等，逐渐增加魔咒的形式，培养幼儿思维的敏锐性，提高幼儿的倾听能力。

湖南省长沙市雨花区教育局第一幼儿园　李欢丽

（六）中班："送小红帽回家"

【设计意图】

送小红帽回家游戏是一个创新型游戏，幼儿对帮助小红帽回家的方法很感兴趣。幼儿在欢快的音乐背景下游戏，过程中通过识别并模仿各个动物的行走特征，发展视觉、注意力和记忆力及模仿力等各方面的能力，并懂得要有爱心，乐意帮助别人。

【活动目标】

（1）体验与同伴合作玩"送小红帽回家"游戏的乐趣。

（2）熟悉玩"送小红帽回家"游戏的方法，遵守游戏规则。

（3）萌生传递爱心，乐意帮助别人的意识。

【活动准备】

（1）知识经验准备：已认识乐器节奏棒、沙蛋；幼儿玩过"木头人"的游戏。

（2）物质材料准备：立体图片若干、小动物图片若干、小红帽图片。

【重点、难点】

（1）重点：熟悉游戏规则，体验游戏的快乐。

（2）难点：具有爱心，乐意帮助别人。

【活动过程】

程序	进程
导入部分	**1. 卡通人物小红帽导入，激发幼儿兴趣** 指导语：老师今天带来了一位好朋友，你们看看她是谁？（出示小红帽图片） 教师与幼儿一起分析出现在图片里的小动物都是谁，并简单小结这些小动物是如何行走的。 （设计意图分析：从幼儿的直观经验入手，一方面可激发幼儿的游戏兴趣，另一方面为后期帮小红帽回家做铺垫。）
基本部分	**2. 玩游戏：动物传递** （1）分组尝试玩游戏。 指导语：现在我们通过模仿路上出现的小动物日常行走的方法，玩"送小红帽回家"的游戏。 游戏玩法：幼儿按意愿四人一组，每组选一名组长站在第一位，一一模仿小红帽回家路径中出现的小动物，幼儿一个接一个模仿，最后一位幼儿模仿完最后一个小动物后，送小红帽回家。

续表

程序	进程
基本部分	游戏规则：在送小红帽回家时不能说话，不发出声音。必须以小组形式一个接一个地模仿路径中出现的小动物，不能模仿错，最后一个幼儿在模仿完图中出现的小动物后，将小红帽送回家。如果一位队员模仿错了，整组将重新进行模仿。 　　教师和幼儿示范游戏玩法，在试玩阶段，教师分组指导。 　　（设计意图分析：给幼儿学习模仿的机会，自由尝试玩游戏。） 　　（2）分组竞赛玩游戏。 　　指导语：你们都会玩"送小红帽回家"的游戏了，那我们来进行比赛吧，比比哪组模仿得又快又准，率先送小红帽回到自己的家。 　　比赛规则：回小红帽家有两条路径，两组幼儿按组长的指令一个接一个模仿自己那条路径中的所有小动物，最后一个幼儿在模仿完所有小动物后，把小红帽安全地送回家，模仿得最快、最准确的组获胜。 　　第一轮竞赛，分两组玩游戏，教师当裁判，幼儿自主选择所走的路径，教师引导幼儿看清路途中出现的小动物，并准确地模仿出来；组长尝试当裁判。 　　第二轮竞赛，两组幼儿交换所走的路径，体验不同的路径给幼儿带来的乐趣。 　　（设计意图分析：提高游戏竞赛性质，激发幼儿游戏兴趣，巩固学习经验。）
结束部分	**3. 小结** 　　（1）梳理游戏经验。 　　（2）教师出示两条路径，幼儿自由商讨游戏玩法。 　　（设计意图分析：总结、归纳、梳理游戏经验。提高游戏难度，激发幼儿游戏兴趣，巩固学习经验并进行经验迁移，举一反三。）

【**总结与提升**】

（1）活动评价：在游戏活动后，幼儿把游戏中的兴奋感转移到日常生活中。幼儿能够根据看到的小动物，联想到它们是如何行走的，提升幼儿发现生活中事物本质的能力。

（2）活动反思建议从以下几个点进行。

① 幼儿游戏前期小红帽要回家的故事起到了激发幼儿兴趣的作用，游戏中出现的小动物更提高了幼儿的兴奋点。

② 尝试玩游戏环节中，幼儿以小组形式，按指令一个接一个模仿路径中出现的小动物，不可模仿错，模仿错的要整组重新进行模仿。

③ 竞赛游戏环节，教师可提供大量立体图片，根据图片让幼儿一个接一个地模仿，最终又快又准地送好朋友小红帽回到家。

【**延伸活动**】

　　幼儿在熟悉了基本玩法后可尝试用其他生活中出现的物品代替小动物再次进行游戏，例如小朋友早上起床洗漱的全过程，在游戏中帮助小朋友巩固洗漱的全部步骤，并且让幼儿愿意做一个爱干净、讲卫生的好宝宝。

黑龙江省省直机关省政府第一幼儿园　张莉莉

小班智力游戏：
大鞋小鞋

（七）小班："大鞋小鞋"

【设计意图】

　　鞋子是幼儿在日常生活中比较常见的，也是我们生活中不可缺少的生活用品。小班幼儿午睡起床后，常有小朋友把鞋子拿错、穿错。根据小班幼儿的年龄特点，我特设计了"大鞋小鞋"的游戏活动，引导孩子在原有生活经验的基础上关注物体的形状、大小、颜色的不同，进行比大小、配对活动等。在游戏中自然渗透数学的概念，达到"玩中学，游戏中习得"的目的。

【活动目标】

　　（1）喜欢和鞋子做游戏，体验游戏中的快乐。

　　（2）学习比大小、一一配对，能按照游戏规则较好地完成游戏活动。

　　（3）发展观察、比较及动手操作的能力。

【活动准备】

　　（1）物质准备：娃娃大、中、小各一个，20双各种大小不同的鞋子，大小鞋柜各一个。

　　（2）经验准备：会给娃娃穿鞋。

【重点、难点】

　　（1）重点：能按照游戏规则较好地完成游戏活动。

　　（2）难点：发展观察、比较及动手操作的能力。

【活动过程】

程序	进程
导入部分	**1. 鞋子比大小** 　　指导语：小朋友们，听说今天幼儿园里来了一只淘气的小花狗，把我们的活动室弄乱了。咱们一起去看看吧！ 　　（1）小朋友们自由穿鞋，发现鞋子的不一样。 　　（2）比鞋子，说大小。请幼儿比较鞋子的大小，学习听指令举相应的鞋子。 　　（设计意图分析：通过穿鞋，教师让幼儿从直观上观察大小，为后面的游戏做准备。）
基本部分	**2. 鞋子对对碰** 　　指导语：请小朋友们帮这些鞋子找到自己的好朋友吧！ 　　（1）幼儿自由给鞋子进行配对。 　　讨论：你收拾了哪一双鞋子啊？为什么要把这两只放在一起呢？ 　　（设计意图分析：自由尝试配对，初步感知鞋子的大小。） 　　（2）送鞋子回家。 　　出示大、小不同的鞋柜：请你们把这些鞋子送回"家"，看看把鞋子送回哪个"家"最合适？ 　　（设计意图分析：通过游戏，进一步感知鞋子的大小，巩固知识经验。） 　　（3）给娃娃穿鞋。 　　——"听，谁在说话呀？"

续表

程序	进程
基本部分	——"哎哟！我的脚好冷呀！我需要一双鞋！"（娃娃） 那应该把哪双鞋送给哪个娃娃呢？ 幼儿自由给不同大小的娃娃穿鞋。 （大鞋送给大娃娃，小鞋送给小娃娃，最小的鞋送给最小的娃娃） （设计意图分析：提高游戏难度，巩固——配对的实践经验。）
结束部分	3. 回顾游戏规则，体验游戏的快乐

【总结与提升】

（1）本游戏选择幼儿生活中天天接触的物品——鞋子，作为活动的主题。通过游戏找一找、穿一穿、摆一摆、比一比，让幼儿在游戏中感受鞋子的大小，体验穿大小鞋的不同感受，并在此基础上学习帮鞋子配对。整个游戏教师没有过多的语言提示，而是根据小班幼儿好模仿的年龄特点，将游戏的要求用自己的亲身示范进行强化并传递给幼儿，让幼儿在游戏中习得经验，获得各方面的提升。

（2）活动反思建议从以下几个点进行。

① 如何引导小班幼儿按规则与要求，顺利完成游戏？

② 如何增加游戏情境或游戏难度，进一步丰富幼儿实践经验？

【延伸活动】

鼓励幼儿回家与父母玩游戏"大鞋小鞋"。

湖北省实验幼儿园　刘丹

第二节　幼儿体育游戏活动设计

一、体育游戏概述

（一）体育游戏的含义

《纲要》指出："幼儿园必须把保护幼儿的生命和促进幼儿健康放在工作的首位。"幼儿园要"开展丰富多彩的户外游戏和体育活动，培养幼儿参加体育活动的兴趣和习惯，增强体质，提高对环境的适应能力"。从中可见体育游戏在幼儿园教育教学中占有很重要的地位。体育游戏是体育活动的主要形式之一。体育游戏是以走、跑、跳、投、平衡等基本动作为主要内容，以不同的角色、情节和规则为形式的活动，如图 5-11、图 5-12 所示。它的作用是培养幼儿对体育活动的兴趣，甚至幼儿的基本动作，增强幼儿的体质。体育游戏是根据一定的体育任务设计的。

 图5-11 体育游戏——跑
 图5-12 体育游戏——爬

（二）体育游戏的结构

1. 游戏动作

体育游戏的动作是身体训练的主要手段，它是决定游戏性质和功能的主要成分。幼儿体育游戏主要由五类动作组成。这五类动作分别是：发展基础运动能力的动作，包括走、跑、跳、投等基本动作和发展身体素质的动作；简单的运动技术，如球类、体操等运动项目的基本技术；体育游戏本身所特有的动作，如夹包、踢毽子、跳皮筋等游戏中的动作；模拟动作和简单的舞蹈动作；生活动作，如穿鞋、扣扣子等动作。

2. 练习方式

练习是幼儿进行身体锻炼的主要途径。游戏练习方法由重复做规定动作的活动和有一定教育目的的附加措施构成。幼儿体育游戏中常用的练习方法有竞赛法、条件练习法、综合练习法等。练习的顺序上可采用同时练习或相继练习。

3. 游戏情节

情节具有激发兴趣的动力作用和教育作用。它可根据需要做多种多样的变化，有的反映自然现象、社会生活场景，有的利用幼儿生活，也有的是以成年人生活或动物生活为情节。

4. 游戏规则

游戏规则是指对游戏动作的规定和约束。它是使游戏能够顺利进行的保障，是评定胜负的依据，具有组织教育、保证游戏合理公平的作用。它从属于游戏内容、情节、角色等。幼儿体育游戏规则随着幼儿年龄及动作要求的变化而变化，具有很大的可变性和灵活性。

5. 游戏结果

分出胜负是游戏的结果，但它只是竞赛性游戏结果的一部分。游戏任务完成的情况要从幼儿在游戏过程中集体运动负荷量、品德表现、智力是否得到发挥、是否受到启迪等方面来评价。

案例：

体育游戏的结构	小班"小乌龟运粮食"
游戏动作	幼儿的爬的基本动作
游戏情节	乌龟宝宝运"粮食"到河对岸的小熊家
游戏组织形式	全班幼儿分成四组
练习方式	集体模拟练习、分组竞赛练习
游戏规则	背着不同颜色的"粮食"经过小山坡、草地、小桥，把"粮食"放进相应颜色的筐子里
游戏结果	最先按照路线把"粮食"运完的一组胜利

66

（三）体育游戏的类型

1. 按活动内容分类

（1）走的游戏

这种游戏的主要目的是锻炼幼儿行走的能力。教师给予幼儿一定的指令要求或游戏情境，让幼儿完成沿直线走、沿曲线走、侧走、快走、慢走等一系列动作，从而使幼儿的腿部肌肉得到充分锻炼，提高幼儿行走的能力，特别适合低年龄阶段的幼儿。如"开火车""小老鼠过河"的游戏可以锻炼幼儿一个接一个排队走步的能力，很适合刚进幼儿园小班的幼儿，既好玩，又能强化纪律，还能巩固幼儿行走的能力，如图5-13、图5-14所示。

图5-13　走的游戏（一）　　　　　图5-14　走的游戏（二）

（2）跑的游戏

教师给予幼儿一定的指令要求或游戏情境，让幼儿完成大步跑、小步快跑、冲刺、追捉、躲闪等一系列动作，如图5-15所示，从而提高幼儿动作的敏捷性，增强幼儿的身体素质，这是让幼儿运动量达标的最快方式。而纯粹的跑步练习幼儿很容易厌倦，加入了游戏的情节之后，幼儿容易接受，比如"老鹰捉小鸡"如图5-16所示。

图5-15　跑的游戏　　　　　　　　图5-16　老鹰捉小鸡

（3）跳的游戏

这种游戏的主要目的是锻炼幼儿跳跃的能力。教师给予幼儿一定的指令要求或游戏情境，让幼儿完成并腿跳、蛙跳、单脚跳、朝某一方向跳等一系列动作，从而发展幼儿的腿部力量以及肌肉掌控能力。低年龄阶段跳的游戏主要是模仿动物，比如兔子并腿跳、青蛙跳，既形象又有趣；而高年龄阶段跳的游戏主要是讲究动作的技术性，如单腿跳、跳台阶等，是需要消耗一定体能，具有一定难度的，如图5-17、图5-18所示。

图5-17　跳的游戏（一）　　　　　　　　图5-18　跳的游戏（二）

（4）投掷的游戏

这种游戏的主要目的是锻炼幼儿投掷的能力。教师给予幼儿一定的指令要求或游戏情境，让幼儿完成尽力朝某一方向投掷的动作，从而发展幼儿的手部力量，提高幼儿投掷的准确性和力量性。幼儿园里的投掷游戏往往具有一定的竞赛性，如"扔沙包""看谁投得远"等，幼儿在相互较量和帮助的过程中体验成功的喜悦，如图 5-19、图 5-20 所示。

图5-19　投掷游戏（一）　　　　　　　　图5-20　投掷游戏（二）

（5）钻的游戏

这种游戏的主要目的是锻炼幼儿钻的能力。教师给予幼儿一定的指令要求或游戏情境，让幼儿完成钻圆圈、钻桥洞等一系列动作，从而锻炼幼儿的身体协调能力，如图 5-21、图 5-22 所示。

图5-21　钻"桥洞"游戏　　　　　　　　图5-22　钻圆圈游戏

（6）爬行游戏

这种游戏的主要目的是锻炼幼儿爬的能力。教师给予幼儿一定的指令要求或游戏情境，让幼儿完成向前爬、向后爬、直线爬、曲线爬等一系列动作，从而使幼儿的腿部肌肉得到充分锻炼，提高幼儿的爬行能力，如图 5-23、图 5-24 所示。

图5-23　爬行游戏（一）

图5-24　爬行游戏（二）

（7）平衡游戏

这种游戏的主要目的是锻炼幼儿的平衡能力。教师给予幼儿一定的指令要求或游戏情境，让幼儿完成走平衡木、沿直线走、单腿跳等一系列动作，从而锻炼幼儿的身体协调能力。如图5-25、图5-26所示。

图5-25　平衡游戏（一）

图5-26　平衡游戏（二）

2. 按其使用器材的不同

按使用器材可分为不持器械的徒手游戏（在游戏中不使用器械的体育活动）和持轻器械的游戏（在游戏中手持球、棍、沙包、绳等器械）。

（1）不持器械的徒手游戏

① 黏泡泡糖。所有的小朋友围成一个圆圈，边拍手边说："黏泡泡糖，黏泡泡糖。"小朋友问："黏哪里？"老师说："黏肩膀（或身体的其他部位）。"小朋友马上两人一组互相碰肩膀。

② 天气预报。老师说："下大雨。"小朋友说："不怕。"老师说："下雪。"小朋友说："不怕。"当老师说下冰雹时，小朋友们立刻蹲下抱住头，慢者被淘汰。

③ 搭三角形。小朋友分成若干组，每组六个小朋友，搭成三角形的样子，听老师的口令向左，"三角形"一起向左走三步，老师说向右（向前、向后），三角形一起向右（向前、向后）走三步。

④ 老鼠笼。班中三分之二的孩子拉手围成一个圆圈，做成老鼠笼，其余的小朋友扮演老鼠。游戏开始，所有的小朋友一起说："老鼠老鼠坏东西，半夜出来偷吃米，我们搭个老鼠笼，咔嚓一声抓住你。"扮演老鼠的小朋友则围圆圈绕 S 跑，当说到"抓住你"的时候，一起把手放下，在圈中的小朋友即被抓住。

⑤ 人枪虎。小朋友分成人数相等的两队，面对面站好，每队选出一个队长，然后队长统一队里的动作，（两臂屈肘胸前交叉为人，双手在胸前做射击状为枪，两臂屈肘两手上举于头的两旁，五指张开为虎。人可以拿枪，枪可以击虎，虎可以吃人）。老师说："1、2、3，开始。"两队立刻同时做出自己队的动作，胜队立即追负队，被抓住的小朋友加入胜队，游戏重新开始，结束时以人多的队为胜。

⑥ 萝卜蹲。小朋友围成一个圆圈，一个小朋友开始说："×× 蹲，×× 蹲，×× 蹲完，××（说另一个小朋友的名字）蹲。"（×× 代表小朋友的名字），被点到名字的小朋友开始游戏，依次类推。

⑦ 斗鸡。小朋友用手扳住一条腿，游戏开始，小朋友互相撞击，最后，没有摔倒者为胜利。

⑧ 红绿灯。老师做红绿灯（胳膊上举为红灯，放下为绿灯），游戏开始，小朋友开车行驶，看到红灯后立即停止，绿灯可以继续行驶，出现错误的返回原点重新开始。

⑨ 编花篮。10 个小朋友为一组，将腿盘在一起，然后边说儿歌边按一定的方向转圈，若有小朋友的腿掉下，则游戏重新开始。

⑩ 我有一个大皮球。小朋友拉手围成一个圆圈，选择出一个小朋友做追皮球的人，听老师的口令，皮球变大了，即小朋友拉手往后退，圈变得大一点；皮球变小了，即小朋友拉手往中间聚，圈变得小一点；皮球破了，小朋友松开手，追皮球的小朋友就开始追其他。

⑪ 狡猾的狐狸。小朋友拉手围成一个圆圈，闭上眼睛，老师在圈后随便拍一个小朋友当狐狸，但不说出来，等老师说睁开眼睛后，小朋友问："狡猾的狐狸在哪里？狡猾的狐狸在哪里？"被拍到的小朋友说："狡猾的狐狸在这里。"便开始去追小朋友。

⑫ 剪子包袱锤。两个小朋友为一组，用腿做剪子包袱锤，胜者向前走一步，最先到达终点者为最后的胜利者。

⑬ 口令游戏。老师去捉人，若一个小朋友快被捉住时，说定住，即安全，等其他小朋友拍一下后复活可继续参加游戏。

（2）持轻器械的游戏

① 运彩蛋。两个小朋友为一组，将手绢拉平，放一个海洋球在上面，从起点到终点，每次只能运一个，规定时间内运球多者为胜。

② 双棍担球。两个小朋友一组，一人拿一根棍子平行放好，将皮球放在棍子上，从起点运至终点，快者为胜。

③ 围圈踢球。5～10 人为一组，小朋友们拉手围成一个圆圈，互相踢圈中的皮球，若球滚出圆圈，则圆圈一起移动直至球在中间，游戏继续。

④ 快乐跳跳球。将小朋友们分成人数相等的四队，游戏开始，小朋友骑羊角球并手拎塑料袋（袋内装上一个海洋球），将海洋球运到终点，快速返回，第二个小朋友开始游戏，依次进行，最先运完的一队为胜利者。

⑤ 踢纸球。两个小朋友一组，在场地的两端分别画上一个圆圈作为自己的球门。游戏开始，两人开始踢纸球，要想办法将纸球踢到自己的圈中，踢进者即为胜者。

⑥ 蒙眼过障碍。两个小朋友一组，其中一个小朋友蒙上眼睛，另一名小朋友带其前行，这名小朋友要用语言引导蒙眼的小朋友绕过规定的障碍物，快者为胜。

⑦ 蚂蚁运食。五个小朋友为一组，纵队站好蹲下，后面的小朋友抱住前面小朋友的腰，排头拿一个海洋球，游戏开始，将海洋球运至终点，快者为胜。

⑧ 背对背运球。两个小朋友为一组，背对背将球夹住，游戏开始，将球从起点运至终点，快者为胜。

⑨ 运沙包。将小朋友们分为人数相等的四队，游戏开始，小朋友们用腿夹住沙包，从起点运至终点（或是用身体的其他部位托住沙包），快者为胜。

3. 按其活动的形式

（1）接力游戏。接力游戏是以接力的活动形式进行的各种走跑、跳跃、投掷、攀爬和球类等项目的分组竞赛游戏。

（2）追拍游戏。追拍游戏是游戏者追拍其他游戏者或球，训练幼儿奔跑及反应力的竞争游戏。追拍游戏常常带有一定的心理紧张因素，有的还有一定的情节和角色，如"戴草帽"游戏。

（3）争夺游戏。争夺游戏是为争夺一定的物品或位置而进行的一种斗智比速游戏，在球类游戏中运用较多。

（4）角力游戏。角力游戏是游戏者相互比较力量、斗智斗勇的对抗性游戏，游戏分成双人角力和多人分组角力，如拔河。

（5）猜摸游戏。猜摸游戏是在体育游戏中，蒙住游戏者的眼睛，而利用听觉和触觉、平衡觉来进行运动和猜物的游戏。它能发展幼儿的多种感官和身体的协调性，是一种十分有趣的游戏。

（四）体育游戏的作用

1. 有利于培养幼儿对体育运动的兴趣

在体育运动中，机械的动作练习和身体素质练习对幼儿来说是枯燥无味的，而教师通过创设游戏情境、提供游戏器械、设计游戏情节规则，吸引幼儿，把各种动作赋予具体形象的意义，让幼儿在快乐的体验中增加对体育活动的兴趣和好感。

2. 有利于增强幼儿体质

体育游戏是以体育的形式展开的，任何形式的体育游戏都具有一定的运动量。在幼儿体育游戏中，幼儿通过活动的反复操作，不断促进身体的新陈代谢，提高对外界环境的适应能力，从而提高机体机能，增强体质。

3. 有利于培养幼儿的意志品质

顺利地开展体育游戏，就必须明确游戏的规则。而贯穿游戏始末的规则本身就具有一定的品德教育因素：幼儿必须学会控制自己的行为，确保自我遵守规则，同时，督促他人不违反游戏规则。一般而言，体育游戏都有一定的任务，要求幼儿勇敢、机智并团结他人克服种种"困难"才能争取胜利。在这一过程中，幼儿学会了关心集体、团结合作、互帮互助，培养了自己

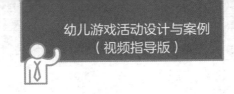

坚持不懈、顽强正义的品质。

4. 有利于幼儿的智力发展

首先，进行体育游戏时，幼儿的血液循环加快，从而改善脑部的营养供应，促进脑的发育，为幼儿智力发展提供更好的物质基础；其次幼儿体育游戏的开展往往运用各种形象化的内容，同时游戏本身具有明确的规则。在此过程中幼儿需要一定的观察能力、想象力、规则意识、判断能力等，才能保障活动的顺利开展。因此，体育游戏可不断促进幼儿各种认知能力的提高。

二、体育游戏设计

（一）体育游戏的设计原则

1. 锻炼性原则

体育游戏不同于一般性游戏（角色游戏、娱乐游戏），它应该姓"体"，即以增强幼儿体质为主要目标。因此，创编幼儿体育游戏时，首先必须有某些基本动作。将 1～2 个基本动作渗透到游戏的情节中，如"小乌龟运粮"，即让"小乌龟"（幼儿）背驮沙袋从场地的一端爬到另一端。其次，要有一定的运动负荷量。游戏活动中，要充分利用宽大的场地、数量充足的运动器械，尽可能采用共同活动和鱼贯活动的方式，保证幼儿实际活动的时间。再次，充分利用运动器械以及草地、树林等自然环境。体育游戏一般可选用 1～2 件运动器材，使幼儿活动更有兴趣，也可提高幼儿使用器械的能力。

2. 安全性原则

幼儿控制自己行为的能力较弱，容易受到无关刺激的影响而造成事故，因此教师在设计体育游戏时，要充分考虑安全因素，如活动范围要适当，不能太大或太窄，往返路线上，器械的安排不要过于集中，以免发生碰撞。

3. 趣味性原则

游戏的趣味性是游戏精神所在，也是游戏生命力所在，因此应该选择幼儿熟悉和喜爱的角色，安排有趣的情节，使幼儿感觉到好玩。教师可以收集开发游戏素材，丰富游戏情节。例如，可以把幼儿喜欢的图画书、绘本里面的故事情节迁移到体育游戏中。教师还可以通过创新常见物品玩法，增加游戏的趣味性。例如，日常生活中我们经常所见到的报纸，就可以把它设计成多种好玩的游戏：把报纸揉成一个球，可以投篮，练习幼儿的投掷能力；也可以把报纸顶在头上，保持不掉在地上，培养幼儿的身体平衡能力；还可以把报纸铺成一条小路，让幼儿在小路上踮着脚尖走、跑、跳等。

4. 科学性原则

科学性原则是指在设计幼儿体育游戏的过程中，游戏内容的选择、游戏活动的组织流程要符合幼儿的年龄特点，从简单到难，循序渐进。比如，热身运动是开展任何体育活动的基础。热身运动的目的是全面活动幼儿的肢体和关节，使他们的身体各器官系统功能迅速地进入工作状态。然而，在幼儿园开展体育游戏的过程中，往往会忽略热身运动的形式。比如搏击操，这些热身运动更多的是对上肢的训练，如果游戏活动的目标主要是锻炼幼儿的走、跑、跳能力，那么前面的搏击操热身运动就是不科学的，因为它没有让下肢练习到位。

（二）体育游戏的设计要点

1. 目标的设计指向明确

《纲要》指出，培养幼儿对体育活动的兴趣，是幼儿园体育活动的重要目标，要根据幼儿的特点，组织生动有趣、形式多样的体育活动，吸引幼儿主动参加。体育游戏目标设计首先要指向明确，预先了解该年龄段幼儿的身心发展特点，不同年龄段对幼儿及动作发展有着不同的要求。此外，还要将本班幼儿的实际情况灵活地结合起来，使目标设计具有针对性、可操作性。其次，目标设计要全面，一方面提高幼儿走跑跳，投掷、钻、爬等基本活动能力，提高幼儿身体素质；另一方面应该培养幼儿遵守纪律，勇敢顽强，不怕困难等情感品质，从情感态度、知识经验、能力发展三个维度对目标进行有效整合设计。最后，目标制定应有调整空间。体育游戏过程中，幼儿教师还要根据幼儿身体机能的适应程度，或对动作要领的掌握程度，以及幼儿自身创造性发挥的程度，使体育游戏更适合幼儿发展的需要。

2. 内容的选择

体育游戏的内容是教师指导幼儿进行体育活动的主要载体，是实现体育目标的重要手段。体育游戏内容的选择主要来源于基本动作、器械及幼儿生活这三个方面。

首先以基本动作为主线，根据幼儿身心发展顺序和游戏目标选择内容，难度等级，按照从低水平到高水平，从简单到复杂，从具体到抽象的顺序加以排列、组织，形成科学有序的体育游戏活动内容。比如以跑走的序列及玩法进行说明（见表5-1）。

表5-1　跑走的玩法序列

项目　　年龄段	小班	中班	大班
四散跑	指定方向跑	四散追逐跑	走跑交替
花样跑	前脚掌跑	高抬腿跑	后期小腿跑、弯腰半蹲跑
方位跑	圆圈跑	后退跑	往返跑
器械结合跑	障碍跑、持物跑	跨跳障碍跑、踢足球	带球跑、拍球跑
接力跑	不适宜小班	迎面持物接力跑	往返绕障碍接力跑
短距离快跑	20～30米	50～80米	100～150米

其次是从器械角度选择。器械是幼儿体育活动中必不可少的物质条件，幼儿体育游戏与器械密切相关，直接影响幼儿参与活动的兴趣和基本动作的练习。每个幼儿都应配备丰富多样的体育器械，大概可分为常规器械（球类等）、传统民间器械（皮筋、沙包等）、感觉统合器械（平衡木、大陀螺）、废旧器械（奶粉罐、纸盘子等）。教师可依据器材类型，设计体育游戏的内容。

下面以绳子为例（见表5-2）进行介绍。

表5-2　与绳子相关的体育游戏

项目 \ 年龄段	小班	中班	大班
绳子	1. 用绳子摆图形 2. 用绳子钓鱼 3. 用绳子摆十字跳 4. 从绳子底下钻 5. 双手握绳两端摇绳子 6. 绳子放背后去"揪尾巴" 7. 向上抛绳子 8. 在绳子上走	1. 利用绳子单脚跳 2. 双脚跳跃绳子 3. 跨跳过绳子"小沟" 4. 摘绳子上的"桃子" 5. 绳子加在两腿间，进行"骑马" 6. 用绳拉锯	1. 立定跳过绳子 2. 单人、双人、多人花样跳绳 3. 拉绳进洞 4. 拔河 5. 跨过绳子海浪 6. 绳子拉直，左右轮换行跳 7. 赤脚在粗绳上走

再次，体育游戏的内容（游戏的角色、材料、情节）来源于幼儿的生活。比如，在大班体育游戏——跳跳袋，将刘翔的角色引入活动中，调动幼儿的积极性。开展小班关于跳的游戏时，教师可以将小兔子、青蛙、袋鼠引入活动中，巧妙地对动作进行解释。

3. 过程的设计

体育游戏的设计一般包括三个部分，准备部分、基本部分和结束部分。

（1）准备部分

目的是迅速把幼儿组织起来，集中幼儿注意力，并从生理、心理上动员幼儿。准备部分的内容应与新授内容有关联，为新授内容做好准备。

（2）基本部分

目的是完成本节课的主要教学任务，具体为小班十分钟左右，中班十五分钟左右，大班二十分钟左右。基本部分中各个环节要自然顺畅，主要包括创设情境激发兴趣、幼儿自由探索，示范讲解掌握动作要领，幼儿再次尝试巩固练习，游戏竞赛增强难度。运动量的安排要由低到高，运动强度要由弱到强，应注意要有适度休息。

① 以情境创设激发幼儿的兴趣，设计要有针对性，符合幼儿年龄特点。教师创设情境、讲故事、展示器械帮助幼儿做好心理准备。教师主要采用以下导入方法，捕捉幼儿的兴趣点，进入游戏的准备状态。

一是故事引导。生动有趣的故事情节，容易引起幼儿的注意，使其置身于故事化的情境中，使教学目标这一外在要求被巧妙地内化为幼儿行为的愿望和动机，对游戏的开展起到很好的推动作用。例如：小班"小乌龟去做客"，教师通过创设情境故事激发幼儿的兴趣。教师带着乌龟妈妈的头饰，说道："宝宝们，妈妈刚刚接到小刺猬的电话，邀请你们去他家做客，他说呀，他还给你们准备了丰富的食物和好玩的玩具，你们想去吗？"教师布置不同的路况请"小乌龟"们爬过，最终到达小刺猬家。

二是器材吸引法。在体育游戏中，器材往往是不可缺少的，器材的变化可以引起幼儿的好奇心与探索欲望，教师应充分利用现成的体育器材，发挥幼儿对各种器材的想象和操作，突破常规用法，实现一物多玩，一物巧玩，如图5-27、图5-28所示。

图5-27 器材吸引法（一）

图5-28 器材吸引法（二）

三是情景布置。教师围绕游戏主题，布置生动形象的故事情景，往往能够很好地吸引幼儿们的注意，激发他们的参与。

② 活动组织过程寓完整故事情节于活动内容中，不仅有助于教师清晰地组织设计活动，还有助于幼儿在整个游戏中保持高涨的热情中，如图 5-29、图 5-30 所示。比如：中班游戏"好玩的滑溜布"设计了这三个情境，大小海浪、爬过索道、捕鱼，对应的细化目标为认识滑溜布—初步体验溜溜布—利用滑溜布学习仰面握布爬的基本动作—感受滑溜布可变性强的特点，促进幼儿基本动作的协调发展。

图5-29 有故事情节的活动（一）

图5-30 有故事情节的活动（二）

③ 活动中应关注幼儿，运用有效策略，解决运动中的难点与重点。教师通过巧妙设置疑问、示范操作、形象讲解的方法解决活动中重难点。比如：大班游戏"好玩的平衡木"中，教师请幼儿向前移动平衡木后，问为什么有的小组快，有的小组慢，从而启发幼儿思考快速移动平衡木的方法。在运用讲解的方法时，语言要准确形象，比如小班幼儿在练习踮脚尖轻轻走时，老师说："你们要像小老鼠一样踮起脚尖轻轻地走，不能发出声音，要不会把大花猫吵醒的。"进而通过老师或个别幼儿的示范，使其他幼儿学会踮着脚尖轻轻走。

（3）结束部分

结束部分的目的是降低幼儿大脑的兴奋程度，消除疲劳，使身体由兴奋状态恢复到相对安静的状态。一般情况下，在全班幼儿情绪还较为高涨，比较满足，还没有感到累，尚有余兴时结束游戏是最适当的。游戏结束后教师要及时进行总结，公布游戏结果，肯定优点，指出存在的问题及改进的意见，提出希望。

三、体育游戏指导与案例分析

（一）小班

小班幼儿处于身体生长发育的初期，体力较弱，对奔跑、跳跃、投掷等基本动作还没有掌握，动作缺乏协调性和准确性，集体观念、相互合作、遵守规则的意识不够，喜欢模仿，但是注意时间较短，对游戏的情节、过程感兴趣，对结果不大在意。

游戏前：了解班上幼儿的健康状况，对于特殊体质的幼儿减轻其活动量；选择内容简单、有趣、身体动作技能要求低的模仿性游戏，如蚂蚁运粮食、小兔种萝卜，让幼儿模仿蚂蚁爬、小兔跳的动作，这些都可以很好地激发小班幼儿参与体育游戏的兴趣与积极性。其次，向幼儿讲明游戏的名称、角色、游戏的玩法、游戏的规则。尤其是玩法、规则要讲清楚，否则会影响游戏的顺利进行。

游戏中：教师要用富有感情的语调在游戏进行中做讲解，以引导小班幼儿特别注意某一动作和规则；可根据游戏的开展情况随机示范，幼儿通过观察学习，来深入理解动作、能力、耐力、强度等的要求。要用全面与个别相结合的方法观察幼儿，并运用鼓励、引导、参与、帮助、纠正等手段指导幼儿，使幼儿主动积极地参与游戏。

游戏后：整理活动使幼儿的身体和情绪逐渐恢复平静。教师和幼儿共同点评游戏，应以表扬优点为主，比如表扬幼儿的创新玩法和其他闪光点，表扬要具体。

小班游戏："鞋子配配乐"

【活动目标】

（1）体验玩"鞋子配配乐"游戏的乐趣。

（2）熟悉游戏规则，与同伴一起比赛。

（3）能按照游戏规则有序地进行游戏，正确完成鞋子的配对并完成挑战。

【活动准备】

（1）知识经验：幼儿会自己穿脱鞋子。

（2）物质材料：幼儿自己的鞋子每人一双；另外游戏鞋子为幼儿人数的两倍；长布筒一套；平衡板四块。

（3）环境创设：场地上设置一条起点线，起点线处凌乱摆放着幼儿鞋子，间隔一定距离摆放长布筒，长布筒后面摆放一堆弄乱的鞋子，布筒两边各摆放两块平衡板做小路（场地图附本节最后）。

【重点、难点】

（1）重点：能按规则与同伴一起游戏。

（2）难点：能按照游戏规则有序地进行游戏，正确完成鞋子的配对并完成挑战。

【活动过程】

程序	进程	分析
导入部分	**1. 故事情景导入，激发幼儿游戏兴趣** 指导语：小朋友们，我们怎样才能还原我们自己的鞋子呢？	用故事情景导入，一方面可以激发幼儿的游戏兴趣；另一方面为幼儿后面理解游戏规则做铺垫

续表

程序	进程	分析
导入部分	教师讲述大灰狼出来捣乱的场景，并与幼儿一起谈论该怎么办	
基本部分	**2. 玩游戏："鞋子配配乐"** （1）幼儿尝试结合情景进行游戏。 　　指导语：大灰狼把我们的小鞋子弄得乱乱的，还将其他小朋友的鞋子偷放到山洞后面弄得乱七八糟，请小朋友们在这些鞋子中找到自己的鞋子穿好，并且爬过山洞将其他小朋友的鞋子配对好后拿回来摆放整齐。 　　游戏玩法：幼儿在一堆凌乱的鞋子中找到自己的鞋子快速穿好后，手膝着地爬过布筒，在一堆凌乱的鞋子中配对一双正确的鞋子后从两边走小路（平衡板）回来将鞋子整齐摆放好。 　　游戏规则： ① 一次配对一双鞋。 ② 从两边的小路上返回。 　　教师请一名幼儿示范游戏玩法，并解释游戏规则。 （2）分组竞赛游戏。 　　指导语：大家现在都非常棒，能够快速地将鞋子进行正确配对，那现在我们分成两组进行比赛，看一看哪一组能够在大灰狼来之前将鞋子配对成功，并顺利通过障碍。 　　比赛规则：幼儿从两边的小路去对面进行鞋子配对，回来时也都分别从两条小路的另一边返回	通过自由尝试玩游戏，提高游戏的趣味性，激发幼儿的游戏兴趣，巩固幼儿鞋子配对的学习经验。 　　要注意的是在游戏前，教师多教给孩子一些练习穿脱鞋子的方法，在游戏时对鞋子配对错误的小朋友给予语言提示。 　　分组竞赛游戏，对于小班幼儿来说可能有些困难，一般在幼儿园小班不进行竞赛游戏
结束部分	**3. 小结** （1）梳理游戏经验。 （2）请幼儿们说一说游戏中好玩的地方和困难	在结束部分的点评部分，教师可以通过谈话、展示等活动分享提升幼儿游戏经验

【总结与提升】

（1）鞋子配配乐，通过游戏的形式促进了幼儿良好习惯的培养。在游戏的过程中，小班的小朋友穿脱鞋子还不是特别的熟练，动作缓慢，再加上鞋子正反的配对对他们来说也具有一定的挑战，因此教师在激发幼儿游戏积极性的同时也应该给予更多的耐心。

如：

① 在游戏前，多教给孩子一些练习穿脱鞋子的方法。

② 在游戏时，对鞋子配对错误的小朋友给予语言提示。

（2）活动反思建议从以下几点进行。

① 小班幼儿对自己穿鞋子的经验准备是否充分？对于经验不是很足的幼儿，教师在组织游戏的过程中应该如何调整，进行指导？

② 教师应采取什么措施让幼儿在竞赛游戏过程中遵守游戏规则？

【延伸活动】

后面继续开展"小脚穿大鞋"等体育游戏活动，通过穿鞋活动的延伸，让幼儿养成自己事情自己做的好习惯，并进一步加强幼儿的自理能力。

（二）中班

中班幼儿的体力有所增加，动作的协调性和准确性有很大的提高，可以完成有一定难度的动作。注意力相对集中，能够遵守游戏规则，动作可以多样化，游戏中可以增加攀登、跳跃、投掷等动作，中班后半学期，孩子愿意积极表现自己，可以增加竞争性的竞赛游戏。

游戏前：可选择内容较复杂且有多个情节、动作技能具有一定综合性的游戏，使幼儿能随游戏的故事内容、情节变化而创造性地开展游戏；向幼儿讲明游戏的名称、角色、游戏的玩法、游戏的规则。尤其是玩法、规则要讲清楚，否则会影响游戏的顺利进行。

游戏中：教师讲解的语言要生动形象，能激起幼儿的想象与情感，让他们身临其境，从而能更逼真、有效地做好各种动作，完成游戏的任务；教师还可以根据游戏中幼儿表现出来的典型问题，大胆放手，引导幼儿自己思考应该建立怎样的规则，并在游戏中认真执行，互相监督，以有效增强幼儿的自主性和规则意识；注重对幼儿的观察，在体育游戏中，教师要通过认真观察了解这项活动是否适合本班幼儿的发展水平。

游戏后：在全班幼儿情绪较为高涨、还未感到很累的时候结束游戏最为合适，此时结束游戏，能让幼儿回味游戏的过程，期待下次游戏的来临；此外，游戏结束时，教师还应引导幼儿参与器材的收拾与整理，以让幼儿养成有始有终的好习惯。

中班："有趣的滑溜布"

【设计意图】

滑溜布是幼儿集体户外体育运动材料中不可多得的、一物多玩的运动材料。《指南》中明确指出："游戏是幼儿园的基本活动。"体育游戏作为幼儿园游戏的一种重要形式，更是深受孩子们的喜爱，在宽松的氛围中，幼儿兴趣高涨、思维活跃，根据中班幼儿的年龄特点，在本游戏中设计了层层递进的玩乐方式，抓住滑溜布可变性强的特点，变换不同的形式进行游戏，引发幼儿的积极参与，促进幼儿基本动作的协调发展，使孩子们感受和体验玩滑溜布的快乐。

中班体育游戏：
有趣的滑溜布

【活动目标】

（1）积极参与玩滑溜布的游戏，体验挑战成功后的快乐。

（2）利用滑溜布学习仰面握布爬的基本动作。

（3）能综合运用跳、爬、跑等动作进行游戏，提高身体协调性。

【活动准备】

（1）知识经验准备：幼儿有集体合作游戏的经验。

（2）物质材料准备：滑溜布一条，地垫若干；热身操音乐《妞妞体操》、游戏背景欢快音乐《向快乐出发》、放松音乐。

（3）场地环境准备：户外安全平整的场地，地上铺地垫。

【重点、难点】

（1）重点：利用滑溜布学习仰面握布爬的基本动作。

（2）难点：能综合运用跳、爬、跑等动作进行游戏，提高身体协调性。

【活动过程】

程序	进程	分析
导入部分	**1. 跳热身操，活动身体** 教师带领幼儿在场地上跳热身操《妞妞体操》，活动身体各个部位	活动前跳热身操，目的是全面活动幼儿的肢体和关节，使他们身体的各器官系统功能迅速由静止状态进入工作状态，为后期游戏中的动作训练做准备
基本部分	**2. 玩游戏："滑溜布"** （1）出示滑溜布，引导幼儿认识。 指导语：今天何老师给你们带来了一个好玩的东西，你们认识它吗？（边说边出示滑溜布）它的名字叫滑溜布。 （2）师幼一起进行滑溜布游戏。 ①游戏"大小海浪"。 指导语：微风迎面吹来，海水卷起了层层的小波浪（蹲着摇），不一会儿，一阵大风吹来了，掀起了一阵大波浪（站起来抖滑溜布），狂风来啦！海面上掀起了超级大浪（跳起来）。 玩法：所有幼儿和教师一起拉着滑溜布，小浪时蹲着摇，大浪时站着摇，超级大浪时跳起来摇。 规则：游戏时手要抓紧滑溜布不能松开。 幼儿初步体验一次后，教师强调玩法与规则。 （设计意图分析：以故事的形式，将幼儿缓缓地带入宽松的游戏氛围，初步体验玩滑溜布的快乐。） ②游戏"爬过索道"。 指导语：现在风停了（将滑溜布平放在地上），我们可以去海的对岸玩啦！但是我们要爬过索道才能过去。怎么爬？你们来看看何老师是怎么做的。 玩法：将滑溜布两端拉直变成索道，幼儿背贴地面与"索道"平行，双脚着地，双手用力向前拉。 规则：爬行过程中双手要握紧"索道"，双脚用力在地上蹬，到达终点后从两边返回到起点。 教师示范讲解动作要领，幼儿初步体验一次游戏后，教师发现问题，总结评价后再次游戏两次。） （设计意图分析：将游戏推入高潮，利用滑溜布学习仰面握布爬的基本动作。） ③游戏"捕鱼"。 指导语：我们真是太能干啦，都能坚持克服困难爬过索道，顺利到达海的对岸，现在我们可以开始捕鱼啦！	教师通过实物展示，引发幼儿活动并结合三个游戏，层层递进，抓住滑溜布可变性强的特点，变换不同的形式进行游戏，引发幼儿的积极参与，促进幼儿基本动作的协调发展，使幼儿感受和体验玩滑溜布的快乐

续表

程序	进程	分析
基本部分	玩法：两个老师抓住滑溜布的两端，幼儿当小鱼在指定场地上游跑，当老师的"渔网"过来时不能被捕到。 规则："小鱼"要朝一个方向跑，避免互相撞到	
结束部分	**3. 听音乐，整理滑溜布** （1）教师和幼儿进行活动小结，听着音乐在滑溜布上舒缓、放松身体。 （2）教师和幼儿共同收拾、整理滑溜布，活动结束	在音乐中放松身体并通过活动总结提升游戏经验

【总结与提升】

（1）滑溜布是幼儿集体户外体育运动材料中不可多得的、一物多玩的运动材料，由于日常生活中孩子们玩得比较少，所以我们抓住中班幼儿的特点以及滑溜布可变性强的特点，设计层层递进的游戏方式来提高幼儿对活动的积极性以达到活动目的。

（2）活动反思建议从以下几点进行。

① 基本部分。教师是如何引导幼儿逐渐进入游戏状态的？

② 在游戏"爬过索道"中，教师示范讲解动作要领后是如何引导幼儿学习仰面握布爬的基本动作的？

③ 活动效果如何？目标是否达到？

【延伸活动】

在日常户外活动中，引导幼儿探索出滑溜布的更多玩法。

湖北省实验幼儿园　何金花

（三）大班

大班幼儿身体更壮实，体力更充沛，能较熟练地掌握动作的基本要领，而且动作显得协调有力，灵活自如。他们的知识范围扩大了，观察分析和理解能力提高了，开始具有组织和控制注意的能力，责任感增强，喜欢游戏有胜负结果。

游戏前：可以选择竞赛性的追捉游戏，游戏动作可增多，难度可增大，游戏中的情节和角色之间的关系可更复杂些。教师向幼儿讲明游戏的名称、角色、游戏的玩法、游戏的规则。尤其是玩法、规则要讲清楚，否则会影响游戏的顺利进行。在开始介绍游戏时，教师通常采用完整示范方式帮助幼儿建立完整的动作概念，清晰游戏过程。

游戏中：语言精练有条理，虽然大班幼儿靠语言说明理解事物的能力有了明显提高，但如果讲解语过于复杂，还是会让幼儿感到困惑。教师应根据幼儿的实际情况，尽量保持语言简练、条理清晰。例如：大班幼儿对数字比较敏感，用第一、第二这样的序数词，有利于幼儿分步记忆，教师也可以用"比如说""例如"这样的言语，将游戏中可能会遇到的情况用经验迁移法讲解等。教师适度约束、大胆放手，在组织体育游戏时应有效运用策略，在安全的前提下，让幼儿敢于尝试，愿意挑战。

游戏后：组织幼儿身心放松，使幼儿身体和心理逐渐恢复平静。幼儿自评和教师点评相结合。教师对幼儿在游戏活动中的表现点评要具体，以鼓励为主，不能当众训斥幼儿；引导幼儿负责收拾与整理器械，养成良好的行为习惯。

大班："多样的篮球"

大班体育游戏：
多样的篮球

【设计意图】

我们班大班的孩子玩篮球已经有一个学期了，对于篮球的玩法已经掌握得很不错了。有一天我发现两名幼儿将篮球夹在自己的胸前，快速地跑到篮筐下方投入，类似于这样的玩法已经在他们的身边悄然流行起来。因此，我基于他们的创新，设计了此游戏，让孩子们在游戏中提升，在游戏中合作。

【活动目标】

（1）体验玩篮球的乐趣。

（2）练习投篮的技能、动作的协调性和躲避对手的灵敏性。

（3）能遵守游戏规则，与同伴合作进行篮球比赛，探索球类的玩法。

【活动准备】

（1）知识经验：幼儿已有投球经验。

（2）物质材料：篮球四个。

（3）环境创设：宽阔的户外篮球场地。

【重点、难点】

（1）重点：学习用不同的身体动作表现乐曲的两个角色形象。

（2）难点：能听音乐较完整地进行演奏和游戏，并能迅速转换角色。

【活动过程】

程序	进程	分析
导入部分	**1. 幼儿探索，自由玩球** （1）幼儿第一次自由玩球。 ① 自主探索。指导语：你们手中都有一个球,现在请你们玩一玩,看哪个小朋友玩的方法最多。 ② 演示评价。指导语：哪位小朋友来介绍一下,你有几种玩法？请小朋友去尝试一下你没有玩过的方法。 ③ 集中评价。尝试后，请个别幼儿将不同玩法分享给大家看，共同请小朋友们试试别人的玩法。 （2）幼儿第二次自由玩球，尝试合作玩球	幼儿通过直观体验，激发了其游戏兴趣，更为后面的游戏层层递进做一个铺垫
基本部分	**2. 合作游戏，花样玩球** （1）游戏："投篮比赛"（分组练习，重点指导连续砸篮板）。 ① 玩法：每队人数相等，8～10人为宜，在篮球场发球区前排成一路纵队。游戏开始，排头运球向前几步，跳起砸篮板，之后立即退下返回，排至队尾，与此同时，排二朝前跑出跳起，将球在空中接住，趁落地之前再砸篮板……接着换排三、排四、排五做，要求球连续砸篮板，不落地，一直紧张地循环进行下去，直至失误。	在游戏中教师通过游戏、比赛的方式组织体育游戏，在安全的前提下，让幼儿敢于尝试，愿意挑战进而巩固幼儿的投球经验

续表

程序	进程	分析
基本部分	② 规则：各队依次做或在几个篮架上做，成功次数多的队名次列前。 （2）游戏："骑马篮球赛"。 ① 玩法：每队 10 人，其中 6 人架成两匹马，两人当骑手，骑在马上，剩余 2 人当传球手，设裁判员 1 人，在篮球场上打篮球，参照篮球规则比赛，所不同的是传球手只能传接球和运球，不得投篮，投篮的任务只能由骑手来完成。在规定的 8 分钟内，投篮得分多的队为胜。 ② 规则：骑手可持球骑马跑至篮下投篮，但是马匹散架投进无效。 ③ 幼儿分组进行比赛。 鼓励幼儿探索多种投篮的方法，并提醒幼儿遵守游戏规则。 （设计意图分析：通过两个层层递进的游戏，让幼儿了解篮球的多种玩法，激发幼儿的兴趣，巩固其已有经验。）	
结束部分	3．**游戏结束，举行颁奖仪式** （1）举行颁奖仪式。 （2）幼儿随教师"做汤圆"放松身体。 （设计意图分析：进行颁奖仪式，对整个游戏活动进行梳理小结，激发幼儿举一反三。放松身体的同时聊聊游戏中的趣事。）	颁奖仪式上，教师不仅要表扬获胜的小组，对没有获胜的小组也要进行鼓励，保护他们游戏活动的积极性

【**总结与提升**】

（1）对于这个活动，幼儿还处于"初生期"，需要教师密切注意引导，同时对幼儿创新的游戏，教师既要肯定，也要注意引导他们修改完善。

活动中教师仅作为引导者、帮助者、支持者，引导幼儿探索篮球的不同玩法。

（2）活动反思建议从以下几个点进行。

① 幼儿创新的游戏，需要教师引导其他幼儿去理解、尊重、接纳他的创新，但是教师也不能过多地参与，应给幼儿适当的自由空间，通过与环境材料、同伴以及教师的互动，在情感、态度、能力、知识、技能等方面得到自主发展。

② 教师应观察了解幼儿的经验水平、学习特点和个性特征，把握教育内容的核心价值及其发展线索。

③ 教师应该在对目标、策略的验证与分析中找到自己的优势与不足，并明确今后改进与完善的方向。

【**延伸活动**】

将各种球类投放至户外活动当中，让幼儿对球进行更深入的探索。

湖北省实验幼儿园　刘彦辰

体育游戏的注意事项

体育游戏不同于角色游戏、结构游戏，它以增强幼儿体质为主要目标。设计体育游戏时将基本的动作（走、跑、爬、跳、攀、投等）渗透到游戏活动中，教师要选用适合不同年龄幼儿的教材，难易程度要适中，并要运用引导、激发、鼓励的方式，使幼儿对体育游戏活动产生并保持兴趣。在幼儿参加体育游戏过程中，教师要保证幼儿有充足的活动时间，要做到精讲多练，减少不必要的过渡环节，消除不合理的等待现象，尽可能保证幼儿实际活动的时间。

在体育游戏过程中，教师还要密切观察幼儿生理和心理表现，如脸色、呼吸频率、动作协调性等，及时运用增减练习时间和次数，改变集中或分散练习等方式，使幼儿所承受的运动负荷始终处于适宜状态。

游戏的点评不仅要关注到动作、技能的掌握，还要关注幼儿的情感体验。其实体育游戏不仅能促进幼儿动作技能的发展，还能帮助幼儿形成快乐自信的品格。教师应关注幼儿的表现并给予回应，幼儿进步时及时表扬，幼儿畏惧时及时鼓励。特别是对能力较弱的幼儿，教师要及时地采取降低难度等方法给予支持，让他们也感受到"跳一跳，摘到果子"的惊喜，而且教师的关注能提高能力较弱的幼儿参与活动的积极性，让他们在体育游戏中体会参与的喜悦、成功的快乐。

四、体育游戏案例分享

大班体育游戏：
跳皮筋

（一）大班：跳皮筋

【设计意图】

跳皮筋是我国传统的民间体育游戏。把跳皮筋游戏和民间童谣巧妙地进行结合，符合大班幼儿的年级特点。根据《指南》及新《纲要》理念指导，同时结合本班孩子兴趣点（近期对绳子、弹簧等物品特别感兴趣），我尝试设计了以下健康教育活动。

【活动目标】

（1）喜欢探究新玩法，体验合作跳皮筋的快乐。

（2）能边念儿歌边跳皮筋，手口一致地玩游戏。

（3）尝试创新跳皮筋的游戏玩法。

【活动准备】

（1）物质准备：10根皮筋、一段跳皮筋的视频、民谣《月亮粑粑》。

（2）环境准备：已学会念长沙民谣《月亮粑粑》。

【重点、难点】

（1）重点：能边念儿歌边跳皮筋，手口一致地玩游戏。

（2）难点：尝试创新跳皮筋的游戏玩法。

【活动过程】

程序	进程
导入部分	**1. 回顾民谣《月亮粑粑》，听音乐，做热身运动** 指导语：你们还记得民谣《月亮粑粑》吗？我们一起跟着民谣做一做热身运动吧！ 教师与幼儿一起有节奏地念民谣《月亮粑粑》，同时随童谣音乐，活动身体各部位，重点活动下肢。 （设计意图分析：从幼儿的已有经验入手，一边回顾和加深幼儿对民谣的记忆，利用皮筋活动身体各部位，同时为后期较高难度的游戏经验搭支架做铺垫。）
基本部分	**2. 玩游戏：皮筋乐** （1）幼儿按意愿分组尝试探索皮筋的各种玩法。 指导语：这是刚刚跟我们一起玩游戏的皮筋，你们四个人一组，找一个空旷的地方一起玩，想想皮筋还可以怎么玩。 （2）分享探索经验。 指导语：刚刚我们用皮筋玩了游戏，谁愿意上来跟大家示范一下你们组的玩法？ （设计意图分析：给幼儿学习模仿的机会，拓展经验。） （3）结合民谣《月亮粑粑》，练习单脚跳皮筋（分组练习内外跳皮筋，一只脚撑皮筋，另一只脚练习）。 指导语：你们的想法很多，如果把我们的民谣加进来大家一起玩，怎么玩？分成两组，女孩子一组，男孩子一组，围成一个圈，左脚撑皮筋，右脚我们试试跳进跳出念民谣。 （4）观看跳皮筋视频，激发幼儿探索的兴趣，结合民间童谣，再次分组尝试双脚跳绳。 （设计意图分析：提高游戏难度，激发幼儿游戏兴趣巩固学习经验。） （5）教师巡回指导
结束部分	**3. 分组展示，根据幼儿游戏的实际情况梳理游戏经验，评价小结** （设计意图分析：师幼一同总结、归纳、梳理游戏经验，并尝试进行经验迁移，举一反三。）

【总结与提升】

（1）活动结束后教师根据实际情况进行评析。

（2）活动反思建议从以下几个点进行。

① 幼儿游戏前期念民间童谣的基础是否扎实、有节奏、富有韵律？如果幼儿缺乏这些能力，教师采用了什么方式进行弥补？

② 尝试玩游戏环节中，让幼儿自由探索皮筋的多种跳法（单脚跳、双脚跳、双脚交替跳等），引导幼儿多尝试，发散思维。

③ 游戏环节，教师如何将民谣和皮筋有效地结合？教师采取了哪些措施支持幼儿掌握边跳皮筋边念童谣的技能？

【延伸活动】

幼儿在熟悉了基本玩法后可尝试双脚交替跳绳，绕花跳绳。

湖南省长沙市雨花区教育局第一幼儿园　谢惠

（二）大班："躲避火球"

【设计意图】

"躲避火球"游戏是从传统的"打野鸭"游戏改编而来的。我们将它从原来单一的"教师掷滚单个球，孩子躲避"变为形式多样的游戏内容，使其既有趣好玩，又增加了活动的难度和运动量，提高了幼儿综合运动的能力。

大班体育游戏：
躲避火球

【活动目标】

（1）体验与同伴玩躲避游戏的乐趣。

（2）快速躲避"火球"，提高身体的协调性和灵敏性。

（3）能自主建构游戏玩法并勇于尝试。

【活动准备】

（1）物质准备：自制"火球"八个（在皮球外包裹红色彩纸），画有大圆圈的平坦场地。

（2）经验准备：玩过躲闪游戏。

【重点、难点】

（1）重点：能快速躲避"火球"，提高身体的协调性和灵敏性。

（2）难点：能自主建构游戏玩法并勇于尝试。

【活动过程】

程序	进程
导入部分	**1. 躲"火球"** 指导语："火球"来了，看谁能不被击中。 （1）全体幼儿站在圆圈中，教师手持"火球"沿圈奔走，并不断将手中的"火球"滚向幼儿，幼儿灵活躲闪，不能被球击中。 （2）"火球"的数量逐渐增多，并不断改变滚动的方向，增加幼儿的躲避难度。 （<u>设计意图分析</u>：以"火球"直接进入游戏，激发幼儿的兴趣，为后期较高难度的游戏奠定基础。）
基本部分	**2. 你滚我躲** （1）幼儿分两队，一队幼儿站在边线上滚"火球"，另一队幼儿依次排开站在圆圈内，躲避正面滚来的"火球"，动脑筋想出各种躲避"火球"的方法。 （2）提醒幼儿"火球"只能滚击同伴的脚，不能抛击同伴脚以上的身体部位。躲避者只能在圆圈内躲避"火球"，离开圆圈则犯规，停止游戏一次。 （<u>设计意图分析</u>：提高游戏难度，尝试不同的躲避方式，提升灵敏性。） **3. 躲避"火球"** （1）幼儿分三队，一队幼儿站在圈内，两队幼儿迎面站在边线上立刻滚出"火球"，躲避的幼儿需不断判断"火球"滚来的方向并迅速躲避。 （2）被击中的幼儿与滚球者交换位置，游戏继续进行。 （<u>设计意图分析</u>：进一步加大游戏难度，挖掘幼儿潜能，增强规则意识。） **4. 穿越封锁线** 指导语：小朋友们，你们运用"火球"，还能想出其他的躲避游戏吗？（幼儿自主建构游戏玩法） 示例玩法如下。 （1）幼儿分三队，一队幼儿站在前面的起跑线上，两队幼儿在其侧面迎面站立。

续表

程序	进程
基本部分	听到指令，起跑线上的幼儿迅速向前面跑动，躲避从两侧面滚来的"火球"，以速度最快、不碰到"火球"者为胜。 （2）游戏数次后，躲球的幼儿与滚球者交换位置，游戏继续进行。 <u>（设计意图分析：自主建构新的游戏玩法，鼓励幼儿挑战自我，不断提升躲避能力。）</u>
结束部分	5. 放松活动

【总结与提升】

（1）整个游戏从易到难，层层递进。教师可在幼儿已有游戏经验的基础上，适时调整游戏难度，使不同层次的幼儿均能得到提升与发展。

例如：最后一个游戏难度较大，幼儿要从躲避正面的"火球"变为躲避两侧面的"火球"，幼儿需迅速判断时机，快速冲向终点，从而成功地躲避"火球"，这对幼儿来说具有很大的挑战性。教师既要鼓励幼儿大胆、勇敢，又要提示幼儿反应要迅速，身体要随着"火球"滚动的方向而改变。

（2）活动反思建议从以下几个点进行。

① 在自主建构游戏玩法的环节，如何引导幼儿拓展思维，设计游戏的新玩法。

② 当幼儿已具有一定躲避能力时，如何增加躲避难度，进一步提升幼儿的躲闪能力及反应。

【延伸活动】

亲子游戏：此游戏幼儿可与爸爸妈妈一起玩，并可进一步增加游戏难度，爸爸妈妈站在两边，朝中间的宝贝踢"火球"，宝贝需要迅速躲闪，提升其反应力，增进亲子关系。

湖北省实验幼儿园　刘丹

（三）大班："快乐的小袋鼠"

【设计意图】

区域性体育活动中，几名孩子在玩"袋鼠跳"游戏，一会儿他们就对"袋鼠跳"不感兴趣了，玩起自己创编的游戏：有的孩子将整个身体缩进布袋，有的孩子躺在布袋上，有的将布袋拿在手上挥舞，用布袋装空气……布袋在孩子手中变来变去，孩子们对自己创编出的游戏似乎很感兴趣，且乐此不疲地玩得很开心。

《指南》指出："开展丰富多样、适合幼儿特点的各种身体活动，如走、跑、跳、攀、爬等，鼓励幼儿坚持下来，不怕累。"为此，我设计了这个体育游戏，旨在让幼儿积极参与布袋游戏，锻炼幼儿穿布袋走、跑、跳的动作技能，让幼儿体验挑战成功后的快乐。

【活动目标】

（1）积极参与各种布袋游戏，体验挑战成功后的快乐。

（2）尝试探索布袋的多种玩法，练习穿着布袋跳过一定高度的障碍。

（3）能与同伴合作并协商解决游戏中遇到的问题。

【活动准备】

（1）物质准备：布袋若干；高矮不同的塑料瓶若干布置成"荆棘丛林"；轮胎若干；活动音乐。

（2）经验准备：已经玩过布袋跳游戏。

【重点、难点】

（1）重点：能积极参与活动，尝试探索布袋的不同玩法。

（2）难点：遇到问题能与同伴协商解决。

【活动过程】

程序	进程
导入部分	**1. 教师带领幼儿手拿布袋站成圆圈做热身运动** 指导语：小朋友们，我们一起跟着音乐做布袋操吧！ （设计意图分析：在开展体育游戏前进行热身运动，是为了让幼儿充分地活动上下肢，为后面的游戏做好准备。）
基本部分	**2. 自由探索布袋的多种玩法** （1）幼儿一人或多人合作，自由玩布袋。 指导语：小朋友们，想不想跟布袋做游戏呢？请你们想一想布袋可以怎么玩呢？大家自由试一试、玩一玩吧！ （2）请幼儿展示自己探索出的布袋游戏，与其他幼儿一起玩。 指导语：你们刚才是怎么玩的？展示给我们看看吧！ （设计意图分析：让幼儿自由探索布袋的多种玩法，发挥幼儿的自主性，起到幼儿间相互学习的目的。） **3. 教师带领幼儿扮成小袋鼠玩布袋** （1）教师介绍游戏玩法及规则。 玩法：幼儿穿上布袋，依次跳过许多用高矮不同的塑料瓶布置成的"丛林"障碍。 规则：穿上布袋双脚跳起，跳过或绕过障碍物，到达终点后从两边返回到起点。 （2）小袋鼠练习本领。 指导语：现在小袋鼠要学本领啦！ 幼儿穿上布袋，分成两组自由练习跳过不同障碍。 （3）小袋鼠闯关比赛。 指导语：现在小袋鼠们要分成两组进行比赛，看看哪组的小袋鼠最先完成任务！ 幼儿穿上布袋，分成两组比赛闯关。 （设计意图分析：反复跳布袋会让幼儿觉得枯燥，因此，在幼儿慢慢失去兴趣时，教师及时设计不同的情景，增加游戏难度，激发幼儿的参与兴趣，由简到难，逐步增加游戏难度和强度，让幼儿在充分锻炼后，体会到成功完成任务后的快乐。） **4. 游戏：快乐的小袋鼠** 指导语：小袋鼠已经练好本领了，真开心啊！我们一起来玩个游戏吧！ 玩法：将布袋平铺，四散放在场地中间。幼儿听音乐绕场地逆时针奔跑，当音乐停止时教师发出指令："×× 颜色是安全地带"，幼儿快速站在相应颜色的布袋上。 规则：音乐停止后，教师发出指令才能站在布袋上，速度慢或站错的幼儿要受到惩罚。 （设计意图分析：当幼儿稍稍有游戏疲劳时，设计一个集体游戏，训练幼儿的快速反应能力，再一次激起幼儿的兴趣，让幼儿乐此不疲！）

续表

程序	进程
结束部分	**5. 收拾整理，评价小结** （1）师幼共同收拾、整理布袋。 （2）教师评价幼儿在游戏中的表现。 （设计意图分析：用整理布袋作为放松，十分自然地结束游戏。教师帮助幼儿总结、归纳、梳理游戏经验，鼓励游戏中敢于挑战，不怕困难。）

【总结与提升】

（1）布袋游戏可以很好地发展幼儿的下肢力量。

反复游戏是锻炼幼儿弹跳能力，让幼儿进行下肢力量训练的绝好途径。为了让幼儿积极参与游戏，体验挑战成功的快乐，在活动中教师要充分调动幼儿的参与兴趣，由易到难，层层递进地引导幼儿进行游戏。

例如：①让幼儿自由探索布袋的多种玩法；②集体练习袋鼠跳的本领，使幼儿掌握跳布袋的基本动作技能和动作要领；③创设"丛林"探险的情境，增设障碍，增加挑战难度，让幼儿进一步练习跳布袋的动作。

（2）活动反思建议从以下几个方面进行。

① 幼儿游戏前期跳布袋的动作技能是否已熟练掌握？如果幼儿不熟练，教师应采用什么方式进行指导？

② 在自由探索、尝试玩游戏的环节中，教师是如何引导幼儿自由创编不同的玩法，并且引导幼儿同伴间相互学习、掌握跳布袋的动作技能的？

③ 竞赛游戏环节，教师采取了哪些措施支持幼儿在同伴竞争中遵守规则，积极完成比赛，并引导幼儿尽可能地尝试挑战难度，挑战自己，总结"跳得又快又稳"的方法？

【延伸活动】

将布袋投放到体育区中，幼儿自由游戏，探索出布袋更多的玩法。

湖北省实验幼儿园　余欢

（四）大班："萌萌小白夺红旗"

【设计意图】

轮滑运动是一项融健身、娱乐、趣味、时尚于一体的体育运动项目，可以增加幼儿臀、腿、腰、腹等肌肉的力量。开展轮滑运动有利于提高幼儿的平衡能力，增强体质，培养其勇敢、自信的意志品质。它是我园的体育特色活动之一，深受幼儿喜爱。在本次活动中，我巧妙地使用了幼儿在生活中经常玩的一种娱乐体育活动用具来开展游戏。轮滑来源于幼儿的生活，幼儿兴

大班体育游戏：萌萌小白夺红旗

趣浓厚，参与积极性非常高。基于我园轮滑场地有限，所以在游戏的中间环节采用了分层游戏，幼儿自由分成两大组，分别由两个"指挥官"带队在各自的阵地学习本领，最后集中完成最大的挑战。《纲要》中最核心的精神莫过于"让幼儿自主学习，教师要以幼儿为主体开展游戏"，所以，我在"萌萌小白夺红旗"这个游戏中，给幼儿提供了相同数量的障碍物，请他们进行小组商量，合作为对方设置障碍，引导幼儿根据自己的意愿选择，给了幼儿自主选择的空间。整

个活动幼儿以角色身份"萌萌小白"贯穿始终。幼儿通过完成不同的挑战游戏，层层递进，最后由"萌萌小白"变身成为"超能大白"，教师颁发晋级奖品，宣布晋级成功。幼儿在游戏中始终保持新鲜感，不断挑战自我，体验挑战成功的快乐。

【活动目标】

（1）积极参与轮滑游戏，体验合作与竞争的乐趣。

（2）学习设置并穿越障碍，练习轮滑的平衡技巧。

（3）能协调、灵敏地穿越障碍，具有自我保护意识。

【活动准备】

（1）知识经验：幼儿能穿轮滑鞋"八"字滑行，熟练掌握滑行的技巧，具备自我保护意识。

（2）物质材料：每人一套轮滑鞋；用来当作障碍物的小椅子10把；彩旗两面；音乐《放松与伸展》《牛奶歌》《放松音乐》。

（3）环境创设：安全的大型场地、布置插红旗的阵地。

【重点、难点】

（1）重点：学会设置障碍物并穿过障碍物，学会平衡技能。

（2）难点：能协调、灵敏地穿越障碍物，具有自我保护意识。

【活动过程】

程序	进程
导入部分	**1. 体验游戏** （1）幼儿穿戴整齐，自由在场地中练习轮滑。 （2）幼儿排成四路纵队，教师和幼儿一起在动感十足的音乐中做全身运动（重点练习腿部）。 （3）幼儿分成人数相等的两组，并分别取上名字，如超人队、阳光队。 指导语：孩子们，今天我们要分成两组进行轮滑比赛，你们准备好了吗？ （4）教师交代任务，幼儿探索游戏玩法。 ① 两队幼儿自由选择材料，互相给对方设置障碍。 ② 两队幼儿自由探索穿越障碍物的方法，并尝试穿越障碍物。 动作要领：双脚呈倒八字形站立，上身稍微往前倾，重心在前；滑行时双脚交替向左前方、右前方八字滑行，保持身体平衡，双手可在身体两侧自由摆动以帮助身体保持平衡。 （设计意图分析：给幼儿自由游戏的机会，为后面的竞赛游戏奠定基础，提供经验。）
基本部分	**2. 拓展游戏** （1）教师交代游戏玩法及规则。 游戏玩法：两队幼儿听到口令后同时从起点出发，一个接一个走S形路线穿过障碍，哪队的最后一个幼儿先到达，就插上彩旗表示胜利。 游戏规则：每一个障碍物都必须穿越。 （2）幼儿进行一次游戏，教师观察。 （3）教师和幼儿一起讨论，发现游戏中出现的问题，制定新的规则。

续表

程序	进程
基本部分	（4）幼儿根据新规则进行二次游戏。 （设计意图分析：幼儿分组根据基本玩法和规则进行游戏，过程中要尝试穿越障碍物，并且有一定竞赛性，从而提升幼儿的团队意识和初步的竞争意识。）
结束部分	**3．总结与提升** （1）评价游戏情况，对在游戏中既能保持身体平衡又能遵守游戏规则的幼儿给予表扬。 （2）幼儿听音乐放松身体，结束活动。 （设计意图分析：评价、总结游戏过程，梳理游戏经验，进一步激发幼儿下次游戏的兴趣。）

【总结与提升】

（1）在本次活动中，我巧妙地使用了幼儿在生活中经常玩的一种娱乐体育活动用具来开展游戏。轮滑的选择有特点，它来源于幼儿的生活，幼儿兴趣浓厚，参与积极性非常高。在整个活动过程中，材料的使用和场地的合理设置帮助幼儿突破游戏的重点和难点。比如，在幼儿自由练习轮滑时，有的幼儿已经发现了地上的区域线，正在沿着区域线鱼贯滑行。为了完成活动的难点，设置了各种不同的游戏，层层递进，让幼儿始终保持一种新鲜感，不断挑战自我，体验挑战成功的快乐。

（2）活动反思建议从以下几个方面进行。

① 可以从体育游戏的设计意图、材料选择、幼儿的兴趣点等方面进行阐述。

② 游戏开展过程中，教师是如何引导幼儿主动参与游戏的？游戏情节是如何层层递进地发展的？

③ 根据幼儿的游戏情况，教师是如何引导幼儿对游戏进行评价，分享游戏的成功经验的？

【延伸活动】

开展区域性体育活动时，幼儿可以自由进行轮滑游戏，巩固掌握的运动技能。

湖北省实验幼儿园　孙小晶

（五）大班："学做坦克兵"

【设计意图】

大班体育游戏：
学做坦克兵

在早操后的自选区域游戏时间，美工区一堆看似并不起眼的废旧纸盒吸引了幼儿的注意，他们三三两两地拿着纸盒玩起了游戏：有的将纸盒当成房子钻进去睡觉；有的拿着纸盒玩推箱子的游戏；还有的把纸盒当成助跑跨跳的工具。某小朋友更是想出了与众不同的玩法，他将纸盒两边的"耳朵"打开，然后平放在地上，很吃力地钻到里面去想把它滚动起来……于是我走过去问他在玩什么，他回答说："我在电视上看到解放军叔叔的坦克就是这个样子的，但是我爬不动。"原来，他在家看了"国庆大阅兵"，喜欢上了阅兵仪式里的坦克方阵，今天是想把纸盒当成坦克的履带进行游戏，但是苦于纸盒太小没有成功。于是，为满足幼儿的兴趣和需要，将纸盒进行改装，做成了"坦克垫"，并在全班推广玩法。"学做坦克兵"游戏活动旨在用幼儿感兴趣的方式锻炼体能，提高身体的协调性，使之学习在半封闭的空间内控制方向进行爬行练习，让他们玩得开心，练得快乐。

【活动目标】

（1）勇敢参加坦克兵游戏，能够发现游戏中遇到的问题并合作创编新规则解决问题。

（2）练习在半封闭的坦克垫内正确协调地手膝着地爬行。

（3）能够克服空间的障碍，控制爬行方向。

【活动准备】

（1）关键经验准备：幼儿已了解坦克行走的原理（利用履带行走）；幼儿已看过国庆大阅兵的新闻；幼儿已有玩坦克垫直线爬的经验。

（2）游戏材料准备：坦克垫24个，平衡梯4个，平衡板4块，音乐《中国功夫》《军队进行曲》《警笛音乐》及轻音乐，冠军奖牌。

（3）场地准备：场地上贴有两条起点线和一条中线，场地中间贴有跑道8条。

【重点、难点】

（1）重点：运用既定规则进行坦克过障碍接力和防空演习游戏。

（2）难点：引导幼儿正确对待游戏的输赢。

【活动过程】

程序	进程
导入部分	**1. 进入游戏，活动身体** （1）幼儿学解放军参加阅兵仪式，做武术操热身（重点活动脚腕、手腕和膝盖）。 （2）自由练习：鱼贯直线爬。 游戏玩法：坦克兵要控制自己的爬行方向（保持直线爬行），当爬到中线碰到了别人的时候，马上要在坦克垫中掉头爬。 指导语：小坦克兵们，让你们的坦克开动起来吧！ <u>（设计意图分析：幼儿自由练习在半封闭的空间内爬行，为进一步游戏做铺垫。）</u>
基本部分	**2. 体验游戏：坦克过障碍接力** 指导语：请坦克兵用坦克垫、平衡梯、平衡板铺设"山坡"。 （1）幼儿分四队铺设"山坡"。幼儿探索游戏规则：每组第一个幼儿开坦克沿着山坡爬行至终点后返回拍下一个幼儿的手，下一个幼儿出发。 （2）幼儿在"山坡"上自由练习开坦克并将坦克集中放到"坦克集中营"。 （3）教师和幼儿共同讨论游戏情况，并提炼规则。 ①指导语：这样好玩吗？玩的时候要注意什么？ ②幼儿讨论：坦克兵怎样能很快地爬过山坡并返回？ ③发现规则：听到指令后，坦克兵一定要沿直线爬，当到达对面后应立刻在坦克垫中掉头，迅速返回。 （4）最先爬完的一组为胜，教师鼓励幼儿并进行小结。 <u>（设计意图分析：引导幼儿发现维持游戏顺利开展的规则，并运用规则进行游戏。）</u>

续表

程序	进程
基本 部分	**3. 拓展游戏：防空演习** （1）引导幼儿分组共同商议，尝试新一轮游戏的玩法及规则。 ① 指导语：坦克兵，我们可以用坦克垫玩什么游戏？ ② 幼儿尝试用自己的方法玩坦克垫，教师注意观察提炼玩法。 （2）运用幼儿自主产生的新玩法进行游戏：将10个坦克垫立起当"演习安全地带"。音乐开始，幼儿和教师一起沿场地四周逆时针跑步，音乐停，幼儿必须马上跨进"演习安全地带"，拿起"手枪"打天上的"轰炸机"。听到消除警报的声音，幼儿撤出"演习安全地带"进行第二次游戏。随游戏次数的增加，可逐渐减少坦克垫的数量。 （3）交流讨论创建新规则。 ① 教师：刚才你们在游戏中遇到了什么问题？该怎么解决？（有的"演习安全地带"有好几个坦克兵，有的却没有坦克兵） ② 教师引导幼儿创建新规则：音乐没停止时，不能跨进"演习安全地带"，否则算违规，暂停游戏一次。 教师逐渐减少坦克垫的数量。游戏继续进行，淘汰没有进入"演习安全地带"的坦克兵。 （4）运用新规则再次游戏。 （设计意图分析：幼儿在游戏过程中会创编新的游戏玩法，并根据新玩法产生新规则。制定规则、执行规则的过程就是在考验幼儿能否遵守自己制订的规则，从而提高规则意识的过程。）
结束 部分	**4. 分享交流** （1）为在坦克过障碍接力比赛中获胜的坦克兵颁发冠军奖牌。 （2）表扬对游戏进行创新的幼儿。 （3）教师和幼儿共同讨论：下次游戏时还可以怎样玩？ （设计意图分析：幼儿能否正确对待游戏的输赢，并向赢者学习取胜的方法是现阶段幼儿要调整的一个方面，从这个游戏环节来看，幼儿是有所收获的。）

【 总结与提升 】

1. 活动评析

　　教师巧妙地使用了活动器材来开展游戏，纸盒的选择有特点，它来源于幼儿的生活，易于操作，充分体现了"利废利旧"的原则。幼儿兴趣浓厚，参与积极性非常高。整个活动幼儿以"坦克兵"角色身份贯穿始终。教师设置了各种不同的游戏，层层递进，让幼儿始终保持一种新鲜感，不断地挑战自我，体验挑战成功的快乐。

2. 活动反思

（1）教师阐述体育活动的领域特点，分析幼儿在活动中的表现。

（2）教师可以从器材选择、幼儿兴趣、参与积极性等方面进行分析。

（3）教师阐述如何投放材料、活动的重难点，以及如何引导幼儿突破重难点。

【延伸活动】

（1）将坦克垫投放到体育活动区，供幼儿进一步创新坦克垫的多种玩法。

（2）拓展有关的坦克知识。

湖北省实验幼儿园　孙小晶

（六）大班："一物多玩活动——有趣的皮筋"

【设计意图】

"跳皮筋"是我国传统的民间体育游戏，也是幼儿非常熟悉并喜欢的一项体育活动。"跳皮筋"可以发展幼儿的身体平衡能力，提高动作协调性，发展合作意识。幼儿玩过一段时间的传统游戏后，已经对玩皮筋有了一定的经验，开始发挥想象创造皮筋的多种玩法。同时游戏层层递减，体现游戏性和玩具"一物多玩"的特点。

【活动目标】

（1）乐于参与民间体育游戏"跳皮筋"，发展下肢力量。

（2）发挥幼儿的想象力，创新皮筋的新玩法。

（3）体验皮筋的新玩法，感受合作游戏的快乐。

【活动准备】

（1）物质准备：皮筋若干。

（2）经验准备：跳皮筋的歌谣《马兰开花》。

【重点、难点】

（1）重点：能参与游戏，体验游戏的快乐。

（2）难点：能对游戏玩法进行创新。

【活动过程】

程序	进程
导入部分	**1. 跳皮筋导入，激发幼儿兴趣** 指导语：你们还记得怎么样玩跳皮筋吗？ 幼儿自由组合玩跳皮筋。 （设计意图分析：从幼儿熟悉的游戏形式跳皮筋导入，使幼儿对活动产生兴趣并且体验合作的快乐，为下面创新皮筋的新玩法做铺垫。）
基本部分	**2. 幼儿发现玩皮筋的新方法，发展幼儿想象力和创造力** 指导语：皮筋除了可以跳《马兰开花》还可以怎么样玩？小朋友分成几组来谈论一下吧，商量好的可以来告诉老师。 幼儿创意游戏的玩法： ① 皮筋变成障碍，小朋友双脚跳跨跳过去。 ② 皮筋变成交叉山洞，小朋友在里面钻来钻去。 ③ 把皮筋变成跳绳，跳一跳。 ④ 皮筋一个一个系到一起变成一跟大绳，两边的人摇绳，许多小朋友跳绳。 （设计意图分析：幼儿通过讨论，发现皮筋的多种玩法，发挥了幼儿的想象力和创造力。）

程序	进程
基本部分	**3. 玩游戏：尝试皮筋新的玩法** （1）皮筋变成障碍。 指导语：你们发现的把一条一条小皮筋放到地面上，大家像小兔子一样双脚跳或者像刘翔叔叔一样跨跳过去的玩法真的很有意思，让我们分成几组来玩一玩。 游戏玩法： ① 皮筋放到地面上就像跨栏的栏杆一样进行摆放，每条皮筋之间分开一段距离，小朋友们可以双脚跳过去，还可以跨跳过去。 ② 把皮筋两头分别拴在杆子上，使皮筋逐渐上升高度增加双脚跳和跨跳的难度。 （<u>设计意图分析</u>：通过双脚跳、跨跳玩障碍皮筋的游戏，可以发展幼儿腿部的力量。） （2）皮筋变成跳绳。 ① 幼儿自己进行跳绳。 指导语：你们都会玩跳绳吗？小朋友想出皮筋变成跳绳的好方法，让我们一起来试一试？ 游戏：幼儿两手分别握住皮筋的两头，让皮筋变成一根跳绳。一起跳，比一比谁跳的多。 ② 跳绳比赛。 指导语：两个小朋友为一组，你们两个比比谁跳绳跳得多呢？ 游戏玩法：两个小朋友一组进行跳绳比赛，比一比谁跳绳跳得多。 （<u>设计意图分析</u>：通过竞赛，激发幼儿的游戏兴趣，同时发展下肢力量。） ③ 皮筋变成大跳绳。 指导语：小朋友还有一个把跳绳变成一根大跳绳的好方法呢，让我们来玩一玩。 （3）皮筋变成山洞。 指导语：刚刚小朋友想出了皮筋变成交叉的两个山洞，在山洞里钻来钻去的玩法，让我们一起来玩一玩吧。 游戏玩法：六名幼儿进行皮筋变山洞的游戏，两名幼儿分别是一只手把皮筋举过头顶，一只脚踩住皮筋变成一个交叉线，其他几名幼儿通过仰头和爬的方式通过山洞，不能碰到皮筋。 幼儿可以逐渐把举过头顶的那只手降低，加大游戏的难度。 （<u>设计意图分析</u>：幼儿通过想象，发现皮筋新玩法后自由尝试玩游戏。）
结束部分	**4. 分享游戏的快乐，总结游戏的规则**

【总结与提升】
（1）活动结束后执教教师根据实际情况进行评析。
（2）活动反思建议从以下几个点进行。
① 幼儿对《马兰开花》这首民谣已经非常熟悉了，那么随着民谣音乐的节奏进行跳皮筋

游戏使幼儿更加有兴趣。教师和幼儿一起跳皮筋，会让他们更爱这个游戏。

② 尝试皮筋的各种新玩法，主要就是体现了"一物多玩"的特征，幼儿积极参与，提高与同伴的合作意识。

③ 两组幼儿的跳绳竞赛环节教师什么时候更适合介入游戏，要看幼儿跳绳中出现了什么样的情况。如果皮筋变成了跳绳，出现了两根绳子，没办法进行跳绳了，教师就应适时介入进行指导。

【延伸活动】

幼儿创新出皮筋的更多种玩法，如皮筋变成小鞭子，用手左右甩起来。注意皮筋要对折一下，以免太长；玩时要选择空间大的地点，注意安全。

黑龙江省委机关第一幼儿园　李建盼 王洋

（七）大班："有趣的格子"

【设计意图】

"跳格子"是我国传统的民间体育游戏，满足了幼儿的游戏心理，发展了幼儿的弹跳能力。大班幼儿在与同伴交往、合作方面有了积极的愿望，教师及时提供这样的机会，尝试格子的多种玩法，由简到难，鼓励幼儿互相合作，共同解决遇到的困难，体验游戏的快乐。

【活动目标】

（1）培养幼儿平衡控制能力，学习单脚连续向前跳的技巧。

（2）体验游戏带来的快乐。

【活动准备】

各种画好的格子。

【重点、难点】

（1）重点：学会单脚向前跳。

（2）难点：能对游戏玩法进行创新。

【活动过程】

程序	进程
导入部分	**1. 跳格子导入，激发幼儿兴趣** 指导语：孩子们，你们跳过格子吗？
基本部分	**2. 玩游戏：格子的新玩法** （1）跳六格房。 　　游戏玩法一：以 3 ~ 5 人为宜，首先排定游戏顺序。游戏开始，先由第一人将布沙袋抛进第一格，用单脚跳进第一格，接着用单脚将布沙袋踢进第二格，然后用双脚跳进第二格，再将布沙袋双脚夹进第三格，接着用单脚跳进第三格，这样单脚、双脚交替地踢布沙袋，直到布沙袋踢出第六格，双脚跳出第六格，算一次成功，可得 10 分，然后再从第一格重新做起。若在某格失误，可在下一轮时，从失误格做起。几轮以后，以得分最多者为第一名，以此类推。 　　（<u>设计意图分析</u>：幼儿通过想象、创造格子新玩法后自由尝试玩游戏。）

续表

程序	进程
基本 部分	（2）跳梅花房。 　　将参加者分为人数相等的两组，每人准备沙包一个。分别在第一圆和第六圆外面站好：先规定几种跳法。开始时，先由各组第一人按第一种方法，分别从 1、2、3、4、5、6 或 6、5、4、3、2、1 的顺序跳。成功后，可得 10 分，若失败，退下来。然后各组第二人按第二种方法跳，以此类推，得分多的一组胜利。 　　游戏详细玩法： 　　① 站在起跳之处，将小石块设法丢进数字 1 的格子里，丢进去就可以开始跳。小石块一定要丢进方格子里才有资格起跳。 　　② 单脚（另一脚弯起）跳进数字 2 的格子，然后依格子数一直单脚跳到最后的"天堂"。跳的过程中脚不可以落地，一落地就是违反规则，不能再跳，只能等下一轮。但是途中如果经过并排的格子，可以双脚着地休息。 　　③ 以单脚跳方式由"天堂"再依序往回跳。 　　④ 跳回到格子 2 时，弯身捡起格子 1 中的小石块，接着再依序跳回起点。 　　⑤ 接着再将小石块丢向数字 2 的格子里，丢进了就重复第一次的动作，若没丢准或是犯规就换下一个人玩，以此类推，从近及远，依次向前。 　　⑥ 如果石块或脚不小心越界或压在线上，就算犯规，必须停跳，让给下一个人，等轮到自己，再从犯规的格子继续跳下去。 　　⑦ 等全部格子跳完之后，就有权利盖房子了。方法是背向把碎片掷入任何一个空格内，该房子即属于盖房子的人，写上自己的名字或代号之后，其他的人在跳跃前进时就须跳过此格，不可以落脚在此房子内，但是房子的主人却可以两脚并立。 　　⑧ 全部房子都被盖完之后，拥有最多间房子的人就算是大赢家了。 　　（设计意图分析：每个人按不同的方法跳圈，增大了游戏的难度，使游戏更加有趣。）
结束 部分	3. 总结 总结跳格子的方法和注意事项

【总结与提升】

（1）活动结束后执教教师根据实际情况进行评析。

（2）活动反思建议从以下几个点进行。

① 幼儿在玩跳格子的游戏前应该先进行方位的练习，如进行单脚跳的练习。幼儿熟练掌握后，会更爱这个游戏。

② 尝试跳格子的各种新玩法，由浅入深，让幼儿积极参与，从而提高同伴之间的合作意识。

【延伸活动】

幼儿能够创新跳格子的多种玩法。

黑龙江省委机关第一幼儿园　司海莹　王洋

（八）中班："快乐的小投手"

中班体育游戏：
快乐的小投手

【设计意图】

本活动主要是利用幼儿身边的废旧瓶子、布等材料自制成"手榴弹"，这样的体育器材既能够对幼儿进行环保低碳意识教育，又能丰富幼儿的户外生活，增强他们的体质，训练他们的投掷动作。自制的"手榴弹"让幼儿在户外尽情投掷和奔走嬉戏，使他们的身心获得全面的成长。

【活动目标】

（1）对投掷活动感兴趣，乐于去尝试。

（2）能根据目标的远近调节投掷的力量。

（3）练习并逐步掌握肩上挥臂投掷的动作。

【活动准备】

（1）经验准备：玩过沙包。

（2）物质准备：废旧瓶子做成的"手榴弹"；在活动场地上布置相同距离的投掷区域；跨栏、垫子。

【重点、难点】

（1）重点：能根据目标的远近调节投掷的力量。

（2）难点：掌握肩上挥臂投掷的动作。

【活动过程】

程序	进程
导入部分	1. **情景导入，引导幼儿进行身体练习** 指导语：今天你们是小战士，我是你们的队长。作为一名战士要学许多本领，现在跟着队长一起来活动。 教师与幼儿一起活动身体各关节。 （设计意图分析：直接与幼儿共同运动，激发幼儿的情绪，让幼儿进入游戏情景中。）
基本部分	2. **玩游戏：快乐的小投手** （1）出示"手榴弹"，自由探索"肩上挥臂投掷"的动作。 指导语：今天我们小战士要学一种新本领，投"手榴弹"，我们怎么才能把"手榴弹"投得又高又远呢？ 请个别幼儿示范，引导幼儿讨论他是怎么投的。 教师小结动作要领：上身稍后倾，一脚前，一脚后，右手放在肩膀上，用力投出去。 游戏玩法：幼儿分成两组背对背站正，向两边投掷"手榴弹"。上身稍后倾，一脚前，一脚后，右手放在肩膀上，用力投出去。 游戏规则：在投掷"手榴弹"的时候不能往小朋友身上投，只能在空旷的场地上进行游戏。 （设计意图分析：通过幼儿自由探索、同伴之间相互学习以及教师指导，让幼儿初步掌握单手肩上投掷动作要领。）

续表

程序	进程
基本 部分	（2）分组竞赛玩游戏。 　　指导语：你们都可以把"手榴弹"投得又高又远了，那我们来进行一场比赛，比比哪组的"手榴弹"投得又高又远又准。 　　比赛规则：每个小战士选择投掷区域，不能超出区域的距离，看看谁的"手榴弹"投得又高又远又准。玩游戏的过程中不能随手将"手榴弹"扔向其他的小战士，否则犯规。 　　教师根据幼儿游戏的实际情况梳理游戏玩法与游戏规则。 　　（设计意图分析：通过分组竞赛进一步激发幼儿学习兴趣，巩固单手肩上投掷动作要领的同时提高幼儿投掷的准确性。） 　　（3）游戏"炸碉堡"。 　　指导语：小战士们，我们学会了投"手榴弹"，现在上级交给我们一项任务，要求我们去炸毁敌人的一个碉堡，你们敢不敢去？炸掉这一个碉堡要跨过壕沟，爬过"封锁线"，再拿"手榴弹"投向敌人碉堡。任务很艰巨，你们能不能完成任务？ 　　游戏玩法：请两排幼儿分别站在起跑线后，教师发出出发信号，每排第一个幼儿立即跑出，跨过壕沟，爬过"封锁线"（垫子），拿起一个"手榴弹"，向敌人的"碉堡"投去，再从两侧直接跑回拍第二个幼儿的手，然后站到队尾。 　　（设计意图分析：提高游戏竞赛性质，激发幼儿游戏兴趣，巩固学习经验。）
结束 部分	**3. 放松活动** 听音乐进行放松活动

【总结与提升】

（1）活动结束后执教教师根据实际情况进行评析。

（2）活动反思建议从以下几个点进行。

① 幼儿游戏前期单手投掷游戏经验是否充分？如果幼儿缺乏经验，教师采用了什么方式进行弥补？

② 尝试玩游戏环节中，教师是如何引导幼儿进行准确投掷的？

③ 竞赛游戏环节，教师采取了哪些措施引导幼儿探索、总结投掷"手榴弹"的方法？

【延伸活动】

晨间锻炼时，在活动场地悬挂若干个吊有易拉罐或铃铛的圈，让幼儿继续进行投掷练习。

湖南省长沙市雨花区教育局第一幼儿园　曹伍平

（九）中班："神勇小毛虫"

【设计意图】

在自由游戏时间，有幼儿用跳绳交叉制成网钻来钻去，因此设计了本次活动。

【活动目标】

（1）体验玩"神勇小毛虫"规则游戏的乐趣。

（2）勇于克服困难，积极尝试新的钻过电网的方法。

（3）能身体协调地进行钻、爬等动作。

中班体育游戏：
神勇小毛虫

【活动准备】

（1）物质材料准备：塑料绳编制的"电网"一副（"电网"上系有铃铛）；
自制蝴蝶翅膀若干；泡沫垫若干；伴奏音乐《点虫虫》《牛奶歌》《蝴蝶飞啊》；铁圈两个。

（2）经验准备：幼儿了解毛毛虫变蝴蝶的变化过程；幼儿已学习过毛毛虫爬和钻的动作。

（3）场地准备：如图5-31所示。

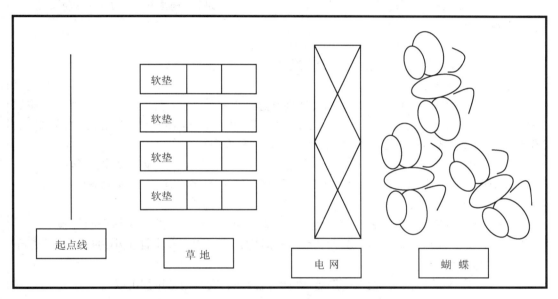

图5-31 活动场地

【重点、难点】

（1）重点：将幼儿生活中的情景与爬的技能结合起来。

（2）难点：感受毛毛虫到蝴蝶的蜕变过程。

【活动过程】

程序	进程
导入部分	**1. 故事导入，激发幼儿兴趣** 观看影片，引出毛毛虫的蜕变
基本部分	**2. 体验游戏** （1）幼儿扮演毛毛虫，随《点虫虫》的音乐活动身体（重点锻炼手部及腿部动作）。 ① 引导幼儿观看"草地"，幼儿自由探索怎样过"草地"。 教师：毛毛虫想变成蝴蝶，得学会"过草地"，让我们来试试吧！

续表

程序	进程
基本部分	（设计意图分析：从幼儿的直观经验入手，可激发幼儿的游戏兴趣，让幼儿为游戏做知识经验准备。） ② 幼儿用自己的方式自由爬过第一片"草地"。教师引导幼儿观看第二片"草地"，请幼儿探索怎样过第二片"草地"。 教师：现在，我们即将要变成"茧"了，怎样过"草地"呢？ （设计意图分析：将游戏的主动权交给幼儿，让其在充分的探索中游戏。） ③ 幼儿尝试用前滚翻的方法游戏一次，教师根据幼儿游戏情况提炼游戏玩法：听到出发的口令后，"毛毛虫"先爬过第一片"草地"，再滚过第二片"草地"，然后从两侧返回。 （2）幼儿展示爬"草地"的本领，完整地游戏一次。 ★教师重点指导幼儿自由探索过"草地"的方法。 **3. 拓展游戏** （1）出示"电网"，幼儿探讨如何钻过"电网"。 （设计意图分析：给予幼儿充分思考的时间，更好地激发幼儿的创造力。） （2）教师和幼儿共同讨论游戏玩法，并提炼规则。 教师提出问题，幼儿讨论：毛毛虫怎样快速地钻过"电网"？提炼玩法：毛毛虫在钻过"电网"时，身体的任何部分都不能触碰到"电网"，如果碰到"电网"，必须重新钻一次。 （设计意图分析：提高游戏新玩法，激发幼儿的游戏兴趣，巩固已有经验。） （3）教师强调规则，加大"钻"的难度，在"电网"上挂上小铃铛，幼儿进行二次游戏。 ① 教师观察幼儿游戏，重点指导幼儿快速、安全地钻过"电网"。 ② 请个别钻爬动作好的幼儿示范。 （设计意图分析：榜样示范，更好地让幼儿学习正确技能。） （4）幼儿再次游戏,快速、安全地钻过"电网"的幼儿背上"翅膀"变成"蝴蝶"。 ★教师重点指导幼儿熟悉游戏并发现开展游戏的方法及规则。 （设计意图分析：总结、归纳、梳理游戏经验，提高游戏难度，在激发幼儿兴趣的同时能迁移生活经验。）
结束部分	**4. 游戏总结** 教师引导幼儿总结游戏，从前滚翻到通过"电网"，从中总结技巧

【总结与提升】

1. 活动评析

中班幼儿已有爬的能力,本次活动最大的亮点就在于将幼儿生活中的情景（毛毛虫变蝴蝶）与爬的技能结合在一起，使幼儿对活动产生浓厚的兴趣，并在反复的游戏中提高幼儿的技能。在目标的有效达成方面，教师应根据幼儿的具体情况进行引导，例如：①让幼儿了解毛毛虫变蝴蝶的这一常识；②掌握多种爬的技能，前期让幼儿玩爬的相关游戏，为幼儿用新方法过"电网"做好铺垫。

2. 活动反思

（1）本次游戏是班级幼儿在平时的游戏中提炼出来的，应该说，幼儿在前期有一定的钻和爬的经验。但是，因为难度的加大，有的幼儿出现了想放弃的念头，教师及时给予了鼓励，促使幼儿坚持完成了任务。

（2）体验游戏环节中，第二块"草地"要求幼儿"前滚翻"通过。游戏的主题"毛毛虫变蝴蝶"中有一个"团"的过程，可据此顺利过渡到"前滚翻"的动作，幼儿也乐在其中。

（3）拓展游戏环节，规则是通过"电网"而且不碰响"铃铛"。当有一个幼儿成功钻过"电网"，但"铃铛"响了，教师有意识地请其余幼儿注意，并请违反了规则的幼儿重来一次。这样，幼儿在钻过"电网"时就要考虑自己使用的方式会不会碰到"铃铛"，以确保幼儿遵守游戏规则。

【延伸活动】

在下次游戏时，可增添游戏材料，设置更多障碍，以此加大游戏难度。

湖北省实验幼儿园　陈静

（十）中班："小小童子军"

【设计意图】

午睡的前十分钟是幼儿另一个自创游戏的开始！他们在自己的小床上，抖开毛巾被，或披在头上、肩上，或夹在腿间，或缠在腰间，相互嬉闹，尽显童真和丰富的想象。

中班体育游戏：
小小童子军

《指南》中明确提出"为有效促进幼儿身心健康发展，成人应为幼儿提供合理均衡的营养，保证充足的睡眠和适宜的锻炼，满足幼儿生长发育的需要"。兴趣是幼儿学习最好的老师，有了兴趣，幼儿才会有参与的动力和积极性。一张报纸、一个纸团、一个皮球、一个矿泉水瓶、一个纸箱、一个沙包……都可能激发幼儿运动的兴趣。而面对幼儿有着极大兴趣的毛巾被，我们应该怎样激发他们的运动兴趣呢？带着这样的问题，也带着幼儿一张张快乐的笑脸，并结合幼儿园的童军课程，我设计了中班室内体育活动"童军训练营"，既顺应了幼儿的兴趣，也弥补了下雨天幼儿运动的需要，重要的是，不仅提高了幼儿的身体平衡能力、协调能力、灵活性、力量、耐力等，还能让幼儿体会到与同伴合作玩毛巾的快乐。

【活动目标】

（1）愿意与同伴接受挑战，体验挑战成功后的快乐。

（2）尝试毛巾的多种玩法，并保持身体平衡。

（3）能遵守规则与同伴一起顺利完成任务。

【活动准备】

（1）物质准备：大毛巾人手一块（帐篷）；红领巾；音乐；教师和幼儿都身着迷彩服。

（2）经验准备：幼儿有过玩大毛巾的经验。

【重点、难点】

（1）重点：在游戏的过程中，能够边念儿歌边做出相应的动作。

（2）难点：能够理解并遵守游戏的规则，在念到相应的字时第一时间做出身体的反应。

【活动过程】

程序	进程
导入部分	**1. 接受任务** 指导语：通过接受挑战并完成任务晋级为童军营的队员，每一关结束后，由"营长"根据完成任务情况决定此关是否挑战成功。 （设计意图分析：教师以指导员的身份直接加入游戏，不知不觉中幼儿已经进入情境化的游戏中，激发幼儿参与游戏的兴趣。）
基本部分	**2. 快乐游戏** （1）迷迷转。 游戏玩法：队员将毛巾叠小顶在头上或放在手背上，两臂侧平举，边念儿歌边旋转"迷迷转，迷迷转，左转转，右转转，大风吹来，单脚站。"当念到"站"字时，幼儿马上停止旋转。 游戏规则：站住后头上的毛巾没有掉下来才算完成任务。 指导员和小队员一起游戏，提示他们念完儿歌后要将毛巾放在身体的某个部位，单脚站立，并保持身体平衡。 （设计意图分析：从最简单的平衡游戏切入，让幼儿在不枯燥的游戏中获得身体平衡的发展。） （2）听音找方向。 游戏玩法：队员将毛巾盖在头上，通过听音辨别指导员的方向。 游戏规则：队员只能通过听力辨别指导员的所在方向，不能用眼睛观察。教师根据幼儿游戏的实际情况梳理游戏玩法与游戏规则。 （设计意图分析：用毛巾蒙住眼睛，大大激发了幼儿参与游戏的兴趣。） **3. 挑战游戏——支帐篷** 游戏玩法：幼儿用身体将毛巾支起，让其像一个小帐篷，可以和同伴一起合作。帐篷支起后，坚持10秒不倒下才算成功。 游戏规则：在搭建帐篷过程中，不能借助任何材料。 （1）队员们自行探索帐篷的支撑方法。 （2）请个别幼儿示范自己探索出的支撑方法，同伴间互相学习。动作要领：仰躺，背部着地，四肢伸直撑起毛巾的四个角，让毛巾变成棚顶遮挡风雨。 （3）再次尝试同伴合作支撑起帐篷。 小结： （1）请个别幼儿介绍自己的帐篷能坚持不倒下的经验。 （2）如果是多人合作搭帐篷，还可以有什么样的好方法？幼儿自由讨论。

续表

程序	进程
基本部分	（<u>设计意图分析</u>：以多种形式组织游戏，注重幼儿的自主能力培养，可以是个体，也可以是多人合作，同伴间的合作性也得到提高。）
结束部分	**4. 结束部分——颁发童军领巾** （1）指导员宣布挑战任务成功，为队员颁发童军领巾。 （2）童军队员和指导员一起随音乐放松身体，结束活动。 （<u>设计意图分析</u>：以颁发童军领巾为游戏的结束标志，幼儿在游戏中的坚强、勇敢、挑战、合作精神得到肯定。）

【总结与提升】

（1）毛巾被对于幼儿来说一点儿也不陌生。在玩的过程中，幼儿自创了许多有趣的玩法，其中就有蒙眼游戏等。在他们熟悉的玩法基础上，教师增加了游戏的难度，如单脚站立、加快速度、听音控制速度等，既结合了幼儿自己的游戏，又有创新玩法，让游戏不枯燥乏味，进而过渡到后面的游戏中。在尝试搭建帐篷的过程中，采用同伴互教的方法，让幼儿掌握搭建帐篷的方法，同时不局限于一种玩法，鼓励幼儿想出多种搭建帐篷的方法。

在此过程中，教师应引导幼儿与同伴合作游戏。如让幼儿了解帐篷的多种类型；幼儿有过多次合作的经验，知道与同伴合作能带来更大的成功和快乐。

（2）活动反思建议从以下几个点进行。

① 如何引导幼儿用身体的各个部位和毛巾被创造性地搭出帐篷？

② 如何引导幼儿学会与他人合作？

【延伸活动】

在家里和爸爸妈妈利用毛巾被创造出更多的玩法。

湖北省实验幼儿园　潘小玉

附游戏照片：场地设置（见图5-32 ~ 图5-35）。

图5-32　完整场景

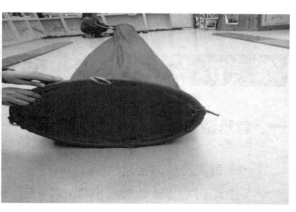

图5-33　布筒（山洞）

图5-34　平衡木（小路）

图5-35　鞋子

幼儿游戏过程（见图 5-36 ~ 图 5-39）。

图5-36　自己穿鞋子

图5-37　钻爬过山洞

图5-38　鞋子配对

图5-39　走小路返回

湖北省实验幼儿园　聂琛惠

第三节　幼儿音乐游戏活动设计

一、音乐游戏概述

（一）音乐游戏的含义

　　"丢丢丢手绢，轻轻地放在小朋友的后面，大家不要告诉他，快点快点抓住他……"当唱起这首歌，我们脑海里很自然地就出现这样的画面，小朋友们围圈而坐，一起歌唱，另一个小朋友拿着手绢边唱歌曲边做动作（把手绢轻放在小朋友的后面）来表现儿歌的内容。这就是音乐游戏。所谓音乐游戏是在音乐伴奏或者歌曲伴唱的情况下，按照一定的要求和规则进行各种活动的游戏，主要目的是为了发展幼儿的音乐感受能力和音乐表现能力。

（二）音乐游戏的分类

1. 根据内容和主题进行分类

（1）有主题的音乐游戏：这一类的音乐游戏中有一定的故事情节和内容，有一定的角色，幼儿在游戏中模仿一定的角色，随着音乐内容开展游戏。例如"兔子和狼"的游戏，由教师和幼儿分别扮演大灰狼和小白兔的角色。根据音乐中的情节内容，幼儿模仿小白兔蹦蹦跳跳采蘑菇的情景，当听到大灰狼的音乐时，赶紧躲藏，并做出害怕的表情动作。根据情节提示和游戏规则，大灰狼在属于自己的音乐出现时才能出来抓小白兔，小兔子躲在家中就不能抓，被抓住的小白兔停止一次游戏。

（2）无主题的音乐游戏：音乐游戏内有情节构思，随着音乐的变化做相应动作。比如抢位子的游戏，椅子数要少于人数，幼儿只是随着乐曲声，自由地做各种动作，规则是当音乐一停，必须抢坐一个位子，抢不到位子的幼儿就会被淘汰。

2. 根据音乐游戏的形式进行分类

（1）听觉游戏

音乐听觉感觉是在听觉的基础上升华出来的，是对音乐语言中各种基础要素敏捷的反应力、记忆力和整体感知力。音乐的听觉能力是指通过辨别、感知、领会、想象、思考音乐艺术形象及其内涵的能力，它包括听辨音乐的长、短、强、弱等。发展音乐听觉能力的游戏，就是让幼儿用耳朵充分欣赏自然产生的和人为创造的各种声音效果，从声音的旋律、音色节奏等方面"接触"音乐语言，感受声音之美。对于小班幼儿，可以采用一些直观的教具，比如游戏、简单打击乐器发出的声音。对于中、大班的幼儿，则可以多采用各种生动活泼的游戏形式，进一步培养幼儿辨别音量的大小、音乐的强弱、乐音的高低等音乐听觉能力，以及建立在音乐听觉基础上的感受音乐情绪、理解音乐的能力。例如：《什么器乐在唱歌》要求分辨的是小乐器的音色；《咚咚和嗵嗵》要求分辨声音的强和弱，并用身体动作跺脚表示强，拍手表示弱，伸展双臂表示强，双臂屈肘抱肩表示弱。

《什么器乐在唱歌》　《咚咚和嗵嗵》

（2）节奏游戏

节奏是组成音乐的核心要素之一。节奏感是音乐能力的重要组成部分，必须通过肌肉反应来感知，依靠身体高度协调的动作来感觉。德国著名音乐教育家奥尔夫特别强调从节奏入手进行音乐教育，其音乐教学体系中就包含了很多节奏游戏练习法。例如，语言节奏游戏练习法，是让幼儿在说民谣、儿歌的同时，加上一些不同节奏型的拍手、拍腿、跺脚等声音做即兴伴奏，使幼儿在流畅、自如、有力度的变化和富有表现力的伴奏过程中，培养节奏感，掌握节奏类型。例如，教师可以带领幼儿在熟悉童谣《五只猴子吃香蕉》的基础上开展各种角色游戏。

歌曲《五只猴子吃香蕉》

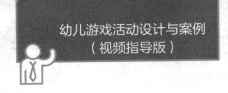
（3）歌唱游戏

歌唱游戏旨在通过游戏让幼儿享受歌唱的乐趣，培养其音乐感受力，发展幼儿运用嗓音进行艺术表现的能力。模仿是幼儿学习的主要特点，我们可以准备一些适宜的童声歌曲录音带或 CD，在幼儿自由玩耍时反复播放，让他们对歌曲不断进行整体感受。久而久之，幼儿就会在"耳熟能详"的基础上"自然而然"地学会这些歌。为幼儿选择的歌曲，要符合幼儿演唱音域的要求。比如，歌曲《懒惰虫》就很适合，旋律欢快，歌词简单，朗朗上口。

歌曲《懒惰虫》

（4）韵律游戏

韵律游戏是指幼儿在音乐或歌曲的伴奏下，随着节奏做出相应的动作。韵律游戏中的动作一般可分为基本动作、模仿动作和舞蹈动作。基本动作是指幼儿的一些本能性动作，如走、跑、跳、点头、摇头、拍手、弯腰、屈膝等动作。模仿动作是指幼儿在表现某些固定事物或一些动物的运动状态时的身体动作，如小鸟飞、小马跑、小兔跳，刮风、下雨等动作。幼儿舞蹈游戏主要是发掘幼儿喜形于色、笑逐颜开、手舞足蹈的动作本能，提高身体动作的协调性，发展想象力和动作表现力，为幼儿今后形成良好的艺术气质打下基础。舞蹈游戏注重动作，且需要幼儿有想象力，能和表情协调配合，对此，可以让幼儿通过学习和排练一些简单而完整的小型舞蹈，来掌握一些面部和肢体的基本表情语言。请欣赏一下二维码中音乐韵律游戏"搬豆豆"。

音乐韵律游戏
"搬豆豆"

（三）音乐游戏的作用

（1）音乐游戏具有促进身体健康的功能

"乐者，亦为药也。"幼儿在音乐活动中，喉头肌肉和全身大小肌肉得到充分的锻炼，使动作协调一致，各个器官得到完善和发展。音乐活动使幼儿身体健康的最重要一点在于：幼儿园的音乐活动使幼儿获得一种愉悦的情绪体验，这种情绪体验有利于幼儿身体健康。苏霍姆林斯基曾反复强调："音乐是思维有利的源泉。没有音乐教育，就不可能有合乎要求的智力发展。"

（2）音乐游戏具有促进情感和社会性发展的功能

"音乐是感情的表现。音乐从情感入手，触及人内心深处，从情感上引起共鸣，受到感染。"通过音乐，人们可以进行情感的沟通和交流，"高山流水遇知音"正是这个意思。在音乐游戏的过程中，幼儿通过密切合作、相互协调、相互尊重，认真倾听和观看他人展示，逐步具备责任心、集体意识和合作精神。同时，通过在音乐游戏过程中的评价环节，幼儿还能够更清楚地认识自己，对于其他伙伴或者老师提出的意见和建议能够积极听取和有选择性地吸收，从而进一步改进和不断完善。对同一游戏的不同表演的看法和评价也将促进幼儿的自我意识和自我调节能力等的发展。

二、音乐游戏设计

（一）音乐游戏设计的原则

1. 发展性原则

在创编幼儿音乐游戏时，教师必须准确把握幼儿的原有基础和能力水平，并以此为依据，和发展目标联系起来，使音乐游戏目标的制定、活动内容的设计、游戏活动方法的选择与幼儿的发展阶段相符合，推进幼儿在原有的基础和水平上获得发展。在创编幼儿音乐游戏过程中，教师要考虑教材的结构和顺序是否符合幼儿发展的先后次序，考虑到促进幼儿非音乐素质和能力的锻炼，使幼儿在迁移运用原有音乐和非音乐经验的过程中，获得听辨、思维、想象、创造性等方面能力的发展。

2. 互动性原则

在创编幼儿音乐游戏时，要充分考虑活动中的"师幼互动"，处理好教师的主导作用，在幼儿的主体活动间的比例关系。教师要善于把握、调节好幼儿与教师之间的关系尺度，注意教师"参与"和"指导"的适度性，根据游戏的形式、要求以及幼儿的需要，灵活、随机地增加或减少。当幼儿表现出可以独立进行活动时，教师应减少参与和指导；当幼儿需要帮助时，教师则应增加参与和指导行为，使活动过程充分体现"教师是主导，幼儿是主体"的教育思想。

（二）幼儿音乐游戏设计的要点

1. 明确游戏目标

音乐游戏的目标应从认知、情感和心理活动等领域考虑。认知领域目标与知识内容、掌握程度、教学方法以及对未来的影响等方面紧密联系；情感领域目标针对幼儿的音乐审美的情感发展，主要是幼儿对音乐的兴趣态度和价值判断；心理活动领域目标主要是指幼儿对音乐的敏感度和综合能力。

2. 音乐游戏素材的选择

在音乐游戏活动中，音乐素材的选择直接影响幼儿游戏的兴趣和游戏的效果。首先，教师在音乐素材的选择上要注重音乐性、游戏性、趣味性和创造性。比如音乐游戏"伦敦桥"，一部分幼儿在音乐中边唱歌边用身体创编各种各样的桥洞造型，另外一部分幼儿变成小船，在桥下自由滑过，当听到，"伦敦桥呀，要倒啦，大家快逃"这一句时，桥洞可以扣住小船。

儿童歌曲《伦敦桥》

其次，选择有代表性的音乐素材。在游戏中，教师可以根据幼儿的年龄特点，选择适合幼儿进行游戏的音乐素材。例如，在游戏中经常使用的进行曲、圆舞曲和摇篮曲的节奏。幼儿对音乐的领悟能力是随年龄的增长而不断加强的，其中进行曲是教师选择较多的素材，因为进行曲的节奏感强，幼儿非常容易把握，在游戏中也就能更多地体验到乐趣。圆舞曲这种风格的音乐是一个音乐游戏的音乐，有四三拍或八六拍之分，节奏感明显，也非常容易被幼儿掌握。摇篮曲相对来说应用的范围比较小，幼儿音乐游戏中，教师可以利用它来作为游戏环节的过渡音乐，或者是背景音乐。同时，根据幼儿的年龄特点，小班可选择节奏鲜明，充满童趣的音乐，宜选用四句以内歌词的歌曲，加适量两三句念白为佳，如《两个小娃娃》《小兔乖乖》《一只哈巴狗》。中班可以选择有一定情节的合音与变化的音乐，如《铃儿响叮当》。大班可以选择段落较多、幼儿可以合作表演的音乐，如《牛仔很忙》《士兵进行曲》《小狗圆舞曲》等。

3. 活动过程的设计

（1）巧妙创设情景。教师可根据音乐素材内容，选用主题相近的故事、场景等创设游戏情景。幼儿轻松自然地融到音乐游戏中。例如，在中班游戏"西班牙斗牛舞"中，教师直接打扮成斗牛士的样子，随着音乐舞蹈，一下子将幼儿带入游戏情境中。小班韵律游戏"好玩的汤姆猫"中，教师就是直接出示汤姆猫 APP，邀请个别幼儿和汤姆猫玩游戏，从而帮助幼儿理解对唱的歌唱形式（即能够在教师或同伴唱完了之后再开口唱）。

（2）投放适宜的材料。游戏中材料的提供是幼儿顺利游戏的前提和保障。适宜的材料包括道具、头饰、图谱、PPT 等可视材料。简单的道具能够给低龄儿童以视觉补充，并具有随时提醒其游戏进程和规则的作用。但应注意道具的种类和数量不可过量，否则易分散幼儿对音乐的注意，削弱游戏的趣味性。一般每人有一件道具即可，每一轮之后引导幼儿互换道具。图谱、PPT 等可视材料让音乐游戏中一些教师难以解释的内容，变成可以看得见的一目了然的具体形象的事物。

（3）音乐游戏规则要尽量简单易行。游戏规则过于繁复不但难以操作，占用较长课时，而且容易使幼儿的注意力集中在游戏的非音乐层面，影响音乐游戏目标的完成。

（4）音乐游戏的设计类型。

第一，"示范—模仿—练习"活动方式。这是一种常见的活动方式，其程序如下：①用容易引起幼儿兴趣的方法引出主题；②组织幼儿倾听、熟悉游戏的音乐；③用容易让幼儿理解和感知的方法演示游戏的玩法；④边讲解示范边带领幼儿游戏，帮助其了解和熟悉游戏的玩法；⑤组织幼儿进行连贯游戏。

第二，"分解—累加"活动方式。这种活动方式的程序如下：① 教师先将游戏中有重要作用的歌曲或韵律动作分解出来，作为歌唱活动或韵律活动的材料单独使用，使幼儿提前掌握；②在幼儿复习歌曲或韵律活动的基础上，教师向幼儿提供游戏中的玩法；③用类似第一种活动方式的方法教幼儿玩这个游戏，或者教师提供游戏中的其他材料，并以材料为线索，引导幼儿共同创编游戏的玩法，然后通过反复玩这个游戏，使幼儿逐步熟悉、掌握。

第三，游戏—音乐游戏活动方式。这种活动方式的程序如下：①教师将音乐游戏中的游戏部分抽取出来，先让幼儿玩这个游戏；②教师播放音乐，让幼儿集体讨论，并将游戏的过程与音乐的各个部分相匹配；③教师组织指导幼儿跟随音乐练习玩游戏。

三、音乐游戏指导与案例分析

（一）小班

此阶段属于幼儿音乐学习的启蒙时期，小班音乐游戏旨在让幼儿对音乐产生兴趣并且能跟随音乐做一些简单的动作。他们虽然不能够达到准确的认知，但是对于鲜明的节奏、清晰的旋律还是能够很好地把握，在倾听中积累他们的音乐感觉和经验。小班幼儿非常喜欢边唱边玩，教师可以为小班幼儿选择一些便于哼唱的乐曲。曲调需简单明了，所涉及的音域要符合小班幼儿的声带发育特点，过宽的音域会对他们声带的发育有损伤。节奏方面，要选择简单、节奏比较单一、明快的歌曲，节奏变换也要尽量减少。简短、形象、押韵的歌词对幼儿的演唱也比较有利。

游戏前：根据幼儿年龄特点、知识经验基础，选择适合小班幼儿能力的音乐素材，设计幼儿能够理解游戏的情节，角色的活动应贴近幼儿生活。在选材时还要考虑本班幼儿音乐动作能力的发展水平。一般为小班幼儿选择的音乐游戏的动作应比较简单，最好幼儿各自单独活动，相互间没有什么牵制。教师通过创设的情境向幼儿讲明游戏的名称、角色。

游戏中：采用语言与动作相结合的方法对规则进行讲解。提供能准确体现作品音乐形象的示范，供幼儿模仿，鼓励幼儿发挥想象力和创造性，充分发展幼儿在音乐游戏中的肢体动作。教师运用身体语言与幼儿交流，还应伴随着亲切的表情和眼神等，让幼儿感到亲切、愉悦。

游戏后：在一日生活中的其他时段可以组织幼儿边唱歌边玩游戏。

小班韵律游戏："聪明的汤姆猫"

【设计意图】

本活动所选取的是小班经典歌曲《小手拍拍》的伴奏音乐。《小手拍拍》是一首对唱形式的儿童歌曲，它的每一个乐句都会重复一遍，由此形成了两个相同单声部的对唱，这是最简单的对唱形式。这种教师唱一句，幼儿学唱一句的方式是最贴近幼儿生活，也是幼儿最容易习得歌曲的学唱方式。《小手拍拍》巧妙地运用了符合幼儿年龄特点的对唱编曲，整首歌曲由四个重复的乐句组成；乐曲的音域为 C 调的 1 ~ 6，是小班幼儿歌唱的舒适音区；所涉及的节奏有二分音符、四分音符和八分音符这三种符合人类生活节奏的音符；词曲关系也主要以最简单的一字一音为主。

根据游戏化、生活化的幼儿活动设计理念，也为了帮助幼儿更好地理解对唱的歌唱形式（即能够在教师或同伴唱完了之后再开口唱），培养幼儿听觉译解（听指令做动作）的能力，教师将《小手拍拍》这首经典的小班歌曲设计为一个小班的律动游戏。在游戏过程中，教师加入了汤姆猫的游戏情境并贯穿始终，旨在通过幼儿所了解和喜爱的汤姆猫引起幼儿的兴趣；通过汤姆猫体验并梳理出对唱的游戏规则；通过两次闯关游戏（挑战聪明的汤姆猫和改编歌词进行挑战）引导幼儿有意注意歌词的内容，鼓励幼儿边学唱边做出歌词里的动作，歌词的改编亦增加了游戏的趣味性和幼儿的成就感；最后通过变魔术的游戏让幼儿进行活动最后的放松。

【活动目标】

（1）初步体验对唱的演唱形式，并能够用对唱的形式边唱边做出歌词里的动作。

（2）通过观察教师和汤姆猫玩对唱游戏，能够理解对唱的规则，即在聆听教师唱完之后再开口唱。

（3）乐于扮演汤姆猫和聪明的汤姆猫，享受闯关以及变魔术的乐趣。

【活动准备】

（1）物质准备：一部装有"汤姆猫"APP 的电子设备；《小手拍拍》的伴奏音乐；魔法棒一根。

（2）经验准备：幼儿有听指令做动作的经验；对汤姆猫游戏有所了解。

【重点、难点】

（1）重点：在游戏的过程中，能够边学唱边做出相应的动作。

（2）难点：能够理解并遵守游戏的规则，即听教师唱完之后再开口唱。

【活动过程】

程序	进程	分析
导入部分	**1. 游戏导入，激发兴趣** （1）教师出示汤姆猫 APP，和幼儿一起讨论汤姆猫的本领。 教师："你们玩过这个游戏吗？这只猫叫什么猫？它有什么本领啊？" （2）教师邀请个别幼儿和汤姆猫玩游戏（验证汤姆猫能不能学人说话）。 教师："它真的能学人说话吗？我请一个小朋友来试一试，其他小朋友仔细听。"	教师通过电子小游戏汤姆猫导入，激发幼儿的游戏兴趣
基本部分	**2. 进行对唱游戏，梳理对唱的游戏规则** （1）教师和汤姆猫进行对唱游戏的示范，帮助幼儿梳理游戏规则。 教师："汤姆猫能学人说话，那它会不会学人唱歌呢？我来试试看，请你们仔细听。" 第一遍：教师清唱，与汤姆猫玩对唱游戏。 歌词：（师）小手拍拍，（汤姆猫）小手拍拍；（师）双手伸出来，（汤姆猫）双手伸出来；（师）两手指眼睛，（汤姆猫）两手指眼睛；（师）两手指鼻子，（汤姆猫）两手指鼻子。 教师："汤姆猫会不会学人唱歌啊？那它是和我一起唱的还是认真听我唱完之后再唱的呢？" （2）邀请幼儿扮演汤姆猫，和教师进行对唱游戏。 教师："你们愿意做我的小汤姆猫，和我来玩这个'我先唱你们后唱'的游戏吗？"（教师拿出"魔法棒"将幼儿"变成"汤姆猫） 第二遍：T（教师）——S（幼儿）众，清唱。 歌词：同第一遍，汤姆猫的地方为 S 众。 **3. 进行闯关游戏，引导幼儿有意注意歌词的内容并做出相应动作** 第一层闯关：鼓励幼儿挑战成为聪明的汤姆猫（边学唱边做出歌词里的动作）。 教师："我刚刚看到有的小汤姆猫非常聪明，不仅能够学我唱歌，还能够边唱边做出歌词里的动作。这次我来看看，看还有多少只聪明的汤姆猫。" 第三遍：T——S 众，合音乐。 歌词：同上，但幼儿需要边唱边做出歌词里的动作。 第二层闯关：教师进行第三、第四句歌词的改编，幼儿边学唱边做出歌词里的动作。	游戏过程思路清晰，对幼儿的要求层层递进。 从教师和汤姆猫的对唱示范到教师和一个幼儿的对唱示范再到教师和全体幼儿的对唱，帮助幼儿了解对唱的规则，进而通过层级化的游戏闯关，引导幼儿了解歌词内容和做出相应的动作，达成了目标

程序	进程	分析
基本部分	教师："小汤姆猫们还想接受挑战吗？这次我要把歌词变一变，让你们的小手指指别的地方。准备好了吗？" 第四遍：T——S众，合音乐。 歌词：（教师唱）小手拍拍，（幼儿唱＋做）小手拍拍；（教师唱）双手伸出来，（幼儿唱＋做）双手伸出来；（教师唱）两手指耳朵，（幼儿唱＋做）两手指耳朵；（教师唱）两手指嘴巴，（幼儿唱＋做）两手指嘴巴。 教师："把歌词变一变之后好不好玩啊？那我们再来玩一次吧！" 第五遍：T——S众，合音乐。 歌词：（教师唱）小手拍拍，（幼儿唱＋做）小手拍拍；（教师唱）双手伸出来，（幼儿唱＋做）双手伸出来；（教师唱）两手放肩膀，（幼儿唱＋做）两手放肩膀；（教师唱）两手放膝盖，（幼儿唱＋做）两手放膝盖。 **4. 进行变魔术游戏，使幼儿紧张的情绪得到放松** 教师："真棒！你们都是聪明的汤姆猫。我这里还有一个变魔术的游戏，你们想不想玩啊？请你们仔细听歌词。" 第六遍：T——S众，合音乐。 歌词：（教师唱）小手拍拍，（幼儿唱＋做）小手拍拍；（教师唱）双手伸出来，（幼儿唱＋做）双手伸出来；（教师唱）变成小兔子，（幼儿唱＋做）变成小兔子；（教师唱）变成一朵花，（幼儿唱＋做）变成一朵花。 教师："我来看看你们的花都是开在哪里的？（引导幼儿进行发散性思维，让花开在身体的各个部位）" 教师："还想不想玩变魔术的游戏啊？那我们最后再玩一次吧！" 第七遍：T——S众，合音乐。 歌词：（教师唱）小手拍拍，（幼儿唱＋做）小手拍拍；（教师唱）双手伸出来，（幼儿唱＋做）双手伸出来；（教师唱）变成小老鼠，（幼儿唱＋做）变成小老鼠；（教师唱）变成小蝴蝶，（幼儿唱＋做）变成小蝴蝶	
结束部分	**5. 情境式结束** 教师："今天我们班的小朋友都变成了聪明的汤姆猫，和老师一起玩了高级版的对唱游戏，你们开不开心啊？玩了这么久了，小汤姆猫们也该休息了，我们下次再一起玩吧！（教师拿出'魔法棒'将'小汤姆猫们'变回小朋友）。"	通过游戏的方式用魔法棒把小朋友从汤姆猫的角色带回到真实的世界。游戏自然结束，也让幼儿意犹未尽

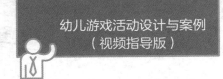
【乐曲】（见图5-40）

图5-40 《小手拍拍》乐曲

【总结与提升】

（1）"小手拍拍"是一首幼儿园小班的经典歌唱活动，之所以改编为一个小班律动游戏，原因有二：其一，比起原歌词中所包含的问答式对唱，改编后的歌词均为完全相同的单声部对唱，更适合于初次接触对唱的幼儿；其二，为了减轻幼儿的歌词记忆负担，将原歌唱活动中"在幼儿能够完整演唱歌曲的基础上尝试分角色对唱"的目标调整为"初步体验对唱的演唱形式，并能够用对唱的形式边唱边做出歌词里的动作"，由此也将活动的目标由歌唱转向了律动。

（2）本次活动的设计，考虑到对唱的演唱形式（A唱完了以后，B再开口唱）与汤姆猫游戏十分相似，因此将汤姆猫游戏贯穿于游戏的始终，并辅以闯关游戏和变魔术游戏以激发和保持幼儿的兴趣。

（3）本次活动中，不断变化的歌词不仅增加了游戏的趣味性，有益于幼儿注意力的集中，也给幼儿带来了一定的成就感。另外，歌词的改编也有一定的逻辑规律，即先五官，再肢体，最后模仿性动作（变魔术游戏），为幼儿参与游戏搭建了一个个适宜的台阶。

（4）建议：在执教过程中，具体的游戏遍数、歌词的改编进程等都应看幼儿的具体情况。另外，若幼儿能力强，可在最后邀请一两位幼儿当小老师对第三、第四句歌词进行改编，其他幼儿学唱并做出动作。

【延伸活动】

（1）"可爱的小动物们"（日常活动）：本次活动最后的变魔术游戏亦是模仿性动作的前期经验，教师可以在本次活动之后进行更多的模仿性活动；另外，小动物是幼儿所喜爱和好模仿的，教师可依据幼儿的这一兴趣与幼儿一起探讨怎样用不同的身体动作表现不同的动物。

（2）"汤姆猫变魔法"（日常活动）：在本次活动之后引导和鼓励幼儿进行歌词的改编（将第三、第四句歌词改编成不同的小动物），如"小手拍拍，双手伸出来"，变成"×××（小花猫），×××（小白兔）"。

南京师范大学教育科学学院研究生　李宁艳
南京市第五幼儿园　张静

（二）中班

幼儿在韵律活动中，手部动作出现频率较高，多数幼儿在自由律动中会出现两种及两种以上动作，比较喜欢做重复动作但是幼儿很少出现与同伴合作做动作的行为，都是自己单独做动作，他们往往能够通过教师组织的音乐活动，初步感受到乐曲的结构，听出乐段、乐句之间的重复以及乐曲在情绪性质上的明显差异；能基本理解音乐所表达的情绪和情感，并由此产生一定的想象、联想。中班幼儿语言发展有了一定进步，已能够完整再现一些短小的歌曲和较长歌曲中的比较完整的片段，但在歌词的理解方面还有一定困难，会出现错字、漏字和分不清相似字的现象。在唱他们所熟悉和理解的歌曲时，可以做到用速度、力度、音色的明显变化来表现歌曲中的不同形象和情绪。

游戏前：充分了解幼儿年龄特点、已有的生活经验以及本班幼儿的兴趣经验来选择有趣味、节奏鲜明的音乐和游戏内容，选择的音乐形象特点要鲜明，音乐要形象，节奏鲜明，对比性强，乐段清楚，这样幼儿才容易用不同的动作来表现音乐所要表达的不同内容。游戏内容要启发性强，能够吸引幼儿的注意力并且较容易地将幼儿带入音乐的情境中，从而提高幼儿学习的积极性。

游戏中：通过游戏前对音乐和故事情节的感知，在游戏中将这些感性材料结合音乐的结构特点进行加工、改组。规则应该从简单到复杂，根据故事情节、音乐节奏来设置一个个规则进而保持幼儿高涨的兴趣。观察游戏中的幼儿，使每一个幼儿都能参与到游戏中，对能力较弱的幼儿给予适当的帮助，鼓励幼儿适当提高动作难度，增加彼此的合作。

游戏后：组织幼儿身心放松，使幼儿身体和心理逐渐恢复平静。

中班韵律活动：收集星星的小精灵

【设计意图】

《库企企》是奥尔夫音乐教育中常用于小年龄阶段儿童教学的音乐作品。乐曲结构工整而短小，重复性高，曲调欢快且带有人声，易于幼儿辨认和记忆。中班幼儿正在学习踵趾小跑步这一舞步类型，"收集星星的小精灵"的特殊舞步给了幼儿充分的理由去练习这个较为复杂的舞步。在其中增加"5的组成"的数学内容，在增加游戏趣味的同时，也体现了音乐活动的综合性。

【活动目标】

（1）跟随音乐做踵趾小跑步的动作，了解音乐有三段重复。

（2）通过尝试和与同伴分享经验，理解"只收集五颗"的游戏规则，并通过计划完成"只收集五颗"的任务。

（3）在活动中注意与同伴保持距离，不发生碰撞；欢呼时愿意看着同伴，与同伴一同欢呼。

【活动准备】

（1）无纺布剪成星星（背面贴双面贴，有胶的一面朝上放在地板上）。

（2）小椅子摆半圆，活动空间要稍大。

【重点、难点】

（1）重点：能够做踵趾小跑步的动作，了解音乐有三段重复。

（2）难点：能够理解"只收集五颗"的游戏规则，并能够完成任务。

【活动过程】

程序	进程	分析
导入部分	1. 故事导入 　　教师："你们好，我是天空中的小精灵，我专门负责收集小星星为精灵城堡照明。现在我就要去收集小星星了，请你们欣赏我的精灵舞步。"	教师化身成精灵，去收集星星，通过这个情境故事激发起幼儿的兴趣
基本部分	2. 教师示范，鼓励幼儿观察踵趾小跑步的动作 　　（1）教师示范。 　　（2）教师："你们有没有看见我的漂亮的精灵舞步？是怎样的？（先脚尖点地，后脚跟点地，然后走四下）" 　　（3）教师："我的精灵舞步是不是这样子的？到底是什么样的？怎么才能知道？（看老师再做一次）" 　　3. 教师再次示范，鼓励幼儿在座位上学习踵趾小跑步的走法 　　（1）教师："你们想不想做小精灵和我一起收集星星？那你们要学会我的精灵舞步哦！那我们先在城堡里试一试哦，因为如果你们不会小精灵舞步，会从天空上摔下来的！" 　　（2）教师坐在座位上带领幼儿一同随音乐做动作。 　　（3）教师："我们的精灵舞步是不是跟刚才你们说的一样？看来你们都说对了！" 　　（4）教师："除了跳精灵舞步，我们还做了什么事情？（捡星星、欢呼）那我捡了几次星星呢？欢呼了几次呢？怎么才能知道？（再做一次）" 　　4. 教师带领幼儿在座位上再做一次，整理动作顺序 　　（1）教师："你们有没有学会精灵舞步啊？精灵舞步是什么样的？脚尖脚跟，走走走走。" 　　（2）教师："我们要开始喽，这次我们要数一数捡了几次星星，还有欢呼了几次，好不好？" 　　（3）教师带领幼儿在座位上做第二次。 　　（4）教师："我们捡了几次星星？嗯，三次。欢呼了几次？也是三次。" 　　5. 教师带领幼儿在座位面前游戏一次，提醒幼儿注意踵趾小跑步的走法 　　（1）教师："你们会小精灵舞步了吗？我们站起来，试一试。站在你的座位面前，稍微往前走一步。脚跟脚尖，走走走走。脚跟脚尖，走走走走。"	教师首先通过示范的方法引导幼儿观察踵趾小步跑的动作，进而带领幼儿在位子上学习动作，并加入摘星星和欢呼的动作，然后在座位面前小范围游戏，最后到空地上游戏，在游戏中加入了数学知识，通过规则的要求（三次摘到五颗星星），让幼儿在游戏中学习。 　　整个流程循序渐进，层级递进，从空间维度对幼儿的挑战一步一步增加。（先是坐在位子上、位子前面、空旷空地）

程序	进程	分析
基本部分	（2）教师带领幼儿在座位面前游戏一次。 教师："既然你们都会小精灵舞步了，那我们先在城堡门口试一试找星星吧！" **6．在空地上进行第一次游戏，提醒幼儿在行进中注意踵趾小跑步的走法** （1）教师："这次，我们真的要去夜空中去收集星星啦！（教师将事先后面贴好双面贴的星星散落在地上）如果你不想从星空上掉下来的话，一定要记得我们的精灵舞步哦！我们一起找星星吧！" （2）幼儿游戏一次，教师观察幼儿动作，并指导个别幼儿。 （3）教师："呀，这次你们都收集了多少小星星？你收集了几个？" **7．在空地上进行第二次游戏，加入数学游戏（5的分合）** （1）教师："小精灵的宫殿需要小星星照明，需要比较多的小星星。可是，夜空中的星星如果给小精灵拿完了，那地上走夜路的人还能看清路吗？那怎么办呢？那我们就要收集的不多也不少，每个人收集多少合适呢？刚才我们数了，我们要收集三次，那怎么才能总共在三次中收集五颗小星星呢？（请幼儿用语言表达计划每次收集的颗数，大家检验是不是正好五颗）" （2）教师带领幼儿第二次游戏。 （3）教师："我们来看看你收集了几颗小星星？你第一次收集了几颗？第二次呢？这样结果是不是五颗？（反思是否是五颗，如果不是，要怎么调整。如果是，下次还可以怎么收集）"	
结束部分	**8．在空地上进行第三次游戏，巩固游戏规则，结束游戏** （1）教师："这次你要考虑好哦！第一次要收集几颗，第二次、第三次要收集几颗，才能够最后正好收集五颗。" （2）幼儿独立游戏，教师退出示范。 （3）教师："你这次是怎么收集的？第一次、第二次、第三次都收集了几颗？是不是正好五颗？"	在游戏中结束活动，较好地达成了活动的目标。建议游戏味可以更强烈一些

【总结与提升】

（1）踵趾小跑步作为新授内容对于幼儿还是存在一些难度的，所以刚开始的时候教师要做好示范，在活动过程中要时刻关注幼儿的掌握情况，对于始终存在困难的幼儿要靠近其身旁进行示范。

（2）活动时注重情境的连贯性，教师要始终使用情境性的语言引导幼儿，让幼儿浸入情境，从而产生更多的感性兴趣和理性思考。

（3）此活动并没有太多让幼儿创编动作的环节，是因为对于踵趾小跑步进行观察模仿的学习难度已经较高，且摘星星的环节也有理性思考的学习，所以不再适合添加创编这一维度来增加幼儿的学习负担。

此活动中星星的制作可以选择更易于幼儿捡起和点数的材料，星星的摆放也要更加松散，防止幼儿产生碰撞。

【延伸活动】

踵趾小跑步的学习需要一定时间，可以选择更多适合踵趾小跑步的音乐（如《郊游》《摘果子》等），帮助幼儿在不断的学习中巩固此舞步。

南京师范大学教育科学学院研究生　王梦秋
南京市第五幼儿园　果高乐

（三）大班

大班幼儿的乐感和领悟能力都比较强，能够准确地表达自己对作品的理解，在表现活动中容易添进自己的直觉和想象。他们往往会加上自己的主观想象，想用自己喜欢的方式来表现音乐，具有一定的音乐欣赏能力。幼儿可以把握音乐中蕴含的诸多要素，包括音乐的演奏乐器和演奏场景、音乐中的运动和张力、音乐中的情感以及音乐中的形象和情节。大班幼儿一般已经可以比较完整准确地再现熟悉歌曲的歌词，唱错字、发错音的情况会大大减少。大班幼儿对鲜明而有特点的节奏、音响和舞蹈律动具有浓厚的兴趣。节奏性活动是幼儿此阶段主要的音乐活动。

游戏前：教师可以通过引导，帮助幼儿将他们已学过的知识技能和游戏相联系，借助简单的音乐表情用语和舞蹈动作术语，采用边示范、边提示动作要领的方法，使他们在音乐伴随下能够自觉地、有理解有感受地进行游戏活动。

游戏中：大班音乐游戏中的形象表演动作，可以由教师示范，也可以引导幼儿去观察所要表演的对象，了解表演的内容和动作的意义（如成年人的劳动、动物的动作），根据他们自己的观察再做形象表演动作，来发展他们的想象力和创造力。尽可能让每一个幼儿都参与到游戏中，尽量避免让幼儿旁观或等待。保持规则的灵活性，规则应该是从简单到复杂，如果幼儿要求，而且都同意改变规则应当允许改变规则。

游戏后：组织幼儿放松身心，对幼儿在游戏中所表现出来的优秀品质（合作、创新等），教师应给予鼓励和表扬。

大班打击乐活动：森林音乐会

【设计意图】

"森林音乐会"是一个有趣的打击乐活动，幼儿通过欣赏乐曲《森林狂想曲》感受动物与自然、动物与动物、动物与人类之间的和谐之美。《指南》中指出，教育活动内容的选择要贴近幼儿的生活，选择幼儿感兴趣的事物。其中"森林音乐会"所展现的和谐优美的意境令人神往，大班幼儿团结合作意识强，能够通过小组合作讨论来进行角色分组和活动，在熟悉乐曲的基础上可以运用身体动作以及乐器表现乐曲节奏。"森林音乐会"正是这样一个生动、有趣、富有想象空间并蕴含丰富情感教育的活动。教师可尝试运用打击乐器，提高幼儿的乐感，培养幼儿的节奏感以及爱护动物，保护大自然的情感体验。

【活动目标】

（1）初步理解乐曲，发挥想象，运用肢体动作和打击乐等方式，表现乐曲的节奏。

（2）能够边听音乐边看图谱，进行打击乐演奏，感受乐曲不同节奏，体验合作演奏的乐趣。

（3）积极参与打击乐活动，激发幼儿爱护小动物、热爱大自然的美好情感。

【活动准备】

（1）知识准备：幼儿会看图谱以及图谱上所表现的各种符号。

（2）物质准备：PPT课件、大图谱、小图谱、设计模板、铃鼓、圆舞板、刮弧、乐器标志、音乐《森林狂想曲》。

【重点、难点】

（1）重点：感受乐曲变化的特点，准确地表现乐曲的节奏。

（2）难点：尝试分组进行合奏、轮奏。

【活动过程】

程序	进程	分析
导入部分	**1. 完整欣赏、感受音乐** （1）谈话导入，引出主题。 引导语："告诉大家一个好消息，今天森林里要开音乐会，这里有一首非常好听的乐曲叫作《森林狂想曲》，请小朋友仔细听，猜一猜哪些小动物要来参加了呢？" （2）听故事，欣赏音乐。 故事：太阳公公笑眯眯地照耀着大地，大树伯伯伸长了手臂好像正要拥抱我们，小草也伸了伸懒腰，好像在与我们打招呼。小青蛙在小河里跳来跳去呱呱唱歌，小鸭子在岸边跳起了欢快的舞蹈，仿佛真的是一名舞蹈演员……你们看，小孔雀也来了，它展开了羽毛，正在为它们喝彩，为它们鼓掌呢。这是一幅多么美丽、多美温馨的画面啊！	幼儿通过对音乐和故事的聆听，初步感知音乐
基本部分	**2. 借助图谱，练习节奏** （1）结合曲谱，用肢体动作和拍手等方式分别练习"小青蛙""小鸭子""小孔雀"节拍，感受节奏。 （2）随音乐看图谱拍打节奏。 **3. 出示乐器，分组配器演奏** （1）认识乐器。 教师："老师给小朋友带来了三种乐器，分别是刮弧、圆舞板和铃鼓，我们一起来认识一下它们吧！" （2）小组讨论，设计方案。 教师："小朋友们与伙伴们讨论一下，哪个适合演奏小青蛙唱歌？小鸭子和孔雀的音乐适合用什么乐器演奏？我们把乐器卡片粘贴在图谱上。"	从刚认识乐器、尝试用乐器演奏，最后全体幼儿自由选择乐器进行完整演奏。但是基本部分的游戏感并没有充分地表现出来，建议教师增强游戏意味

续表

程序	进程	分析
基本部分	（3）分组展示方案，尝试演奏。 教师根据幼儿熟悉节奏的程度梳理分组要求以及规则。 分组结果："下面请两组小朋友根据你们设计的配器方案来给我们演奏一下吧！" （4）小结。 ①分组讨论结果不同时，教师分别给予两组幼儿肯定与鼓励。 ②教师出示最新方案，幼儿共同商讨配器结果。 **4. 自选角色，完整演奏** 森林音乐会正式开始，教师指挥，幼儿完整演奏乐曲	
结束部分	**5. 活动结束，教师小结** 教师："小朋友们，你们表演得太精彩了，小动物们都为你们鼓掌了，那小朋友们你们知道吗，这些可爱的小动物们都是我们人类的朋友，我们共同生存在这个美丽的地球上，让我们一起爱护它们，保护它们，你们愿意吗？"	通过教师总结提升幼儿的经验，形成保护环境、爱护环境的意识

【总结与提升】

　　学习打击乐，首先要让幼儿欣赏、熟悉、感受、理解音乐的内容、性质、风格及乐器结构，让幼儿熟知各种打击乐器并会操作。整个活动中，各个环节紧密相连，幼儿在倾听音乐中大胆想象乐曲表现的主题，教师通过巧妙的提问引导幼儿一步步想象青蛙、鸭子、孔雀的表演节目，并运用已有经验在教师的提问中逐渐归纳自己的发现与想法。参照图谱、讨论等方式让幼儿在欣赏音乐过程中感知节奏，逐步让幼儿熟悉乐曲并表现节奏。教师鼓励幼儿大胆表现，给予充分的肯定。这个活动有以下几个亮点。

　　（1）情感的萌发：既能充分展示表现音乐的具体形象，又便于幼儿顺利进入意境当中。

　　（2）图谱的运用：我们平时使用的乐谱，其结构体系十分复杂，对于认知水平有限的幼儿来讲，要很好地把握，是很困难的。为此执教教师专门设计了一些生动、形象的图形符号来代替。例如："青蛙、鸭子、孔雀、羽毛"等图谱，以此来帮助幼儿消化难以掌握的节奏与音型。

　　（3）分组讨论：大班幼儿具有强烈的合作意识，在讨论中教师既可以尊重幼儿的想法又可以得到一些幼儿心中的"答案"，让幼儿个性得到发展。

　　整个活动教育目标达成较好，教学难点也解决得很好。课堂气氛积极、快乐，活动中每位幼儿都能乐于参与活动。在打击乐活动中教师还注重幼儿合作能力的培养。活动过程清晰，环环紧扣，层层推进，给幼儿创设了自由的环境，让幼儿可以尝试、探索，给幼儿大胆思考、表现创造的机会。

【延伸活动】

　　（1）在"音乐活动区"投放更多种乐器，幼儿根据乐曲的特点来选择不同的乐器演奏。

　　（2）角色更多样化，让幼儿可以想象多种动物来参加森林音乐会的情景。

黑龙江省省直机关省政府第一幼儿园　董琳俐　朱彤苓

四、音乐游戏案例分享

（一）大班歌唱活动："小鸟小鸟你真好"

【设计意图】

现今的中国家庭，由于父母工作忙碌的关系，爷爷奶奶带孩子的情况比较普遍。从幼儿的出生，到幼儿园的学习，爷爷奶奶都起到了至关重要的作用。长此以往，幼儿就觉得爷爷奶奶的付出也是理所当然的，在生活中如何对爷爷奶奶表达感恩之情呢？《小鸟小鸟你真好》这首歌曲主要情感就是表现小鸟照顾老鸟、相互依偎的美好。歌曲的旋律优美、感人，两段歌词体现了老鸟无奈、悲凉，小鸟勤奋、积极的音乐情绪，刚好可以让幼儿理解长辈的爱。

【活动目标】

（1）学唱歌曲，初步了解领唱、齐唱的演唱方法。

（2）能用自己喜欢的方式表达对歌曲的感受。

（3）体验小鸟敬爱长辈的情感。

【活动准备】

（1）歌曲小卡片、录音机、手提电脑。

（2）大图谱一张。

【重点、难点】

（1）重点：能通过分组学习的形式（手绘故事动画、摆放图谱）学唱歌曲。

（2）难点：尝试领唱与齐唱的演唱方式。

【活动过程】

程序	进程
导入部分	（1）师生以即兴演唱的方式互动问好。（运用舒缓、活泼的不同声音带领孩子演唱） 教师："孩子们，今天来了好多客人老师。让我们用好听的歌声跟老师们问个好吧！嗯！小朋友的歌声真好听。你们有没有发现不一样的声音感觉是不一样的？" （2）教师播放歌曲，引导幼儿初步感受歌曲的音乐风格。（播放齐唱版本） 教师："昨天，老师听到一首好听的歌，我非常喜欢，今天带来跟小朋友分享，一起听听看吧！" 提问："这首歌听起来感觉怎么样？" （3）播放音乐故事手绘版视频，老师伴随音乐演唱歌曲，引导幼儿再次感受歌曲。（播放伴奏版本） 教师："这首歌讲了一个很美丽的音乐故事，一起来听听故事里唱了什么？" 提问："这个音乐故事唱了什么？"

续表

程序	进程
基本 部分	（4）通过分组摆放歌曲图谱，引导幼儿再次感受歌曲。 教师："音乐故事里还唱了什么？老师为小朋友准备了音乐故事的视频，小朋友边听边唱，找一找。老师还准备了歌曲图谱和小卡片（图谱一），小朋友可以听一听、摆一摆、唱一唱，把空白的位置贴上相应的图片。" （5）引导幼儿分享自己的发现，结合图谱提升对歌曲不同情绪的感受。 教师："孩子们，快过来！把你找到的音乐故事跟大家分享一下吧！" 提问："谁来说说音乐故事还唱了什么？（结合图谱一和卡片）" 教师："老鸟心里怎么想的？" "行动不方便……" "我们也来试一试。我们怎样把老鸟难过的心情唱出来？" "多懂事的小鸟啊！得到了小鸟的帮助，老鸟觉得怎么样？它会怎么做呢？你们跟旁边的小伙伴也幸福地拥抱一下吧！（教师拥抱幼儿）" 请个幼儿来指着图谱，一起唱一唱。听一听谁的声音最好听？ （6）出示大图谱（图谱二），引导幼儿进一步理解、感受、表现歌曲。 教师："老师也制作了一张图谱，请小朋友看看跟你们的图谱有什么不一样的地方？我们一起唱一唱，就能明白了。" ① 教师边唱边手指图谱上的"圆点"标志，引导幼儿发现在"圆点"标志时是不唱的，是间奏的部分。 ② 让我们用好听的声音跟着图谱唱一唱，试一试，把老鸟伤心、难过的心情唱出来。 请个别幼儿示范表现两段不同情绪的演唱
结束 部分	（7）初步了解领唱与齐唱的演唱方法（尝试师幼合作）。 教师："咦，这儿还有什么？（引导幼儿发现图谱二中的小嘴巴标志）它们是什么意思呢？我们一起来听一听（播放合唱版本的歌曲）。"老师边指图谱上两个嘴巴的标志，边让幼儿仔细聆听老师演唱时不同之处。 提问："你们发现这个'嘴巴'符号的秘密了吗？" "对了，'一个嘴巴'表示一个人领唱，'很多嘴巴'表示大家一起齐唱。" 教师："说得真好，这一次，老师来领唱，你们来齐唱，我们来试试吧！请小朋友要用自然、好听的声音来演唱哦！" 邀请个别孩子来领唱

【总结与提升】

在"小鸟小鸟你真好"的活动中，幼儿通过各种视听感受、肢体表现等能够充分地理解歌曲中老鸟与小鸟相互依偎、相互照顾的美好情感。

因为活动一开始的介入就是以故事的情感作为主线，也解决了大班幼儿（特别是男孩子）演唱歌曲喜欢扯着嗓门高声歌唱的问题，由情感带动，声情并茂地演唱歌曲。整个活动歌曲旋律的反复播放，也给幼儿创造了多次记忆的机会，因此在学唱歌曲的过程中，幼儿不是生硬地学，带着情感的主旋律是自然而然地从幼儿的嘴里哼唱出来。

活动中，个别幼儿在"老鸟行动不方便……"这个乐段时，对于老鸟的体态和声音特点比较难表现，因此教师设计了让幼儿进行老鸟和小鸟的动作表演，通过生动的表情和肢体暗示，让幼儿以不同情绪的声音进行演绎，形成伤感和欢欣的强烈对比。在老鸟与小鸟的情感互动上，还增加了让幼儿互相表达喜欢和友爱的肢体动作，让幼儿更能体会到爱的真谛。

针对活动中的难点——间奏、领唱齐唱，教师设计的肢体、图谱等小策略也起到了很好的效果，幼儿很快就能意会并掌握，在这里，没有明显的教和学的痕迹，教师和幼儿都是在发现和探索中发现歌曲演唱的不同方法。

《指南》指出："幼儿艺术领域的学习关键在于充分创造条件和机会，萌发幼儿对美的感受和体验，丰富其想象力和创造力，引导幼儿学会用心灵去感受和发现美，用自己的方式去表现和创造美。"整个活动，教师还是处在指挥者、安排者的角色上。作为教师，应如何提供机会让幼儿自由表现与创造，以唤起幼儿对音乐深刻而长远的兴趣？这一点需要今后进一步探索。

【延伸活动】

教师："非常开心我们一起唱了这首《小鸟小鸟你真好》，还学会了一样新本领——领唱、齐唱，接下去回到班级，小朋友还可以在音乐区里试一试其他不一样的演唱方法。"

在这个活动中，幼儿自由表现歌曲的机会稍显薄弱，今后开展这类活动可以设计一些分组演唱或表演的形式，让幼儿进行即兴的表演创作。

厦门市科技幼儿园　吴新新　徐惠军

（二）大班音乐欣赏："森林狂想曲"

【设计意图】

音乐是表现情绪、情感的最好方式，《纲要》中指出教育活动内容的选择要贴近幼儿的生活，选择幼儿感兴趣的事物。要适合幼儿的现有水平，又有一定的挑战性。"森林狂想曲"正是这样一个生动、有趣、富有想象空间并蕴含丰富的情感教育的活动。其中的《森林狂想曲》是金曲奖制作人及演奏音乐奖得主跨刀创作，是荒野探险家徐仁修、自然录音专家刘义骅、自然观察家杨雅棠、留美制作人吴金黛、金曲奖制作人及演奏音乐奖得主范宗沛，全心全意为台湾森林量身打造的自然音乐创作。本曲由三个不同的主题旋律伴着多种自然声音组成的音效交替而成，乐曲开始由弱到强似由远及近的鸟声、蛙声把我们带到了美丽的森林。随即奏响的第一主题节奏明快，旋律跳跃，似森林深处的溪水、山泉，紧接着曲笛和小提琴轮流奏响。活动中幼儿通过肢体语言感受音乐的美妙。

【活动目标】

（1）欣赏音乐，尝试用不同的乐器表现音乐。

（2）能根据音乐的结构及图谱的变化掌握音乐的节奏。

（3）在活动中保持活泼欢快的情绪，体验音乐活动的乐趣。

【活动准备】

（1）经验准备：幼儿了解常用乐器的使用方法。

（2）物质准备：乐曲《森林狂想曲》、大图谱、小图谱、乐器标志、铃鼓、圆舞板、碰铃。

【重点、难点】

（1）重点：感受乐曲旋律，尝试听音乐，用打击乐器演奏。

（2）难点：根据音乐的结构及图谱的变化进行演奏。

【活动过程】

程序	进程
导入部分	**1. 欣赏乐曲，感受节奏** 谈话导入，引出主题。"告诉大家一个消息，今天晚上森林里要开音乐会，许多小动物都想要来参加音乐会，到底有哪些小动物来参加呢？请大家一起听听音乐，说一说你听到了哪些小动物。"（播放音乐两遍）
基本部分	**2. 倾听音乐、观察图谱，初步掌握乐曲的节奏** （1）听音乐后提问：今天的森林音乐会里有哪些小动物来参加？（幼儿自由回答）请小朋友们来看看节目单。（出示图谱） ① 第一个表演的是小青蛙，它表演的是唱歌，它是怎么唱的呢？请个别幼儿跟随音乐表演。 ② 教师："第二个表演的是小鸭子，它表演的是跳舞，你们能不能看着节目单听着音乐来试一试拍手呢？"幼儿借助图谱跟着音乐表演。 ③ 第三个表演的是谁？它表演的是什么？谁能来表演一下开屏的动作？（幼儿做开屏的动作） 教师："这是什么？是孔雀的羽毛。" （2）听音乐看图谱感受乐曲的节奏。 （3）借助图谱，配乐演奏。 狮子大王来电话，邀请小朋友们去参加森林音乐会。 在森林音乐会开始之前要进行彩排，我们今天用三种乐器来演奏，想一想，小青蛙唱歌的部分适合用什么乐器呢？小鸭子和孔雀的音乐用什么乐器演奏？ （4）幼儿合作讨论，设计配乐方案。 请幼儿商量一下，不同的小动物适合用哪种乐器来演奏。 （5）幼儿反复听音乐完整演奏。幼儿可通过交换位置，交换乐器，反复感受乐曲
结束部分	**3. 自然结束** 我们去给别的小朋友表演吧！自然结束

【总结与提升】

当幼儿聆听那潺潺流水、雀鸟、蛙声、虫鸣等大自然的声音时，我有一种返璞归真的感觉。乐曲中欢快的主旋律、鲜明的形象、清晰的结构是容易被幼儿所理解和接受的，曲中变换的旋律又给予了幼儿广阔的想象空间。本次教学活动通过运用图谱、铃鼓、圆舞板、碰铃完成音乐欣赏。此次活动的亮点有以下几个方面。

（1）将小青蛙、小鸭子、小孔雀的形象带入到图谱中，让幼儿很快地理解了段落和节奏。

（2）教师大胆地提高了难度，让幼儿们尝试交换乐器、交换位置进行演奏，大大提高了他们的参与性。

存在的不足：在活动中可以让幼儿也尝试指挥，锻炼幼儿自主听音乐的能力，少一些教师的控制和引导。

【延伸活动】

可以引导幼儿摆各种造型动作，随着旋律释放表演激情，欢快的乐曲加上有趣的情节，幼儿想象着自己是小动物，用创造性的肢体动作投入体态律动表演。

西安市第五保育院　马莎　代晓蓓

（三）中班节奏活动："我和小狗捉迷藏"

【设计意图】

开展了音乐活动课后，我对节奏活动有所创新，真正是以幼儿的兴趣为主，教师只是创造出游戏的场景。小狗是大多数幼儿所喜欢的宠物，以优美的迪士尼音乐《BINGO》为载体，让他们听着音乐，看着节奏图谱进行声势律动，在开心、愉悦的气氛中练习音乐节奏，这也正是我选择这个活动的主要原因。

【活动目标】

（1）乐于参与《BINGO》的节奏活动，体验自由表达和创作的快乐。

（2）会根据图谱玩让字母躲起来的游戏。

（3）能根据音乐节奏尝试表现节奏。

【活动准备】

（1）知识经验准备：幼儿有一定的节奏活动基础，会听音乐，会看简单的图谱并用拍手的方式拍出不见的字母个数。

（2）物质材料准备：音乐《BINGO》、配套的字母不见图谱。

（3）环境创设准备：室内宽敞的场地，幼儿围坐成半圆形。

【重点、难点】

（1）重点：会根据图谱玩让字母躲起来的游戏。

（2）难点：能根据音乐节奏尝试表现节奏。

【活动过程】

程序	进程
导入 部分	**1. 情景导入，激起兴趣** （1）教师："你们都喜欢小动物吗？你最喜欢什么小动物呢？你们愿意和可爱的小狗捉迷藏吗？" （2）教师播放《BINGO》的音乐，大家一起欣赏。 **2. 出示图谱，回顾音乐** （1）出示图谱，逐步提问，幼儿随音乐看图谱做拍手律动。 （2）教师带领幼儿一起看图谱，解决幼儿在图谱中的遇到的困难

程序	进程
基本部分	**3. 进行游戏，巩固节奏** （1）教师介绍游戏玩法和规则。 玩法：音乐开始第一部分，幼儿随着音乐有节奏地摆动身体，随着 BINGO 这几个字母依次不见的规律特点，用拍手来表示不见的字母个数。 规则：幼儿在倾听音乐的过程中，只有在唱到不见了的字母时才能做拍手的动作。 （2）幼儿听音乐自由练习，开始游戏。 （3）发现游戏中的问题，并尝试解决，强调规则。 **4. 分组讨论，大胆创编** （1）引导幼儿思考这个游戏还可以用什么声势来表示，从而创设出新的玩法。 新玩法：六人为一组，选出一个农夫，当音乐起时大家来摆动身体，小组的五人分别代表每一次不见的字母，幼儿用自己喜欢的方式来表现出不见字母的个数。 新规则：在同伴做声势节奏乐时一定要仔细听，并能跟着音乐的节奏快速做出字母不见的顺序。 （2）教师和幼儿共同听音乐按新的玩法进行游戏。 （3）教师和幼儿共同讨论新游戏中的问题，产生新的规则。 （4）游戏 2～3 遍
结束部分	**5. 教师和幼儿互评，评选出游戏中守规则的人**

【总结与提升】

整个活动无论是从音乐的选材，还是从故事的趣味上来分析，都非常符合幼儿的兴趣。教师通过一系列的动物与主人的互动而创编的音乐游戏，幼儿都很喜欢。教师在游戏的过程中要鼓励幼儿大胆创编，增进其对音乐的兴趣，让规则教育在潜移默化中体现出来。我觉得这个活动有以下几个亮点。

（1）准备材料简洁、易操作。没有过多的器材，对于中班的小朋友来说，先是养成良好的音乐习惯，而不是盲目地给音乐活动增加器材，这样幼儿才能更专注地进行音乐节奏的学习。

（2）音乐的节奏感强。唱词简单，音乐的节奏较慢，每一个节奏都可以让幼儿听得非常清晰，有一定的接受时间。

存在的不足：音乐活动注重欣赏，首先要让幼儿有美的感觉，他们喜欢了才愿意学。我将两遍音乐活动做了对比，发现了一个共同的问题，就是欣赏不足。幼儿都没怎么听歌曲，教师就已经要求他们学了，这是有违幼儿学习特点的。所以在本活动中，教师一定要让幼儿先有充足的时间欣赏乐曲。

【延伸活动】

（1）在音乐区投放图谱，让幼儿在进行区域活动时自由选择喜欢的乐器进行练习。

（2）可以在早晚与幼儿问好和送别时玩这样"听字母玩握手与拥抱"的游戏。

湖北省实验幼儿园　印传芳

（四）中班歌唱活动："好朋友"

【设计意图】

《好朋友》是一首意境优美、风格欢快喜悦的歌曲，选择《好朋友》作为中班歌唱活动的音乐，旨在通过这首歌曲，引导幼儿大胆表现，体验歌唱活动的乐趣。这首歌曲篇幅较长，不利于记忆，容易混淆歌词内容，因此尝试用奥尔夫节奏游戏、电子白板图谱及微课件《好朋友》等方式让幼儿理解掌握歌曲的大致内容；副歌部分的"十六分音符"幼儿较难掌握，通过练声、图谱、节奏游戏的形式贯穿教学，引导幼儿在轻松的情况下学唱歌曲，体验与同伴一起歌唱的快乐。

【活动目标】

（1）能理解、掌握歌曲的大致内容，感受歌曲欢快、喜悦的风格。

（2）能用自然的歌声愉快歌唱。

（3）体验与同伴一起歌唱的快乐。

【活动准备】

（1）电子白板图谱、电子琴。

（2）微课件《好朋友》。

（3）音乐《好朋友》（伴奏版）；音乐《好朋友》（歌词版）。

【重点、难点】

（1）重点：理解记忆歌词，学唱歌曲。

（2）难点：掌握副歌部分"十六分音符"的歌唱方法。

【活动过程】

程序	进程
导入 部分	**1. 律动入室、感知音乐（播放伴奏版《好朋友》）** 教师："宝贝们，花园里飞来了一只小动物，让我们过去和它交朋友吧！" **2. 奥尔夫节奏练习，引起兴趣** （1）感受电子琴带来的节奏感。 教师："哇，这里还有一架神秘的电子琴，它能发出美妙的声音（教师弹奏）。" 教师："还能演奏出很酷的音乐……"（教师播放音乐引导幼儿拍节奏：摸摸头、拍拍肩、叉叉腰、拍拍手……绕圈圈） （2）教师弹奏《好朋友》，使幼儿感知歌曲的节奏
基本 部分	**3. 练声："您好，您好，您好""小朋友您好，小朋友您好，小朋友您好"（选自歌曲）** 教师："嘘，听谁来了？（教师弹奏钢琴，模仿小鸟的声音）" 教师："小朋友用好听的声音跟小鸟问好（幼：小鸟您好，您好，您好！）" 教师："小鸟也用好听的声音跟你们问好啦（小朋友您好，小朋友您好，小朋友您好！）" 教师："让我们一起跟着音乐唱起来吧（幼儿练声）。" **4. 熟悉歌词** （1）教师清唱歌曲，让幼儿初步理解歌词。 教师："清晨我看见了一只美丽的小鸟，好开心呀！这只小鸟带来了一首很好听的歌曲，它把歌曲都藏在了不同形状的图形宝宝里，谁最认真听就能打开它们哦，仔细听。"

程序	进程
基本部分	教师："你听到了什么？请你上来打开它。" （2）教师跟着伴奏再次清唱歌曲，让幼儿理解歌词。 教师："很多的图形宝宝都被打开了，还有的没被打开，让我们再来仔细听一听。" （3）欣赏微课件《好朋友》，让幼儿进一步理解歌词。 教师："你们听得真仔细，所有图形宝宝都被打开了，让我们欢迎它们的出现吧。" （4）出示图谱，让幼儿有节奏地学念歌词。 ① 第一遍有节奏地念歌词。 教师："小朋友们听得太仔细了，我们现在用好听的声音把它们都请出来吧。" ② 第二遍有节奏地说唱歌词。 教师："这首歌听起来特别好听，说起来也特别有趣，请让我来表演一下（播放电子琴节奏）。" 教师："小朋友站起来跟老师一起表演念歌词（师幼跟着电子琴节奏说唱歌词）。" ③ 游戏：图谱捉迷藏，巩固理解歌词。 教师："现在有些图形宝宝可淘气了，要跟你们玩捉迷藏的游戏，你们还能找出它们吗？"
结束部分	5. 学唱歌曲 （1）师幼看图谱清唱歌曲。 教师："我们用好听的声音一起唱出来吧。" （2）师幼跟音乐伴奏唱。 教师："来点音乐，我们站起来，再唱起来吧。" （3）幼儿跟着钢琴伴奏唱。 ① 幼儿集体跟着钢琴伴奏唱。 教师："现在电子琴先生也要为我们伴奏了，会唱的地方小朋友们大声唱，不会唱的地方看着图谱一起唱。" ② 男女分组跟着钢琴伴奏唱。 教师："钢琴先生要来当裁判，请男女生进行比赛。" ③ 幼儿清唱歌曲。 教师："这次没有音乐和钢琴的伴奏，出现了一面'魔镜'，它会把小朋友唱的都给变出来，你们有信心挑战它吗？" 6. 体验快乐、自然结束 （1）情感提升。 教师："这首歌曲有个好听的名字叫《好朋友》，听完《好朋友》这首歌曲你的心情怎么样？" （2）自然结束。 教师："音乐里的这个小朋友很喜欢交朋友，你们喜欢交朋友吗？那我们唱着歌曲一起去其他班级交更多的好朋友吧。"

【总结与提升】

（1）这个活动以电子琴、奥尔夫节奏游戏、电子白板及微课件为主要形式，并利用游戏情境连贯始终，很好地调动了幼儿的兴趣。

（2）活动从律动、节奏、练声、学念歌词到学唱歌曲各个环节之间层级递进，从而使幼儿能够较为从容地不断实现新的小目标。

（3）此次活动中，幼儿都能够在轻松的氛围中，用自然的声音演唱这首歌曲《好朋友》，并感受到歌曲欢快、喜悦的风格，体验与同伴一起歌唱的快乐。幼儿的创造空间可以更深一步挖掘，建议教师在下一课时中鼓励幼儿根据自己的想法创编歌词及动作。

【延伸活动】

在"相亲相爱一家人"主题活动中，教师可以继续让幼儿"画好朋友"（美工区）；"说好朋友"（语言区）；"演唱好朋友"（音乐区）；"找好朋友"（数学区·相邻数）。教师可以在各领域及主题课程中对此类元素加以关注，丰富课程内容。

厦门市西林幼儿园　姚建萍

（五）小班歌唱活动："美丽的蝴蝶"

【设计意图】

对于小班的幼儿来说，会飞舞的花蝴蝶是那么的可爱迷人，他们对蝴蝶充满了好奇。而这首儿童歌曲《蝴蝶》词意简洁，曲风活泼，旋律、音域也符合小班年龄段幼儿的发展水平。因此，教师从幼儿的兴趣出发，设计了这样的歌唱活动。教师以蝴蝶的手影故事引出活动，以游戏为主体，让幼儿直接感知、亲身体验，自然地发现音乐之美。

【活动目标】

（1）学习用自然的声音演唱歌曲。

（2）喜欢在游戏中即兴创编动作，能用自己喜爱的蝴蝶动作表达对音乐的感受。

【活动准备】

（1）音乐《蝴蝶》、花儿手偶、蝴蝶指偶。

（2）花毛巾人手一条。

（3）全体幼儿围坐成大半圆形。

【重点、难点】

（1）重点：理解歌曲的词意，能用身体感官表现欢快的音乐节奏，能用自然的声音演唱歌曲。

（2）难点：在游戏中即兴创编动作，能用自己喜爱的蝴蝶动作表达对音乐的感受。

【活动过程】

程序	进程
导入部分	**1. 用手影故事《毛毛虫变蝴蝶》导入，创设情境，创编动作** （1）讲述故事第一段，引导幼儿运用小手指变成毛毛虫的形象。 提问："毛毛虫怎么也爬不到高高的花儿上，怎么办好呢？" 手指互动：伸出小手指，我们来帮助毛毛虫，努力向上爬。我们的身体是花儿，脚趾上爬一爬，大腿上爬一爬，肚子上爬一爬，肩膀上爬一爬。

程序	进程
导入部分	（2）出示花毛巾，引导幼儿借用花毛巾创编作茧的动作。 提问："怎么爬不上去呢？还有什么办法呢？哦！毛毛虫可以变成蝴蝶飞上去呀！变成蝴蝶前会先变成什么呢？需要装进小小的茧，努力变身。" 肢体互动：花毛巾就是毛毛虫的茧了，怎么样才能躲进茧里呢？抱紧自己。我们来试一试。 （3）花毛巾变翅膀，讲述故事第二段，引导幼儿运用身体感官有节奏地做出破茧化蝶的动作。 肢体互动：毛毛虫感觉到身体里有一股力量要出来了！要变蝴蝶了！伸出了手，伸出了脚，张开了翅膀，哇！是一只头戴金丝、身穿花花衣的蝴蝶呀！扇扇翅膀，飞回小椅子
基本部分	2. 理解歌曲的词意，学习用自然的声音演唱歌曲 （1）提问："毛毛虫变成了头戴金丝身穿花花衣的蝴蝶，好快乐啊！花儿看到蝴蝶来了，也好快乐啊，为什么呢？" 小结：因为它们现在是朋友了啊，我们小朋友也要相亲相爱，像蝴蝶和花儿一样，你爱我我也爱你。 （2）教师一边操作手偶一边有节奏地朗诵歌词。 出示蝴蝶指偶和花儿手偶。 引导语："看，有一只蝴蝶飞到了老师的手指上，我们看看它们怎么交朋友的。" 提问："它们是怎么交朋友的？" 小结：蝴蝶为花儿跳舞，花儿分甜蜜给蝴蝶。 （3）教师一边操作手偶一边自然演唱。 （4）老师和幼儿轮流当蝴蝶，跟着节奏做动作，自然演唱歌曲
结束部分	3. 跟随音乐的旋律进行歌唱和游戏 （1）引导语："花毛巾变变变，躺在手心变小花。花毛巾变变变，挂在肩上变蝴蝶。小朋友你喜欢当蝴蝶还是花儿呢？可以选择自己喜欢的角色来表演。" （2）启发分享："蝴蝶，你看，花儿正坐在中间等我们呢！你会怎么为她跳舞呢？" （3）介绍游戏玩法及规则：花儿唱歌蝴蝶起舞，一遍游戏后可以交换角色。 提问：当唱到我爱花儿花儿也爱我时，小朋友可以怎么表演呢

【故事参考】

很久很久以前，有一只可爱的毛毛虫。有一天它发现，草地上开出了一片红红绿绿的花儿，空气里都弥漫着花香，好甜蜜的味道啊！真想和花儿做朋友！可怎么上去呢？毛毛虫爬呀爬，怎么也爬不到高高的花儿上，怎么办好呢？

爬不上去，可以变成蝴蝶呀！毛毛虫开始变成茧，紧紧抱住自己，努力想要长大。一天一天又一天，终于，毛毛虫伸出了手，伸出了脚，张开了翅膀。哇！是一只头戴金丝、身穿花花衣的蝴蝶呀！扇扇翅膀，赶紧去找花儿吧！

【总结与提升】

（1）该活动运用放松、动感的游戏形式将歌曲的学习与演唱渗透在了游戏当中。幼儿作为活动的主体，沉浸在游戏情境中，切身体会毛毛虫的努力和快乐，推动着活动的进展。

（2）教师多次激起幼儿运用身体感官感受歌曲，从手指对身体的触碰，有节奏的破茧化蝶逐渐递进，过渡到跟着节奏摆动身体演唱，跟着旋律翩翩起舞。

（3）教师巧用教具，重视激发幼儿的想象力与创造力。每名幼儿都有一条花毛巾，幼儿需要设法躲进毛巾底下"作茧"；幼儿可以借用花毛巾作翅膀；幼儿还学习用毛巾变花做游戏。教具服务于活动，又能促进幼儿对歌曲的认识和学习。

此次活动，幼儿关于动作的创编还停留在感受和初步尝试阶段。教师可以丰富幼儿对蝴蝶行为的了解，引导幼儿用多样化的肢体动作表现对歌曲的理解。

【延伸活动】

这首儿童歌曲包含了蝴蝶的外形特征、花儿与蝴蝶在自然界中的关系等科学认知，教师可以在接下去的课程中加以延伸，帮助幼儿进一步丰富关于蝴蝶生长、外形、生活习性等的认知，使幼儿从歌曲中学习到更多的知识经验。

厦门市仙岳幼儿园　卢冰薇

（六）小班节奏活动："小罐的声音"

【设计意图】

《纲要》中指出幼儿园教育要与幼儿的兴趣相适应。我偶然间听到《一百只老鼠》这首歌曲，它是一个旋律欢快、节奏鲜明、富有感染力、符合小班幼儿年龄特征的音乐。根据音乐设计的活动以游戏为主线，引导幼儿在玩中学，在学中玩，充分体验参与音乐活动的乐趣。

【活动目标】

（1）体验乐曲活泼可爱、滑稽的风格，熟悉乐曲欢快的旋律。

（2）在游戏情境下，自由探索小罐子的不同演奏方法。

（3）运用小罐子，尝试打击节奏型ＸＸＸＸ|。

【活动准备】

（1）知识经验：幼儿已有打击节奏经验。

（2）物质材料：红豆小罐、沙子小罐若干，三角铁一个，音乐《一百只老鼠》伴奏版，节奏图谱，如图5-41所示。

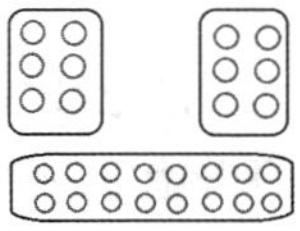

图5-41　节奏图谱

（3）环境创设：宽敞的活动室，幼儿坐成马蹄式。

【重点、难点】

（1）重点：自由探索小罐子的不同演奏方法。

（2）难点：幼儿能够尝试用小罐子打击节奏型。

【活动过程】

程序	进程
导入部分	**1. 摇动小罐，激发兴趣** 教师摇动不同的小罐子发出各种声音引发幼儿兴趣。 （设计意图分析：幼儿直观感知小罐子，一方面激发幼儿的兴趣，另一方面为后期节奏型ＸＸＸＸ|搭支架做铺垫。）
基本部分	**2. 倾听音乐，了解节奏** （1）幼儿自由听辨不同物体在罐内发出的声音，讨论：小罐的声音像什么？ （2）师幼结合讨论的情景，教师边用小罐子有节奏地敲击，边讲故事，激发幼儿倾听歌曲的兴趣。（不同的罐子响声代表着不同的声音） 教师："故事好听吗？故事中有哪些声音？（幼儿说出雷声，教师摇动雷声的小罐子）听一听（教师摇罐子）是这个声音吗？" 教师："你的小耳朵真灵，我这还有很多罐子，我们一起再来听一听。"（引导幼儿调动已有经验，用感官感知物体声音，表扬幼儿的耳朵灵） 教师摇晃不同的罐子再次讲述故事，引导幼儿初步熟悉歌曲的风格，幼儿用嘴巴学一学罐子里的声音（喤喤喤、沙沙沙、咚咚咚），初步了解乐曲的节奏型ＸＸＸＸ|。 （设计意图分析：从幼儿的生活经验着手，让其感知生活当中相似的声音，自由模仿感知学习节奏型。） **3. 体验游戏，巩固节奏** 游戏"小罐大闯关" 玩法：出示图谱练习节奏，根据图谱将音乐截取为三个部分，练习三个部分不同的节奏型进行闯关游戏，幼儿在听到音乐后用相应的演奏方法进行演奏。 （设计意图分析：经过前期的铺垫，幼儿已经初步了解了节奏型。这一环节让幼儿通过闯关游戏，在不知不觉中就学会了乐曲节奏。）
结束部分	**4. 集体演奏，完整表演** （1）幼儿自选里面装有不同材料的小罐，尝试分段表演。 （2）集体演奏。 （设计意图分析：总结、归纳、梳理，提高难度，激发幼儿兴趣，巩固学习经验并进行经验迁移，举一反三。）

【总结与提升】

节奏是音乐的脉搏和精髓，是音乐生命力的源泉，一切音乐活动都离不开节奏，节奏感是音乐能力的重要组成部分。唱歌、跳舞、乐器都离不开节奏，培养幼儿对节奏活动的兴趣是十分必要的。通过培养幼儿音乐听觉能力，利用形象的图谱、生活中的小罐作为打击乐器，激发幼儿的兴趣，并将节奏有效地融入到故事游戏中，让幼儿在敲敲打打中对节奏活动产生兴趣，既提高了音乐素质和能力，又从中获得了快乐。

（1）从听入手，感受节奏。整个活动始终以游戏化的方式进行，通过闯关游戏，让幼儿由浅入深地感知乐曲的节奏型，体验在玩中学习的乐趣。

（2）教具简易，生活中随处可见。该活动既能充分展示音乐的节奏，又便于教师和幼儿表演操作。

活动前，我能把握活动中存在的重点与难点，有意识地开展活动。在做动作时，只要幼儿快速地模仿打节奏，没有任何限制，而且幼儿也非常喜欢，难度也相对较低又有趣味性。另外存在一定的局限性，就是限于座位的安排，对一部分幼儿关注度不够，可能要根据音乐活动的内容调整位置，关注更多幼儿。

【延伸活动】

（1）将小罐子投入表演区，让幼儿进行节奏探索。

（2）科学探索区投放半成品小罐及各种小材料，让幼儿对小罐进行探索。

湖北省实验幼儿园　刘彦辰

（七）小班音乐欣赏："锯木头"

【设计意图】

艺术活动是实施美育的主要途径，有益于促进幼儿健全人格的形成。小班幼儿的认知都是建立在已有的经验之上，喜欢模仿是他们的年龄特点，喜欢音乐是幼儿的天性。《锯木头》这首曲子节奏欢快、音色明了，很容易让幼儿联想到生活中锯木头的情景。活动通过锯子、锤子、扳手的运用帮助幼儿理解、欣赏音乐。教师用幽默、诙谐、夸张的动作表现这首音乐，引导幼儿在体验、探索、表达和合作中充分领略音乐活动的乐趣。

【活动目标】

（1）能够感受音乐的节奏，能用肢体动作表现音乐。

（2）学习根据音乐旋律表达对锯、钉、拧的理解。

（3）乐于参与音乐活动，体验活动的乐趣。

【活动准备】

（1）《锯木头》的音乐。

（2）锯木头、钉钉子、拧螺丝视频。

（3）卡巴萨、响板、单响筒器乐各五个。

（4）泡沫积木若干。

【重点、难点】

（1）重点：感受音乐的旋律及节奏。

（2）难点：能够根据音乐节奏进行锯、钉、拧的表演。

【活动过程】

程序	进程
导入部分	**1. 引入故事，准备游戏** 　　故事引入：森林里住着一只小猪，最近狡猾的大灰狼把小猪的草房子给弄坏了，小猪请我们一起帮忙重新盖一间小房子，我们每人拿一块木块出发吧！（教师和幼儿随音乐《锯木头》入场）

程序	进程
基本 部分	**2. 进入游戏"锯木头"** （1）我们搬了这么多的木块，休息一下吧。播放音乐，引导幼儿说一说在音乐中听到了哪些声音。（引导幼儿说出音乐中有敲打的声音、拧东西的声音等） （2）了解三种劳动工具的使用方法，结合音乐节奏进行表演。 教师："这些木头形状都不一样，没有办法盖房子，需要小朋友们把它们锯成一样的。我们需要用到什么工具？" 幼儿："锯子。" 教师："老师今天带来了我们幼儿园的叔叔维修时用锯子的录像，大家看一看锯子是怎么工作的（播放锯木头视频）。快快伸出你的手臂，变一把厉害的锯子吧！（幼儿听着音乐学教师用胳膊有节奏地做锯木头动作）" 教师："小朋友们真棒！除了胳膊还有哪里可以做小锯子？你们看看我的小锯子。（教师伸出手指头幼儿模仿）" 教师："木头已经锯好了，可是盖房子要使木头能固定在一起，应该怎么办呢？" 幼儿："用钉子来钉。" 教师："请小朋友看一看我带来的视频（播放钉钉子视频），让我们一起来学学，用小手指变一根钉子吧！（幼儿随教师一手握拳，另一只手伸出食指，随音乐做钉木头律动）你们看看我有几根小钉子？（教师伸出三根手指头进行钉钉子，幼儿模仿）" 教师："除了可以用钉子把木头钉在一起，为了让房子更牢固，我们还可以用螺丝把木头固定在一起，请小朋友们来看一看怎么做！（播放视频）现在我们一起来变成小螺丝拧一拧吧！（幼儿随教师伸出一只手，另一手五指弯曲，随音乐做拧螺丝的律动）" （3）完整感受音乐。随音乐用锯木头、钉钉子、拧螺丝的表演来感受音乐的节奏。 （4）用不同的乐器表现音乐。 教师："今天我还带来了一些乐器，我们一起来看看这些乐器的声音像什么工具。（教师示范幼儿回答）" 单响筒——锯木头、响板——钉钉子、卡巴萨——拧螺丝 幼儿用自选乐器来进行完整的表演
结束 部分	**3. 搭房子，感受参与的乐趣** 教师带领幼儿用积木跟着音乐搭建一个房子感受参与的乐趣

【总结与提升】

本次教学活动通过锯木头、钉钉子、拧螺丝等幼儿感兴趣的成年人劳动来感受音乐，幼儿兴趣浓厚。乐器搭配得很恰当，单响筒表示锯木头、响板表示钉钉子、卡巴萨表示拧螺丝，乐器和情景的合理搭配让幼儿更加明了地理解音乐。

存在的不足：在活动中，教师的语言要精简些。

【延伸活动】

可以将这节课延伸为第二课时的打击乐，提高孩子们对节奏的感知。

西安市第五保育院　马莎　代晓蓓

知识巩固

一、选择题

1. 智力游戏、体育游戏和音乐游戏是（　　　）。

　　A. 有规则游戏　　　　B. 表演游戏　　　　C. 个人游戏　　　　D. 创造性游戏

2. 智力游戏与其他游戏不同，智力游戏要有一定的（　　　）。

　　A. 适宜性　　　　　　B. 新颖性　　　　　C. 科学性　　　　　D. 灵活性

3. 教师对幼儿游戏的指导必须以（　　　）为前提。

　　A. 发挥幼儿的自主性　　　　　　　　B. 保证幼儿游戏的特点

　　C. 保证游戏的目的性　　　　　　　　D. 实现游戏的多样化

二、简答题

1. 什么是体育游戏？如何设计幼儿的体育游戏活动？

2. 音乐游戏的年龄特点是什么？如何进行指导？

实践与训练

一、智力游戏方案的创编

【目标】

1. 通过实训使学生掌握智力游戏创编的基本步骤。

2. 培养学生根据幼儿不同需要创编不同的智力游戏方案的能力。

【内容和要求】

1. 分组实践，5 ~ 6人一组，设计一个发展幼儿观察力、思维能力的游戏方案。

2. 培养学生动手、动脑，多种形式设计游戏的能力。

3. 师生共同讲评学生作品。

二、体育游戏方案的创编

【目标】

1. 通过实训使学生掌握体育游戏设计的基本方法。

2. 培养学生根据幼儿不同特点和发展动作的要求创编体育游戏方案的能力。

【内容和要求】

1. 创编或改编一个发展跑的动作能力的体育游戏。

2. 创编或改编一个以跳跃动作作为主的带儿歌的体育游戏。

三、音乐游戏方案的创编

【目标】

1. 通过实训掌握音乐游戏创编的基本步骤。
2. 培养学生根据幼儿不同需要创编不同的音乐游戏方案的能力。

【内容和要求】

1. 创编或改编一个韵律游戏。
2. 创编一个节奏游戏。

第六章

幼儿创造性游戏活动设计

创造性游戏是幼儿自主地、创造性地反映现实生活的游戏，包括角色游戏、表演游戏和建构游戏。

第一节　幼儿角色游戏活动设计

一、角色游戏概述

角色游戏是指幼儿通过扮演角色，运用想象和模仿，创造性地反映生活经验的一种游戏。角色游戏是幼儿可以按自己的意愿进行的活动，是幼儿的一种创造性想象的活动，其内容主要反映社会生活，为社会、家庭和幼儿园周围的环境所制约，同时也具有很大的灵活性，无一定的程序和模式，不追求什么固定的结果。

（一）角色游戏的结构

1. 角色扮演

幼儿在游戏中扮演一个或多个假装的角色。这些角色通常是幼儿自认为重要的、经常接触的，或者是引起强烈情感的人物，一般有机能性角色、互补性角色和想象性角色等几类。所谓机能性角色是指幼儿通过模仿对象的典型动作来进行角色扮演，如通过转动方向盘的动作来扮演司机，通过挥动手臂来扮演交警；所谓互补性角色是指幼儿所扮演的角色是依角色关系中另一方的存在为条件，如扮演医生是以病人的存在为前提条件。有3种角色幼儿比较喜欢扮演：第一种是幼儿比较崇拜和尊敬的人，如教师、父母等（见图6-1）；第二种是让幼儿感到害怕的人或动物，如正在打针的医生、凶恶的大老虎等（见图6-2）；第三种是与自己身份不同或低于自己身份的角色，如小婴儿、小动物等。

2. 对材料的假想

角色游戏中离不开对材料和物品的假想（见图6-3）。例如在"娃娃家"的游戏中，把石头当成面包，把树叶当成菜，把枕头当成娃娃等。由于不同的幼儿对同一物品会有不同的想象，因此也就会有不同的用法，而他们要想在游戏中达成统一，共同游戏，就必须借助语言，把自己的想象用语言表达出来，使别的幼儿能够理解与接受。例如：指着积木说"这是饼干"，指着沙子说"这是米"。这样，个人的表征就变成了游戏的表征。在游戏中，积木和沙子是替代物，而饼干和米则是被替代物。替代物和被替代物在幼儿思维中出现的顺序有两种情况。一种情况是由替代物引发的想象活动：这个东西可以用来当什么呢？如看到一把扫帚，便想象用它来当马。另一种情况是由被替代物引发的想象活动：什么东西可以用来"当它"呢？如医院游戏中幼儿想要一个注射器，他便会依照头脑中已有的注射器的表象来寻找相似的替代物，比如一支笔。

3. 对动作和情节的概括

在角色游戏中幼儿用最简单、最直观形象的动作表现游戏情节。例如，现实生活中的做饭、看病有着比较复杂的情节，也包含了许多的动作，而在角色游戏中，幼儿往往用"切菜"这一动作表现"做饭"的情节，用"打针"这一动作表现"看病"的情节。幼儿根据自己的生活经验进行加工处理后，只用最简单、直观的动作来表现情节。

图6-1　扮演教师

图6-2　扮演医生

图6-3　幼儿对材料的假想

4. 游戏规则

角色游戏中的规则不同于规则游戏中的规则。角色游戏中的规则表现为正确地表现现实生活中每个人物应有的动作及先后顺序、人们的态度以及相互间的关系。角色游戏中的规则是受角色制约的，扮演哪种角色就必然要按照相应的角色行为来游戏，是不可以随意改动的，这是角色游戏中规则的内在性。

（二）角色游戏的作用

角色游戏的教育作用可以帮助幼儿认识社会，为幼儿提供了广泛交往的机会和道德行为实践的机会，对发展幼儿的智力，特别是想象力和创造力具有重大意义。通常幼儿根据自己的情感取向来选择所扮演的游戏角色。

1. 角色游戏利于促进幼儿智力和语言的发展

角色游戏是 2 ~ 5 岁幼儿最喜欢的游戏形式，也是最适合这一阶段幼儿身心发展需要的游戏之一，它对开发幼儿智力，培养幼儿想象力、创造力具有重要的价值。角色游戏有利于锻炼幼儿的各种思维能力。角色游戏需要幼儿充分调动已有的生活经验，充分理解和再现角色人物的社会性行为，对于促进幼儿记忆力及注意力的发展有十分明显的作用。此外，在游戏进行中，不可避免地需要操作材料的介入。幼儿需要通过自己的努力，积极开动脑筋寻找合适的操作材料来代替游戏所需的被替代物。同时，游戏需要一定的情节支撑，随着情节的发展，幼儿可能会面临多种问题，如何解决诸如角色关系、游戏规则等多种矛盾，需要幼儿分析具体情境，选择合适的方法来解决矛盾，这对培养幼儿分析与解决问题的能力很有帮助。

2. 角色游戏有利于培养幼儿的主动性和创造性

角色游戏一般由幼儿自行确定主题，自主选择角色，自行设计游戏的情节，充分表达幼儿自己的游戏意愿。在游戏中，幼儿可以尽情表达个人情感及对角色的理解，参与他们平时无法参与的社会生活，满足幼儿的心理愿望，这体现出幼儿极大的主动性。同时，游戏从主题到语言、行为、情节的设定都由幼儿自己独立完成，幼儿有机会充分展示其想象力和创造力。

3. 角色游戏有利于促进幼儿语言的发展

角色游戏在促进幼儿智力发展的同时，还能够极大地丰富幼儿口头语言的发展。幼儿需要模仿角色人物的语言习惯及说话方式进行游戏，在这一过程中，幼儿可以掌握不同的语言习惯，极大地丰富其口语词汇量。以下数据充分说明在角色游戏的情境下，词汇记忆的数量和质量远超过实验条件下，如表 6-1 所示。

表6-1　幼儿在不同条件下实际的词汇量对比表

幼儿年龄	在实验条件下	在商店游戏条件下
3~4	0.5	1.0
4~5	1.5	3.0
5~6	2.0	3.3
6~7	2.3	3.8

二、角色游戏设计

（一）角色游戏设计的原则

1. 主体性原则

角色游戏的组织和开展应以尊重和发挥幼儿的主体性为前提。首先要尊重幼儿游戏的兴趣和需要。角色游戏是幼儿表现和表达自己对现实生活的认识、理解、体验和感受的重要手段，教师应当理解幼儿和游戏间的关系，不把自己的兴趣、计划强加给幼儿。尊重幼儿的主体性，还表现在相信幼儿的能力，给幼儿自主探索和尝试错误的机会。游戏中每个幼儿的游戏兴趣和方式方法是存在个别差异的，教师应当允许各种差异的存在。当幼儿出现一些错误的举止和表现时，不盲目纠正，而应多观察，只要这种错误不会对幼儿和其他幼儿造成伤害，应允许幼儿的偶尔过错，给予幼儿更多探索和尝试的机会，保证幼儿游戏的独立性和充分性。

2. 开放性原则

遵循开放性原则并不是要排斥和否定教师指导的计划性，而是教师的计划性指导必须建立在对幼儿游戏兴趣和需要的合理观察基础上。教师在对幼儿游戏细致观察基础上，可以考虑下一步应当"做什么"和"怎么做"。这种计划性应当以幼儿在角色游戏中产生的问题、困惑、需要和兴趣为基础。教师接纳幼儿的想法并调整自己预先的"计划"，才能使幼儿园角色游戏真正成为幼儿自己想要玩的游戏。

3. 整合性原则

角色游戏组织和指导的整合性原则，是以幼儿身心发展的整体性和幼儿对学习内容的综合性要求为依据的。角色游戏活动具有自然整合不同课程领域的学习内容、促进幼儿整体发展的内在潜能。例如在商店游戏中，幼儿要摆放商品，需要学习"分类"；在买卖的过程中需要进行"数的加减运算"；幼儿在为商店制作商品、制作价签的过程中，发展了他们的动手操作能力和审美能力。显然，商店游戏活动中所产生的问题涉及科学、数学、语言、美工等不同的课程领域。要解决这些问题，幼儿在教师引导下开展的系列活动实际上使幼儿园各领域的课程和内容得到了有机的整合，有利于幼儿的整体发展。

（二）角色游戏设计要点

1. 角色游戏目标的设置

关于角色游戏应注重激发和保护幼儿的求知欲和学习兴趣，调动幼儿学习的积极性和主动性，鼓励支持和引导幼儿去主动探究和学习。角色游戏的目标设计应该符合幼儿的年龄特点，促进幼儿在情感、社会性及行为技能方面获得发展。

2. 角色游戏的准备

（1）经验准备：丰富幼儿对于角色的认识

角色游戏是幼儿对现实生活的反映，幼儿生活经验越丰富，就越能了解不同角色的语言，角色游戏的内容也就越充实，越新颖。帮助幼儿了解现实生活中不同角色的表现是发展角色游戏的基础。例如，带领幼儿散步或外出参观时，沿途引导幼儿观察警察叔叔如何指挥交通，行人如何遵守交通规则，红绿灯的作用等。图 6-4、图 6-5 所示分别为带领幼儿了解消防员和医护人员的工作。幼儿生活观察得越仔细，游戏的情节越丰富，幼儿扮演角色越逼真。

图6-4　帮助幼儿了解消防员的工作　　　图6-5　帮助幼儿了解医护人员的工作

（2）材料准备：和幼儿一起创设开展游戏的物质条件

游戏的玩具材料、场所、设备是幼儿进行角色游戏的物质条件，这些物质材料对激发幼儿的游戏愿望和兴趣、发展幼儿的想象力有重要作用。玩具材料的提供根据年龄段的不同应提供不同难度的材料。小班的材料要逼真、形象，这样更能激发他们的游戏想象。中大班提供的材料要低结构化多功能化，鼓励幼儿选择替代玩具和自制玩具。其次，为幼儿提供一定的场地和设备，吸引幼儿进行游戏（如图 6-6 ~ 图 6-8 所示）。

图6-6　游戏材料（一）　　　图6-7　游戏材料（二）　　　图6-8　游戏材料（三）

3. 角色游戏过程的设计

（1）确定游戏主题

通过角色游戏，幼儿可表达出自己对于生活的想象。因此在这种幼儿游戏中，教师不要把自己的兴趣强加给幼儿。游戏的主题从幼儿的生活经验中、从幼儿兴趣中和需要中生成。

案例：小班娃娃家的游戏主题来源

刚入园时，很多幼儿就对娃娃家产生了浓厚的兴趣，在游戏区中经常看到幼儿会一边抱娃娃一边说，"天黑了，娃娃快睡觉"，有的幼儿喜欢玩煮饭炒菜的游戏，因此可以根据幼儿的兴趣和需要，开展娃娃家的游戏，让幼儿在游戏中初步了解家庭主要成员、主要职责。从幼儿熟悉的生活体验以及感兴趣的生活环节入手，增加幼儿之间的交流和沟通，初步感受和体验爸爸妈妈做家务的辛苦，懂得爱爸爸妈妈。

（2）指导角色选择和分配

游戏的主题选定之后，教师在平时的游戏中指导幼儿学会分配角色的方法，因分配角色产生纠纷时，鼓励幼儿自己解决矛盾。

（3）幼儿自主游戏

在幼儿自主游戏这个环节中，教师通过观察对幼儿游戏进行介入并指导。教师可以通过游戏者的身份，参与到幼儿游戏中，提升幼儿游戏的兴趣和游戏的水平。关于游戏的介入时机，以及指导方式我们在第四章已经介绍。

（4）评价总结游戏

在游戏讲评中，教师应该就角色游戏情节、游戏材料和玩具的制作及使用，以及幼儿在游戏中的行为进行讲评，讲评可以采用讨论、现场评议、汇报等形式。在评议中应该注意：引导幼儿进行自我评价，评价中提出开放问题，引发幼儿思考，为再次游戏指出方向（见表6-2）。

表6-2　角色游戏的评价

评价时间	小班5～10分钟；中大班5～15分钟
评价内容	三大类：快乐（情绪情感体验）、创造（新玩法、新发现）、问题（游戏中出现哪些问题）
评价方法	（1）再现式：幼儿借助环境、照片等回忆游戏情节，用角色语言或动作来表现，展现游戏中的快乐体验。 （2）讨论式：游戏结束后可采用提问题的方式，让幼儿讨论。 （3）总结式：引导幼儿评价，谁玩得好？遇到了哪些困难？谁最会动脑筋？谁最遵守规则？使幼儿明确游戏中的规则意识
评价中的互动策略	（1）接受幼儿回忆经验的方式（摆弄、说、画）给幼儿安排适合的回忆方式与材料。 （2）将个别或一组幼儿的经验，通过操作展示，扩展为公众经验，既能使幼儿获得满足与自豪，又提高了其他幼儿的参与兴趣

三、角色游戏指导与案例分析

（一）小班

小班幼儿思维的直觉行动性很强，其活动离不开具体的事物，活动的内容和形式要受到环境中的具体事物的制约，在活动中缺乏明确的目的。这就使他们在游戏活动中，其思维和想象都离不开具体的玩具材料，离不开周围具体环境的刺激，且受同伴的影响较大；他们的角色游戏情节少、内容简单，主要是对现实生活中某类角色的典型活动的模仿。小班幼儿角色容易混淆，大多数幼儿对同一个角色难以保持长时间的兴趣。当他们刚扮演一个角色不久，又会很快被同伴的游戏或玩具吸引到另一个角色的活动之中去。如一个在"医院"里当"医生"的幼儿穿着白大褂，拿着听诊器就跑到超市中，变成了理货员，去整理货架。幼儿在游戏中的合作性水平低，多单独游戏和平行游戏。

游戏前：教师在选择角色游戏的主题时，应考虑到幼儿平时能接触到的、幼儿较为熟悉的内容，使角色游戏进行时有丰富的内容。教师要根据幼儿的生活经验为其提供种类少、数量多且形状相似的成型玩具，玩具应形象、生动、鲜明、逼真，避免幼儿为争抢玩具而发生纠纷，满足幼儿平行游戏的需要。另外，玩具、游戏材料、场地的选择要有很高的安全系数，避免在游戏过程中发生意外事故。

游戏中：教师以平行游戏法指导幼儿游戏，也可以角色身份加入到游戏中，在与幼儿游戏的过程中达到指导的目的。要注意规则意识的培养，让幼儿在游戏中逐渐学会独立。

游戏后：通过讲评帮助幼儿积累游戏经验，在日常生活中引导幼儿观察、积累生活经验。

小班："我来做爸爸和妈妈"

【设计意图】

小班角色游戏：
我来做爸爸和妈妈

娃娃家游戏是小朋友们日常生活的真实写照，小朋友们对这些内容很熟悉，比如吃饭、睡觉等。由于小班幼儿的年龄特点决定了他们爱模仿的特征，他们也希望自己能成为爸爸妈妈照顾孩子，像他们的爸爸妈妈那样，因此游戏的内容小朋友很感兴趣，于是设计了这个游戏。

【活动目标】

（1）乐意参加游戏，充分体验爸爸妈妈工作的辛苦，产生爱爸爸妈妈的美好情感。

（2）通过亲身扮演娃娃的"爸爸"和"妈妈"，能尝试做一些爸爸妈妈的日常工作，模仿爸爸妈妈的语言。

（3）学习使用礼貌用语。

【活动准备】

若干个娃娃家布置，包括玩具娃娃、小床、小椅子、餐具等一些娃娃家玩具。

【重点、难点】

（1）重点：能学会角色扮演，帮爸爸妈妈做一些日常工作。

（2）难点：能使用礼貌用语，并愉快地进行游戏。

【活动过程】

程序	进程	分析
导入部分	1. 温馨谈话：我的爸爸妈妈 （1）指导语：小朋友，你们爱自己的爸爸妈妈吗？为什么你会这么爱爸爸妈妈？ （2）引导幼儿回忆自己的爸爸妈妈是如何照顾自己的	通过谈话，启发幼儿回忆爸爸妈妈平时照顾自己一日生活起居时会做的一些事情，包括穿衣服、做饭、洗澡等，从而为后面的角色游戏做好铺垫

续表

程序	进程	分析
基本部分	2. 角色畅想：你会做一个什么样的爸爸妈妈 （1）教师：今天，我们需要自己当娃娃的爸爸妈妈，请你们想一想，你会做一个什么样的爸爸妈妈呢？ （2）鼓励幼儿与朋友一起轻声地交流，请个别幼儿在集体面前谈谈自己的想法，教师及时给予肯定和补充。 （设计意图分析：帮助幼儿梳理经验，熟悉自己角色的工作，并尝试在游戏中进行再现。） 3. 自主选择角色，开展游戏 （1）指导语：看！我们班来了这么多没有爸爸妈妈的娃娃，等会儿请你们来做娃娃的爸爸妈妈，照顾好他们。 （2）教师介绍游戏材料。 （3）幼儿自主选择喜欢的娃娃，进入娃娃家进行游戏，教师重点进行游戏过程中的有效指导。 （设计意图分析：指导幼儿扮演不同角色，根据经验做与角色对应的事情，教师通过观察幼儿表现，把自身丰富的游戏语言、动作，在互动中让幼儿得到感染，从而提高幼儿的游戏水平。） 4. 经验交流展示，评选出最优秀的爸爸妈妈 （1）指导语：现在娃娃们很开心，因为他们的爸爸妈妈陪着他们度过了快乐的一天。哪个娃娃的爸爸妈妈来介绍一下你是怎么带着娃娃度过这一天的？ （2）请个别幼儿用动作、语言与大家一起交流自己的玩法。 （设计意图分析：教师关注幼儿的每一个亮点，并与其他幼儿一起分享成功爸爸妈妈的经验。）	提供数量较多的玩具，让幼儿自主选择进行游戏，教师全面观察幼儿的游戏，需要介入时以平行游戏法指导，也可以游戏中的角色身份加入游戏中，在与幼儿游戏的过程中达到指导的目的
结束部分	5. 提升再次游戏的要求 指导语：很多爸爸妈妈的表现都非常棒，可有的娃娃只有一个爸爸或者妈妈，他们希望自己有更多的人来爱他们，你们可以怎么来帮助他实现呢？ （设计意图分析：引导男孩与女孩进行家庭组合，合作游戏。）	小班幼儿更多的是独自游戏或平行游戏，教师通过提问"娃娃希望有更多的人来爱，该怎么实现"引发幼儿的合作意识

【总结与提升】

（1）活动结束后执教教师根据实际情况进行评析。

（2）活动反思建议从以下几个点进行。

① 游戏设计中，教师采取了什么策略支持幼儿，保证幼儿自主地进行游戏？

② 幼儿游戏过程中出现问题时，教师如何介入、指导幼儿？

【延伸活动】

幼儿在熟练进行游戏后，教师可以丰富游戏的内容，引导幼儿走访"邻居"的家，让幼儿除了待在自己家中，还可以与其他幼儿有更多交流，并且可以设置一些工作区，让幼儿的游戏兴趣得以延续。

（二）中班

中班的幼儿随着注意力的稳定性的增加，活动的目的性逐渐增强，也开始有意识根据自己的兴趣和爱好来选择角色。游戏活动的兴趣集中在角色的分配上。幼儿喜欢扮演的都是在社会生活中有权威感，在游戏中能支配其他角色的"中心角色"。在集体游戏中，往往由于"中心角色"太少而使幼儿在角色分配时发生游戏纠纷。

游戏前：根据幼儿的需要提供丰富的游戏材料，鼓励幼儿玩多种主题或相同主题的游戏。教师可在游戏前通过谈话、讲故事等形式，引导幼儿进行分工，鼓励幼儿自己制作所需的玩教具。

游戏中：教师应随时了解幼儿游戏的情况，善于观察每一位幼儿在游戏中的表现，在了解的基础上以合作参与者的身份介入游戏，适时指导，以提高幼儿角色扮演的水平。教师应鼓励幼儿联合起来玩游戏，鼓励幼儿自己制作玩具，以适应游戏的需要。

游戏后：教师通过讲评游戏引导幼儿分享游戏的经验，以丰富游戏的主题和内容；指导幼儿在实际操作中，学会并掌握交往的技能及相应的规范，以便帮助幼儿进一步与同伴交往，学会在游戏中解决简单的问题。

中班："漂亮宝贝理发店"

【设计意图】

洗发、理发是每个幼儿都经历过的事，它有生活经验做支持，贴近幼儿，对幼儿来说并不陌生。幼儿喜欢在娃娃家里用头梳在娃娃头发上梳呀梳，女孩子还喜欢给娃娃扎辫子等，看到幼儿这么喜欢，于是我们开展了"漂亮宝贝理发店"这一角色游戏活动。通过游戏可以让幼儿尝试表演各类角色以及了解理发程序，同时在游戏中可以发展语言表达能力和交往合作能力。

中班角色游戏：
漂亮宝贝理发店

【活动目标】

（1）愿意参与理发店游戏，体验角色扮演、交往的乐趣。

（2）游戏中能使用礼貌用语，大胆地进行顾客与理发师之间的对话，促进语言表达能力及创造力的发展。

（3）学习扮演理发店的理发师，初步了解理发师的工作职责、理发程序。

【活动准备】

（1）经验准备：在谈话活动中与幼儿讨论以下问题：你去理发店理发吗？理发店里都有哪些工作人员？引导幼儿初步了解理发店在生活中的用途。

（2）材料准备：（真实材料）头梳、围裙、脸盆、发夹、发箍、假发、橡皮筋等；（仿真材料）空洗发水瓶、剪刀、电吹风等。

（3）环境创设：布置理发店场景。

【重点、难点】

（1）重点：能在游戏中使用礼貌用语，大胆进行顾客与理发师之间的对话。

（2）难点：能扮演各种角色，并了解理发师的职责与工作程序。

【活动过程】

程序	进程	分析
导入部分	**1. 谈话导入，激发幼儿的兴趣** （1）指导语：你去过理发店吗？你理过什么样的发型？理发师是怎么帮你理发的？理发师理发有几个步骤？ （2）引导幼儿了解理发师如何正确理发，并主动与顾客交流。 指导语：理发店的工作人员会怎么向小客人介绍发型呢？ 小结：要招待客人，给客人端水，拿发型书给客人看等。 （设计意图分析：帮助幼儿梳理生活经验，熟悉自己角色的工作。）	教师通过谈话的形式，引发幼儿回忆生活经验，为接下来的角色游戏提供经验准备
基本部分	**2. 师幼共同商量游戏注意事项** （1）师幼共同商量游戏注意事项。 指导语：在理发师使用工具时我们需要注意什么？ （2）引导幼儿履行自己所扮演角色的职责，要做文明的顾客。 （设计意图分析：引导幼儿在游戏中注意安全，使用礼貌用语。） **3. 幼儿自由选择角色开展游戏，教师观察指导** （1）幼儿自由选择角色，主动并正确地摆放相应的游戏材料。 指导语：请工作人员去自己的工作区域整理好物品，等会儿就要营业了。（教师重点观察理发师的工作情况。） （2）幼儿进行游戏，老师可融入角色，扮演顾客和幼儿一起进行游戏。 指导语："这里新开了个理发店呀，正好我要洗个头，顺便剪个新发型！" （设计意图分析：教师关注幼儿在游戏中的沟通情况，如是否有效沟通并运用礼貌用语，并创造出新发型。）	幼儿要自主游戏，教师进行细心全面的观察，中班幼儿可能会为争抢某个角色而产生纠纷，教师应适时介入指导
结束部分	**4. 整理游戏材料和环境，师幼分享游戏体验，评价游戏情况** （1）整理游戏材料和环境。 （2）交流游戏情况。 教师：今天谁去理发店理发了？你喜欢哪个理发师？为什么？游戏中出现问题了吗？解决了吗？怎么解决的？ （设计意图分析：教师关注幼儿在游戏中出现的问题以及解决问题的方式，着重注意幼儿出现的没有解决问题，便于在小结活动时与幼儿共同探讨。）	教师通过讲评游戏引导幼儿分享游戏的经验，以丰富游戏的主题和内容；指导幼儿在实际操作中，学会并掌握交往的技能及相应的规范，以便帮助幼儿进一步与同伴进行交往，学会在游戏中解决简单的问题

【总结与提升】

（1）活动结束后，执教教师根据实际情况进行评析。

（2）活动反思建议从以下几个点进行。

① 如果幼儿在游戏过程中不清楚自己所扮演角色的工作职责，教师应怎样进行引导？

② 在游戏过程中理发师与小顾客之间出现了沟通障碍，教师应如何介入？

③ 在整理游戏玩具时，幼儿不能很好地收拾整理，教师应如何引导？

【延伸活动】

理发店游戏可以渗透在班级的美工区，幼儿将自己设计出的发型画下来，运用皱纹纸等材料进行完善制作（见图6-9 ~ 图6-12）。

图6-9　理发店按摩室

图6-10　理发店收银台

图6-11　理发室

图6-12　理发店的工具

湖南省长沙市雨花区教育局第一幼儿园　彭惠玲

（三）大班

大班幼儿通过活动和玩具材料来展现自己的想象力，使游戏活动表现出创造性。游戏主题新颖，内容丰富，能反映较为复杂的人际关系，呈现出合作游戏阶段的特点。多数大班幼儿喜欢与同伴一起游戏，能按自己的愿望主动选择并有计划地游戏，而且，幼儿在游戏中自主解决问题的能力比较强。游戏兴趣大多集中在角色的行为是否合乎"规则"上。

游戏前：引导幼儿一起准备游戏的材料及场地，选择适合大班年龄特征的游戏主题。

游戏中：教师一般较多地用语言来指导大班幼儿的游戏，在游戏中培养幼儿的独立性。教师观察幼儿游戏的种种意图，给幼儿开展游戏提供练习的机会和必要的帮助，并表扬幼儿在游戏中的点滴创造。

游戏后：组织幼儿自己讲评游戏，教师对幼儿在游戏中表现出来的优秀品质给予鼓励和表扬。

大班"烧烤吧"

【设计意图】

无论大人还是小孩都特别喜欢美食，幼儿离园后都会拉着自己的爸爸妈妈在门口的小吃摊，买一些好吃的食物。所以幼儿对食物很感兴趣，对于美食有着比较多的生活经验，在游戏中能够更好地进入角色，创造性地体验游戏乐趣。

大班角色游戏：
烧烤吧（一）

大班角色游戏：
烧烤吧（二）

【活动目标】

（1）体验"烧烤吧"游戏的乐趣。

（2）会根据自己在"烧烤吧"游戏中扮演的角色，明确店长、厨师、服务员等角色的分工与职责。

（3）能够自主选择各种烧烤道具和辅助材料，并灵活运用到角色中。

【活动准备】

（1）物质准备：烧烤类、烧烤炉、特色点心、主食、厨师道具、服务员服饰、菜单、收银台、积分评价卡等。

（2）经验准备：了解烧烤店的工作，玩过角色游戏。

【重点、难点】

（1）重点：能明白各种角色的分工与职责并能愉快游戏。

（2）难点：能够自主选择各种烧烤道具和辅助材料，并灵活运用到角色中。

【活动过程】

程序	进程	分析
导入部分	1. 谈话导入，教师帮助幼儿梳理吃烧烤的生活经验 指导语：你们有没有吃过烧烤呢？你们知道好吃的烧烤都是怎么来的吗？烧烤吧里都有哪些人？他们分别是怎么工作的？教师请幼儿说说自己的想法	从幼儿的直观经验入手，一方面可激发幼儿的游戏兴趣，另一方面可以了解到幼儿具备多少有关烧烤的生活经验
基本部分	2. 教师创设游戏情境，幼儿熟悉游戏场地和材料，师幼共同商定游戏注意事项 （1）教师创设游戏情境，幼儿熟悉游戏场地和材料。 指导语：今天老师要开三家烧烤吧，这儿已经准备好了铺面、食材还有各种工具（见图6-13、图6-14），我们先一起来看看都是些什么材料吧。 （设计意图分析：熟悉材料，同时给幼儿思考创造时间，为后面的游戏开展做铺垫。）	先是教师创造好情境，带领幼儿熟悉情境；然后进行招工（实际上是角色分配）。大部分时间用到了游戏的角色分配上，幼儿真正游戏的时间是否得到保证

续表

程序	进程	分析
基本部分	 图6-13　烧烤工具 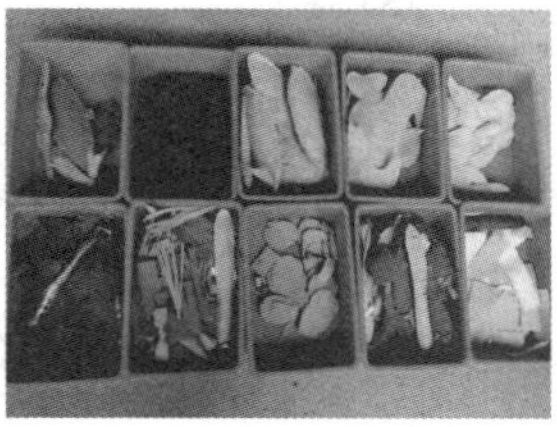　　　　图6-14　烧烤食材 （2）师幼共同商定游戏注意事项。 指导语：等会儿我要招些工作人员帮我开张，你们先帮我想想，开张的时候我们需要注意些什么？ 游戏注意事项： ① 和同伴礼貌交流。 ② 和同伴合作解决问题。 ③ 工作人员坚守工作岗位和职责，不与顾客发生争执。 （设计意图分析：了解游戏过程的注意事项，保障游戏有序进行。） **3. 幼儿自主选择游戏角色，教师观察指导并适时介入** 指导语：现在我开始招工啦！每个店需要 × 名店长，× 名厨师，× 名服务员，× 名后勤人员（具体人数可根据实际材料以及幼儿数量进行调整），你们先自由报名吧！ 将幼儿自由分成三组，组内商讨选择自己喜欢的角色，在角色分配过程中进行协商解决。 （设计意图分析：设置多个角色，方便让幼儿自主选择喜欢的角色。）	
结束部分	**4. 梳理游戏经验，互相评价** （1）幼儿互相评价。 指导语：我为顾客们准备了积分评价表，现在请我们的小顾客们先对三个烧烤吧进行评价吧！ （2）幼儿自评。 指导语：我也想请问下工作人员对自己的工作满意吗？为什么呢？ （3）教师小结，梳理游戏经验	通过幼儿互评、自评、师评，总结、归纳、梳理烧烤游戏经验，使幼儿学会客观评价，巩固学习经验并进行经验迁移，举一反三

【**总结与提升**】

（1）活动结束后执教教师根据实际情况进行评析。

（2）活动反思建议从以下几个点进行。

① 幼儿对烧烤摊的人员安排和分工以及基本的工作内容都有一定的了解，因此在开展游

戏时幼儿根据自己的参观经验，与教师一起回忆烧烤摊的人员有哪些，他们分别是怎么工作的，就餐的程序是怎样的。

②但是在游戏中幼儿对于自己扮演的角色职责还不是十分清晰，容易出现角色分工不清，如"招待员"有时会不记得将食物端给"顾客"，而"厨师"有时会跑到餐厅送餐等，在下次的游戏中会重点指导幼儿，使其能更加明确自己所扮演角色的分工和职责，并能较逼真地表现出不同角色的工作情况。

③幼儿在面对一些问题时还不能够很好地解决，充当经理的幼儿的统筹安排还不够清晰，缺乏对突发情况的应对。

④当出现没有人选的角色时，教师如何介入？

【延伸活动】

幼儿在熟悉了"烧烤吧"的基本玩法后，可以在区域中进行角色的扮演，可以融入美工区，设计出自己摊位的招牌和一些食物。

湖南省长沙市雨花区教育局第一幼儿园　杨盼

四、角色游戏案例分享

（一）大班："儿童购物超市"

【设计意图】

"儿童购物超市"活动是幼儿根据自己的需要、自主选择材料、自己分类摆放，设计标签和标志，自主创设游戏区，并在游戏区自主进行销售、购物的游戏过程。大班幼儿的自主意识增强，角色游戏水平也在不断提高，他们游戏的目的性、计划性增强了，能够自主选择游戏内容、发展游戏情节，充分收集和运用各种材料与同伴合作游戏，已具有一定的设计游戏和评价游戏的能力。超市这种便捷的经营模式，是幼儿日常生活中所熟悉的，开设儿童购物超市既能满足幼儿的游戏需要，又能引导幼儿在游戏中感受、发现生活中数学的重要，体验购物游戏的乐趣。

【活动目标】

（1）能迁移关于超市的知识经验，与同伴合作创设超市的环境，运用对应、分类等方法整齐地摆放儿童购物超市的物品。

（2）能根据游戏的需要自主选择或与同伴协商分配角色，并能明确自己所扮演角色的职责，坚守岗位。

（3）能礼貌待人、遵守游戏规则，根据需要不断发展游戏情节，选择、使用、制作适宜的游戏材料，共同解决游戏中出现的问题，体验购物游戏的乐趣。

【活动准备】

（1）物质准备：教师和幼儿共同收集开超市用到的材料（饮品、食品、生活用品、文具、玩具、服饰等）；超市宣传单、导购员和收银员的服装及工作牌；"银行卡""钱""收银台""购物卡"等。

（2）经验准备：幼儿有超市购物的经验，开展过超市购物的主题教学，幼儿了解超市导购员和收银员以及保安等职员的工作。

【重点、难点】

（1）重点：能与同伴合作创设超市环境，并能分类整理摆放物品。

（2）难点：能自主选择或协商分配角色，并明确角色职责，扮演好自己的角色。

【活动过程】

程序	进程
导入部分	1. 开始部分，讨论导入 （1）运用原有的知识经验，尝试将商品分类摆放。 ① 提问：超市的商品应该怎么摆放？ ② 幼儿共同协商、分工合作，布置超市的环境。 ③ 给货架贴好分类和价格标签。 （2）讨论超市里有哪些工作人员以及他们的职责，共同协商分配角色。 ① 提问：你看到超市都有哪些工作人员？他们是怎么工作的？有顾客来了怎么办？如果有的顾客买了东西觉得不满意，你会怎么做？教师小结"优秀员工"的标准。 提问：如果你是顾客该怎样做？教师小结"最佳顾客"的标准。 ② 幼儿共同协商分配角色。 （设计意图分析：讨论超市物品摆放的方法并分类摆放，明确角色分工，做好游戏的准备。）
基本部分	2. 幼儿游戏，教师观察指导 （1）讨论并制定游戏规则。 提问：我们的超市物品摆放好了，角色也分配好了，我们在玩游戏时，要遵守哪些游戏规则，大家才能更好地玩游戏呢？ 小结：安静有序地游戏；工作人员要坚守岗位，热情礼貌待客；顾客要行为文明。 （2）幼儿游戏，教师观察指导。 ① 幼儿是否明确角色职责，并及时加以指导。 ② 工作人员是否坚守岗位，热情礼貌待客。 ③ 顾客的行为是否文明。 ④ 幼儿游戏的交往语言是否丰富，能否拓展游戏情节。 教师以参与者的身份适时介入游戏，视具体情况有针对性地进行指导。 （3）引导幼儿丰富游戏的情节，大胆想象，加强各角色之间的互动
结束部分	3. 游戏结束，整理评价 （1）超市结束营业，工作人员共同收拾整理游戏材料，"下班"，游戏结束。 （2）讲评游戏。 ① 幼儿自评游戏情况。 提问：你今天扮演了什么角色？你是怎么玩的？有什么好的经验分享？有什么困难或问题？ ② 教师评价小结。 重点从角色的扮演和文明的交往语言方面小结幼儿游戏情况，评选"最受欢迎的顾客""最佳营业员"。 ③ 引导幼儿想办法解决游戏中发现的问题，为下一次游戏做好准备。 （设计意图分析：给学习交流、反思和自评的机会，梳理经验。）

【总结与提升】

（1）活动结束后执教教师根据幼儿游戏的实际情况进行评析。

（2）活动反思建议。

① 组织幼儿参观超市并进行 10 元以内的购物活动，了解超市中工作人员的工作方式和交流方式。

② 幼儿分组摆放整理不同类别的游戏材料。

③ 前期最好刷卡降低难度，根据幼儿的能力分层次投入钱币，从 5 元以内到 10 元以内。

④ 利用教育教学活动丰富幼儿销售和购物的交往语言和策略。

【延伸活动】

引导幼儿不断收集制作游戏材料，增添买卖商品，拓展游戏情节。

河南郑州普一幼　卞丽

（二）中班："普惠路一幼小医院"

【设计意图】

幼儿基本上都有生病看医生的生活经验。在小班娃娃家角色游戏中，幼儿有时会模仿医生给娃娃看病，喂娃娃吃药。进入中班后，幼儿的角色意识进一步增强。在此基础上开始"医院"游戏，不仅可以丰富幼儿的社会认识、体验医院里的各种角色，更能减缓幼儿恐惧打针吃药的心理，从小爱护身体、重视健康。

【活动目标】

（1）认识小医院的基本游戏材料并知道其使用方法，如听诊器、体温表、输液器、注射器等。

（2）了解小医院游戏的基本玩法，了解小医院游戏的角色、任务及各角色的注意事项。

（3）结合自己的生活经验，不断加强各角色的联系，丰富游戏的情节。

（4）学会协商分配角色，能与同伴友好交往、合作游戏。

【活动准备】

（1）物质准备：白大褂、护士帽、听诊器、体温表、压舌板、医药箱、药瓶、注射器、纱布、胶布、处方、病历卡及各种药盒等。

（2）经验准备：幼儿有去医院看病的经历与相关经验。

【重点、难点】

（1）重点：知道小医院游戏的游戏规则、医院的基本材料及使用方法。

（2）难点：学会分配角色，并与同伴友好地进行游戏。

【活动过程】

程序	进程
导入部分	**1. 认识游戏材料，激发幼儿兴趣** （1）认识医疗器械并知道其使用方法。组织幼儿讨论医生的职责、护士的职责。 指导语：孩子们，我们班这学期新开了小医院的游戏，我们一起来看一看，小医院里都有些什么？这些材料是怎么使用的呢？

程序	进程
导入部分	教师带领幼儿认识游戏材料，知道医院材料的使用方法。 （2）请个别幼儿演示使用器械的正确方法，学习用礼貌用语来招呼病人。（礼貌语言、帽子、针、药品等） 指导语：当有病人来看病的时候，我们应该怎样来招呼病人呢？ 教师帮助幼儿梳理给病人看病时常用的语言及护士的常用语言。如："请问您哪里不舒服了？""请躺下，让我帮您看看！""请您按时吃药"等。 （设计意图分析：从幼儿的生活经验入手，激发幼儿对小医院游戏的兴趣，在医院里这些器械是幼儿摸不到的，而通过游戏幼儿可以亲手操作这些游戏器械，极大地激发了幼儿的游戏兴趣。）
基本部分	**2. 幼儿玩游戏** 幼儿分角色开展游戏，教师着重指导医生、护士、病人的角色任务。 （1）医生如何给幼儿看病。 ① 看一看：看脸色、舌苔、嗓子、小手、耳朵…… ② 摸一摸：摸脖子、摸肚子等。 ③ 问一问：哪里不舒服？哪里疼？吃什么东西了等。 （设计意图分析：通过医生角色的扮演，帮助幼儿明确医生角色的工作任务及内容，看病人从哪些方面来看，如何给病人开药等。） （2）护士如何工作。 指导语：护士在工作的时候，最应该注意什么呢？（消毒、打针、配药） ① 有序地给病人消毒、打针。 ② 给病人拿药，并交代清楚吃法。 （设计意图分析：通过幼儿的生活经验，使幼儿明确护士角色的工作。） （3）病人如何看病。 指导语：病人去看病的时候应该先去哪个窗口？再去哪个窗口呢？ ① 病人有序排队看病，尽可能清楚地描述自己哪里不舒服。 ② 主动配合医生护士的治疗工作。 （设计意图分析：通过病人看病，使幼儿明白，在生病后要及时看医生并主动配合医生的治疗。）
结束部分	**3. 游戏小结** （1）梳理游戏经验。分别从医生、护士、病人三个角色进行经验总结与分享。 （2）幼儿对自己的游戏活动进行评价，并讨论下次如何进行游戏活动。 （设计意图分析：通过自己归纳梳理经验及幼儿之间的评价，提高幼儿的游戏水平。）

【总结与提升】

小医院游戏是幼儿非常喜欢玩的游戏，评价时应以幼儿的生活经验认识为基础，根据角色情况进行积极评价，同时注意积极鼓励幼儿在日常生活中如果生病一定要积极配合医生的治疗，这样才能快快好起来。同时建议教师从以下几点进行反思。

（1）游戏前指导幼儿对角色要有充分的认识，知道每个角色的主要任务是什么。

（2）指导幼儿使用一些医院的专门用语，丰富幼儿的语言表达。

（3）注意游戏各角色间任务的衔接。

【延伸活动】

在幼儿非常熟悉游戏角色及玩法的情况下，教师可以适当地拓展游戏，如小医院开展义诊活动，可以给其他班小朋友看病；可以开设体检科，专门给其他游戏区的小朋友进行体检；还可以开展健康知识宣传活动，提升幼儿的认识，丰富幼儿的体验；可以把小医院的游戏延伸到小吃店，娃娃家等（见图 6-15 ~ 图 6-18），使各个角色游戏区互动起来；还可以两个班进行角色游戏的互动；使幼儿真正体验社会角色游戏带来的快乐。

图6-15　厨房灶台

图6-16　电视机和洗衣机

图6-17　梳妆台

图6-18　饮水机

河南省郑州市普惠路一幼　李爱珍
湖南省长沙市雨花区教育局第一幼儿园　卢晋

　小链接

《幼儿为什么需要创造性游戏》

以角色游戏为主的创造性游戏，是幼儿园阶段的典型游戏形式，对幼儿认知、社会性、情绪情感的发展起着重要作用，更重要的是为幼儿提供了社会生活的练习场。

在幼儿园教育活动中，有些幼儿园园长认为有了活动区活动，就不需要开展专门的以角色游戏为主的创造性游戏，甚至某些知名幼儿园园长也提出这样的疑问：角色游戏是区域活动中的一个区域，为什么要专门开展角色游戏？区域活动和角色游戏都是游戏活动，都能让幼儿主动学习，为什么还要开展角色游戏呢？

其实，游戏采取什么形式应该根据幼儿园的实际情况和幼儿的经验兴趣而定，既可以将以角色游戏为主的创造性游戏作为活动区的一个区域活动开展，也可以将其独立于其他区域之外单独进行。《3～6岁儿童学习与发展指南》强调珍视游戏和生活中的教育价值，最大限度地支持和满足幼儿通过直接感知、实际操作和亲身体验获取经验的需要。不管以什么形式出现，创造性游戏自身所蕴含的独特教育价值，是其他活动所不能替代的。

一、在选择游戏中学会自我调节

在以角色游戏为主要形式的创造性游戏中，由于班级幼儿人数较多，教师主要采用"插牌预定""优先选择"等方式，来调控游戏区域之间人数的均衡，使每个地方都有人玩，避免幼儿在选择游戏过程中出现矛盾和争执现象。不管是事先"插牌"还是现场"优先"选择，游戏的主动权其实都操控在教师手里。当幼儿喜爱的某个区域满员后，幼儿只有无奈地选择另一个自己不太喜欢的角色，或被动听从教师的安排，接受一个自己根本不愿意玩的游戏。长此以往，幼儿就会失去自由探索、主动进取的精神。当问及某个在游戏中无所事事的幼儿为什么要选这个不好玩的游戏时，幼儿的回答总是："老师让我玩的。""老师说那个不可以玩。"在幼儿园游戏中，教师口头上强调游戏的自由性，实际上却剥夺了作为游戏主人——幼儿选择游戏的权利。

"插牌预定"和"优先选择"并非没有道理，教师们认为现实社会中孩子们的愿望不可能都能得到满足，所以要培养幼儿自我调适的能力。然而，自我调适能力绝不意味着以牺牲部分幼儿的自主性，形成被动退缩、消极放弃的行为习惯为代价。教师虽然好心地为幼儿控制了一切可能出现的矛盾和冲突，保证游戏能按照预定的方向发展，但同时也剥夺了幼儿学习与人沟通交流、拓展人际关系能力的宝贵过程。自我调适能力需要在真实的情景中、在与人交往的过程中去感知和体验，让幼儿以自己的方式去解决所碰到的问题，充分调动幼儿满足游戏的主动学习的积极性。

因此，游戏开始之前，玩什么游戏、扮演什么角色等都是幼儿自己的事情，因为幼儿才是游戏的主人。教师需要做的就是给幼儿提供自由游戏的机会，给每个幼儿拥有相同的自由交往、选择游戏的机会，让幼儿通过选择游戏的过程，尝试自主选择、自由结伴开展游戏。例如，兵兵由于年龄偏小，在小班时一直选不到自己想玩的游戏区域，总是被教师安排去填补那些没有人愿意玩的游戏区域。进入中班后，选择游戏的方式发生了改变，教师放手让幼儿自己去选择游戏区域。经过几次徘徊之后，有一天，兵兵终于勇敢地进到一个"娃娃家"去做"舅舅"，可是一进去就被同伴拒绝。在遭遇过两次拒绝以后，兵兵尝试改变了策略，首先对"娃娃家"小朋友说："我是来商量的。"等同伴愿意与他商量时，他说："我来做舅舅好不好？"再次遭到同伴拒绝后，兵兵终于找到了只有一个人的"菜场"，开心地玩起了"买菜"的游戏。

类似兵兵这样被动顺从的孩子，教师一旦放手，他只有凭借自己的能力去尝试各种方法策略，根据外界的反应积累经验进行自我调适，在一次次的亲身体验中，让自己内心变得独立，逐渐由一个被动顺从的孩子，变成一个有自己想法、敢于尝试的主动参与者。同时，他也会在自主选择的过程中逐渐形成承受挫折和换位思考等能力。

二、在收放材料中锻炼生活能力

众所周知，游戏是幼儿的学习方式，幼儿是在游戏和生活中学习的。幼儿园开展以角色游戏为主的创造性游戏，让教师感觉最为烦恼的事情就是对大量玩具材料的收拾整理。目前，不少幼儿园存在游戏材料由教师尤其是保育员代为收拾的现象。这样做的最直接好处就是可以在短时间内整理好环境，但这不仅加重教师和保育员的工作负担，还使幼儿丧失在游戏过程中学习尝试自己收拾整理的机会。

如果幼儿玩游戏仅仅是享受过程而且给他人带来负担，这就与《指南》所提倡的"将玩具图书放回原处""整理自己的物品""按类别整理好自己的物品"等理念背道而驰。幼儿自己能做的事情尽量放手让他们自己做，即使做得不够好，也应该鼓励幼儿并给予一定的指导，让幼儿在做事过程中树立自尊和自信。幼儿在游戏中尝试自己收拾整理玩具，不仅可以培养幼儿的责任感，养成良好的收拾整理物品的习惯，更重要的是在收拾整理的过程中，练习并学会按类别收拾、根据物品大小收拾、有顺序合理地收放等方法。幼儿园一日生活皆课程，如果我们把游戏开始和结束时的布置游戏环境、收拾整理环节，看作是幼儿学习规划、整理环境的过程，就不会只关注结果怎样，而是更多地考虑幼儿能力的发展。这种保持环境整洁、有序保管自己物品、做事有条理、有始有终等良好习惯，会使幼儿终身受益。

三、通过讨论分享做人的道理

在以角色游戏为主的创造性游戏结束时，一般教师都会就游戏的开展情况加以小结，有的教师关注各游戏区的情节发展，有的教师关注幼儿在游戏中的行为表现，还有的教师关注游戏中的矛盾……这些教师心目中有自己对游戏的评判，急于解决问题，却忽视了倾听幼儿的想法，更没有时间和耐心去倾听幼儿的想法，使得幼儿在游戏中的体验得不到提升。

其实，游戏结束后，每个幼儿通过亲身体验和与他人互动之后，获取了大量的经验，只是这些经验可能比较零散，或许还有些经验是错误的，每个幼儿所获得的经验也千差万别。此时教师可以让幼儿在集体面前讲述游戏中碰到的印象深刻的事情，因为这本身就是运用并发展语言能力的过程。在游戏的氛围下，幼儿想说、愿意说、敢说、喜欢说，在与同伴、教师交流的过程中，潜移默化地形成了通过语言获取信息、理解他人、组织自己想法的能力，养成了学会倾听、学会表达的良好习惯。

由于在游戏的过程中亲身体验了各种情景，幼儿很容易发现游戏中存在的问题。对于幼儿提出的在游戏中存在的问题，教师有两种解决思路：一种是直接帮助幼儿解决，或告诉幼儿解决的方法；另一种是教师引导幼儿，以幼儿的方式来解决。我们认为，幼儿是游戏的主人，幼儿在游戏的过程中碰到问题，首先应该让幼儿以自己的学习方式和理解能力来尝试解决。因此，教师在幼儿表达了自己的问题之后，不要急于把现成的答案告诉幼儿，而是以"是什么""为什么""怎么办"等问题将幼儿零散的经验串起来，每个幼儿把自己已知的经验讲出来，汇集在一起可能就是对某个问题的解决方法。

因此，教师要充分尊重和保护幼儿的好奇心和学习兴趣，自己只是扮演一个引导幼儿讨论的角色。幼儿在教师问题的导引下，根据已有经验主动积累，根据自己的理解逐步完善经验。这样的讨论可以培养幼儿发现并尝试解决问题的能力、主动学习积极建构经验的能力。幼儿在活动过程中表现出积极态度和良好行为倾向，是他们终身学习与发展所必备的宝贵品质。

一、表演游戏概述

（一）表演游戏的含义

表演游戏（见图 6-19）是指幼儿按照故事、童话的内容，分配角色、安排情节，通过动作、表情、语言及姿势等进行游戏。

图6-19 表演游戏

 想一想

角色游戏和表演游戏有什么区别呢？（图片或视频）

表演游戏与角色游戏的共同点是扮演角色，但二者也有一定的区别。

1. 主题和内容不同

角色游戏中的主题和内容主要来自于幼儿的现实生活经验，如家庭和社区生活经验；表演游戏的主题和内容主要来源于故事，包括文学作品、幼儿根据自己的经历和想象创编的故事。

2. 故事结构性和游戏规则要求不同

角色游戏中，幼儿可以自由选择和切换游戏主题，自由决定和改变游戏内容。游戏内容是随着游戏的过程开展而丰富发展的，之前并没有一个约定俗成的框架或脚本。而表演游戏，在每次表演之前，游戏者之间都会有一个基本达成一致的脚本，规定角色行为，因此，表演游戏受到故事框架的规范，结构性、规则性更强。

3. 角色的性质不同

角色游戏中的角色具有社会性，幼儿以自己的生活经验为情节自由开展游戏；而表演游戏的角色却具有艺术性，是一种具有特定内容的角色游戏，是幼儿以文艺作品的内容为情节来开展游戏。在表演游戏活动中，幼儿通常非常专注投入，根本不在乎是否有人在看他们，促使幼儿持续活动的原因正是好玩的游戏活动本身，而不是来自外部的要求和奖赏。

（二）表演游戏的结构

1. 游戏的主题和角色

表演游戏是幼儿按照童话和故事里的情节扮演角色，游戏的主题一般是事先确定好的。幼儿园一般根据文学作品设计表演游戏,经常采用的文学作品有《小熊请客》《拔萝卜》《灰姑娘》等。例如在"小熊请客"中,幼儿可以扮演小熊、狐狸、小猫、小花狗、小鸡,但不能扮演故事情节之外的角色。

2. 游戏的情节

表演游戏的情节一般是根据文学作品改编的,情节如同电影脚本一样,设计好了就不会轻易改变。例如在"小熊请客"中,幼儿按照游戏情节的发展依次进行狐狸、小猫、小花狗、小鸡、小熊的表演,在表演过程中,游戏的情节要跟事先设计好的内容保持一致。

3. 游戏的材料

幼儿需要借助辅助材料才能更容易进入角色。在表演游戏中,幼儿需要合适的衣服、头饰及其他辅助材料。例如在表演游戏"拔萝卜"中,戴上老爷爷头饰的幼儿会弯腰装驼背,一边走一边假装咳嗽。游戏材料的运用能帮助幼儿更好地理解要扮演角色的特点,从而进行更自由的表演。

4. 游戏的动作与对白

在表演游戏中,幼儿要用具体和详细的动作表现角色,并且在表演过程中一直凸显扮演角色的特征。例如在"拔萝卜"游戏中,戴着小兔子头饰出场的幼儿会把手指竖起来当成兔子的耳朵,并跳跃前进;在"灰姑娘"游戏中,扮演小鸟的幼儿会把两只手张开并上下移动,两只脚交替小跑着出场,模仿小鸟的动作。表演游戏中的对白也是游戏的重要组成部分,通过旁白或幼儿之间的对白推动故事情节按照事先准备好的脚本发展,例如在"小熊请客"的游戏中(见图6-20),狐狸被拒绝后都会说,"哼,气死我了"!

图6-20　小熊请客游戏

(三)表演游戏的分类

1. 桌面表演

它是用各种玩具和游戏材料在桌面上扮演文艺作品中的角色,用口头语言和对玩具的操控来再现文艺作品内容的一种游戏形式。

2. 木偶表演

它也称木偶戏(见图6-21、图6-22)。

3. 影子戏表演

它是根据光学原理,通过光的作用,利用物体阴影来表演故事(见图6-23)。

图6-21　木偶表演（一）　　　　图6-22　木偶表演（二）　　　　图6-23　影子戏表演

4. 戏剧表演

它是幼儿以自己创编的或来自文学作品的故事为线索，通过自身扮演其中的角色来再现故事情节的一种游戏活动。

（四）表演游戏的作用

1. **能培养幼儿对文艺作品的兴趣，加深对文艺作品的理解**

当幼儿表现文艺作品的内容时，他们极力地模仿作品中角色的语言、行动，表达角色的个性特征，反映角色与角色之间的关系。因而，幼儿必须对文艺作品的主题、角色、情节有进一步的理解和记忆。同时，幼儿通过游戏，不仅了解了文艺作品的内容，也使他们体验了作品中人物的思想感情，从而加深对文艺作品的理解。

2. **可以促进幼儿想象力和创造力的发展**

游戏中，幼儿凭借自己的想象力、创造力及对文学作品的理解，对作品的情节、对话和内容进行修改和创作，想办法设计角色语言和动作，将文学作品中一些不适合直接表演的描述性语句转化为具体的语言和肢体动作，使之更加适合表演。游戏过程中，幼儿想象力越丰富，表演就越逼真，因此，教师应鼓励和指导幼儿在不违背原作品大原则的基础上进行合理创新。例如：在"小熊请客"的表演游戏中，幼儿不断地想出各种各样的办法赶走好吃懒做的狐狸，使表演更加丰富而有趣。

3. **能锻炼幼儿的交往能力，增强他们的集体观念，影响良好个性品德的形成**

文艺作品的表演是一种集体活动。在表演中不仅每个人都占有一定的角色，而且各个角色之间又形成各种各样的关系，这就要求表演者既要有独立性，又必须互相合作。所以，表演游戏使幼儿体会到集体的存在，懂得要演好戏必须努力使自己的行为符合集体的各种要求。同时，幼儿的表演又使幼儿体验到集体活动成功的喜悦与欢乐。因此，表演游戏是培养幼儿交往能力，以及纪律性、集体性等良好个性品德的一种有效手段。

4. **对发展幼儿的语言和表演才能有突出的作用**

文艺作品的语言是丰富、优美的，在表演过程中幼儿按作品中角色语言进行对白，这就使他们有机会接触大量的艺术语言，从而丰富了幼儿的词汇，发展幼儿口语表达能力。幼儿的表情、动作、语言、情感随作品中主人公的情感变化而迁移，随着游戏次数的增加，幼儿逐步学习将文艺作品的内容更加生动、形象地展现出来，表演能力也会随之不断增强。

二、表演游戏设计

（一）表演游戏设计的原则

1. **游戏性大于表演性原则**

表演游戏的根本性质是游戏，既然是游戏那么幼儿应该是游戏的主人，幼儿在游戏中要发挥主体作用而不能一味地追求"像"。教师不应把自己对故事的理解和认定的表现方式强加于幼儿。教师干预越多，控制程度越高，幼儿就越被动，主动程度越低，使游戏因而失去了游戏性，而单纯成为表演。因此，在游戏的设计组织中，教师可以通过和幼儿共同选择故事内容，共同参与到道具的设计与准备中，鼓励幼儿合理创新，独立解决游戏中出现的问题等，让幼儿在活动过程中得到游戏性的体验。

2. 游戏性与表演性的融合

表演游戏的"游戏性"和"表演性"其实是能相互融合为一体的。"游戏性"是表演游戏的本质特征，体现并贯穿在整个活动过程中；而"表演性"则是由"一般性表演"向"生动活泼表演"的发展过程。幼儿能通过积累表演经验来提高表演水平。由此可见，"表演性"与"游戏性"并不是互不相容的，"游戏性"应当是基本的，它体现在整个活动过程中。"表演性"则是逐渐提高完善，幼儿对文学作品的理解是在反复多次的接触和练习中逐步提升的，并作为活动的结果显现出来的。在此过程中，教师一定要尊重幼儿的这种学习特点，学会耐心等待，允许幼儿逐步由游戏状态自然过渡到表演状态，创造出完整的、属于自己的表演游戏，教师不应要求幼儿听完故事便立即能进行生动的表演。

（二）表演游戏设计要点

1. 目标的设计

游戏活动总目标是对幼儿即将开始的游戏活动的总的预期，应该根据幼儿的年龄特点、游戏活动发展的特点来确立，包括认知、技能、态度情感这三个方面的培养。对于表演游戏而言，它不可能在一次表演活动中就完成，幼儿的表演游戏是从一般性表现到生动性表现的提升的过程，需要时间和重复的练习。我们知道表演游戏一般划分为三个阶段，其一是理解和故事表现为主的阶段，其二是以故事表演为主的阶段，其三是游戏创作阶段。不同阶段的目标设计要具体并且体现推进性。下面的中班表演游戏在幼儿已经熟悉故事内容基础上，在表演游戏阶段和创造阶段的游戏目标设计，四次游戏的目标逐渐加深。

中班表演游戏："小羊和狼"

第一次游戏目标

（1）根据角色的出场顺序，并能用连贯的言语，大胆表演。

（2）能逐步学习，运用表演道具装扮自己。

（3）能按意愿分组，初步学习协商游戏。

第二次游戏目标

（1）能大胆地运用动作和连贯的语言，表演自己所扮演的角色。

（2）能根据自己所扮演的角色选择合适的道具装扮自己，并初步学习运用游戏材料布置游戏场景。

（3）轮流扮演角色，体验合作游戏的乐趣。

第三次游戏目标

（1）尝试运用表情、创造性的动作、完整的语言，大胆地表现角色特征。

（2）能合理地运用游戏材料丰富游戏场景，并学会收拾整理。

第四次游戏目标

（1）能综合地运用语言、动作、表情来表现自己所扮演角色的特征。

（2）能与同伴共同协商，大胆地改编故事结尾。

2. 内容的选择

（1）选取适合幼儿表演的主题与素材

一般来说，教师选择的文艺作品应符合以下基本要求。

① 要易于幼儿理解且有意义的内容。教师可根据本班的教育目标、任务，以及结合幼儿的生活经验等，选择轻松、活泼、健康，且易于幼儿理解的童话、故事。

② 作品要有表演性，即作品易于让幼儿运用动作、语言等进行表演。这就要求作品要有一定的场面和适当的表演动作。同时，作品还应适合幼儿的年龄特征。具体地讲，教师应为小班幼儿选择一个有场景和简单重复动作的作品。对于中、大班幼儿，教师则可相应地选择场景丰富和动作较多的作品。

③ 有起伏的情节，即情节主线要简单明确，不要过于复杂，以便幼儿理解和记忆。但故事情节要有起伏，情节发展的节奏要快，变化要明显，重点突出，枝蔓不多，脉络清晰，这样才能吸引幼儿，并易于表演。如在"小兔乖乖"中，兔妈妈去拔萝卜，大灰狼来骗小兔子，兔妈妈回来了，把大灰狼打跑了。这个作品有起伏的情节，变化明显，对幼儿具有很大的吸引力。那些情节发展缓慢、言语陈述过多的作品则不适合幼儿表演。

④ 有较多的对话。作品中要有较多的对话，对话要简明并能与动作相配合，以便幼儿在表演中边说边做动作，以增加表演的情趣。如在"小兔乖乖"中，兔妈妈对小兔的交代、大灰狼和小兔的对话，都生动有趣，容易用动作表现出来。

（2）为表演游戏提供物质条件

教师可根据幼儿平日所喜爱的故事角色，吸引幼儿一起来准备玩具、服装、道具以及布景等，并把它们摆放出来，为幼儿创设游戏环境，以激发和调动幼儿参与表演游戏的愿望和积极性。表演游戏一般需要以下一些材料。

① 简易的舞台和布景。

日常的表演游戏，可以在平地上或活动室内进行，或用小椅子、小桌子或大的积木围起来设置一个小舞台，或用标记分出"台上"和"台下"，或创设一个较固定的表演区，如用于木偶表演的木偶台可以用一块幕布将操纵者遮住即可。有条件时，可以给孩子们做个木偶、皮影的小舞台，则更能增加表演游戏的情趣（见图6-24、图6-25）。

图6-24 简易舞台　　　　　　　　　　图6-25 布偶舞台

表演用的布景应简单方便，避免过大、过重、过繁，更不能妨碍表演，只要能起到烘托情境、渲染气氛的作用就可以了。制作的布景造型宜夸张，色彩要鲜明，可以结合美工活动，让幼儿一起来设计和制造。例如，布景中金色的小房子，可用大型积木搭建，在积木上挂上或粘上金色的纸屋顶和门窗。又如，木偶戏布景较小，幼儿平时的绘画、纸工和泥工作品都可用于其中。

② 服装与道具。

表演游戏的角色造型、服饰和道具很重要，它们不仅能激起幼儿进行表演游戏的愿望，而且还直接影响到游戏的趣味性、戏剧性和象征性（见图 6-26 ~ 图 6-28）。

幼儿表演游戏用的服装与道具，可以象征性地表现角色所具有的显著特征。如各种动物、人物角色，只需一个头饰即可。为了更好地表现角色的外形特征和个性特点，教师还要引导幼儿根据作品的角色要求进行适当的角色造型和化装。例如：幼儿在进行"小兔乖乖"的表演游戏前，商议怎么化装，就是在给角色造型和进行服饰准备，最后的结果可能是按故事中的五个角色的最突出特征来造型化装。幼儿会按角色特点各自挑选头饰，教师要想办法支持幼儿游戏的开展，可帮他们在服饰上做简要的点缀性装饰，如为兔妈妈腰上扎一条围裙，给大灰狼的臀部安上一条毛茸茸的大尾巴等。在道具方面，给兔妈妈准备一只小篮子和一根棍子，两张小椅子并排一起就算是兔子家的大门。这样简单的造型与服饰，对幼儿参加表演游戏的激励作用很大，能使游戏顺利开展下去。

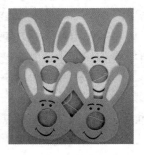

图6-26　兔宝宝　　　　　　图6-27　大灰狼　　　　　　图6-28　兔妈妈

虽然服装和道具是表演游戏十分必要的物质条件，但幼儿的表演游戏应体现自由性和灵活性，可随时随地进行表演，不受道具的限制。对道具的要求过多或过于真实，不但幼儿的能力和体力达不到，反而会限制幼儿表演的积极性和创造性。当道具不足时，教师还可以引导幼儿以象征性的动作去表现，如"过河""爬山"均可用动作加语言表示。这样幼儿会感到十分满足，因为他们更关心的是自己能以角色的身份说话和做动作。

总之，服装、道具应当力求简便，不一定要专门购买材料制作，可以用幼儿平日玩的各种主题玩具代替，或者和平时的美工活动相结合，自己制作。服装和道具的设计与制作应当是幼儿表演游戏的组成部分。教师不要完全包办，要组织幼儿自己设计环境，制作布景、道具和选配服装。对于幼儿来说，这些工作也是一种愉快的游戏。

3. 过程的设计

（1）理解故事阶段

首先，帮助幼儿理解作品的内容，掌握故事的情节和人物形象特点。教师生动形象地讲述故事，可以激起幼儿表演的兴趣。讲述故事之后，教师的提问可以帮助幼儿理解作品内容。其次，指导幼儿选择角色，鼓励幼儿自主选择角色。表演小组分好后，幼儿在组内可以自主选择想要表演的角色，但应使幼儿理解轮换担当角色的必要性。能力强的幼儿担任主角是可以的，特别是那些新的游戏，先让能力强的幼儿担任主角能使游戏顺利进行。但也应鼓励和帮助能力弱一点的幼儿勇于去扮演主角，特别是这些幼儿表达了这样的要求时，应给予支持。当角色选择发生分歧时，教师可用以下办法解决：①轮换法：让两名幼儿自行商量或用猜拳、投币的办法确定谁先演、谁后演，然后依次进行表演；②发现法：帮助幼儿发现扮演其他角色的乐趣，自愿谦让而选择其他角色。特别是像大灰狼、狐狸等总是被人打骂的反面角色，教师应引导幼儿发现这些角色在表演上的趣味性和挑战性，鼓励幼儿大胆尝试，并在表演生动性上加大评价力度。

（2）表演故事阶段

① 教师示范表演。

教师经常把故事、童话、诗歌等作品，以戏剧、歌舞、木偶、皮影戏等形式向幼儿作示范性表演，不仅可以激发幼儿表演的欲望，还可以帮助他们积累丰富的表演素材，学习各种表演技巧。因此，教师的示范表演是对幼儿的重要指导。

教师的示范表演可以在全园的娱乐活动、节日活动中进行，也可以在日常游戏活动中进行。这种表演有时需要几个人合作，可以请几个班的教师合演。

② 指导幼儿的表演游戏。

教师应常常参加幼儿的表演游戏，在游戏中担任某一角色，和幼儿一起演出。教师和幼儿一起表演，有两方面的作用：其一是带有示范性，给幼儿以启示，让他们模仿，特别是不会表演的小班幼儿；其二是便于及时用提问、建议的方法，启发和帮助幼儿理解作品内容，激发他们用自己创造出来的、生动形象的语言和动作来表现作品内容。

③ 对幼儿进行表演技能训练。

表演技能，指表演中必须运用的语言表达、歌唱表演、形体与表情动作及木偶和皮影的操作技能等。幼儿在表演中虽然从全身心的投入中获得满足，不在乎有无观众来欣赏，但是并不是说幼儿的表演技能就不重要。因为文艺作品中的内容和情节需要借助一定的表演技能才能得以表现和展示。培养和提高幼儿的表演技能是完成表演游戏的一个重要保障。幼儿在表演游戏中最基本的表演技能有以下几种。

A. 幼儿口头语言的表达技能。

幼儿表演游戏中大部分角色的形象主要是通过语言来表现的。语言表达技能表现在对语调的处理上，即通过声音的轻重、快慢、高低和停顿等变化去表现人物的思想感情。如狐狸的声音又尖又细，带着狡猾的色彩；小熊的声音笨重而缓慢，透出老实憨厚的特点等。教师要分步骤要求与指导：首先要让幼儿能大胆地把角色的语言表达出来；其次要让幼儿能较清晰、流畅地用普通话表演；最后要让幼儿知道运用不同的语调来表达思想感情，让幼儿在理解、领会作品的前提下，通过具体的练习和实际操作，逐步提高口头语言的表达技能。

B. 幼儿的歌唱表演技能。

歌唱表演技能包括用自然好听的声音歌唱，不大声喊叫，音调准确，吐字清晰，能根据乐曲的快慢、强弱等变化有表情地演唱。在表演游戏中，教师应指导幼儿唱歌时吐字要清楚，旋律曲调要准确，快慢音量要适度，表情要符合角色的要求。例如，"小兔乖乖"中的兔妈妈唱的歌与大灰狼唱的歌虽然内容一样，但他们的语气、声调、表情是绝对不同的。幼儿只有具备较好的歌唱表演技能，才能将文艺作品的内容生动、形象地展现出来。

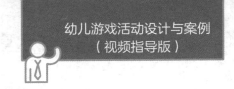

C. 幼儿的形体表演技能。

形体与表情动作除了人们的日常生活动作外还包括一些小动物的典型动作。在表演时，幼儿的步态、手势、动作需要比日常生活中的夸张一些，使表演具有一定的舞台效果。每个角色都各有其不同的角色特点，要求幼儿在表演游戏中能恰当而准确地把握。例如，"下雨的时候"游戏中有三个角色，小白兔上场用"兔跳"，小鸡上场用"点头踏点步"，小猫上场用"交替步"和双手"捋胡子"的动作。指导幼儿表演时，教师可以要求他们把动作幅度做得稍大些，并带点夸张，以充分表现出各自的角色特点。

以上这些表演技能，应该让幼儿在日常活动中日积月累，并逐步学习掌握。同时，教师也可通过一些针对性的游戏训练让幼儿习得。例如，用"小猫和小老鼠"的游戏，对幼儿进行形体与表情动作技能训练：让玩具猫坐在小椅子上，小老鼠（由幼儿扮演）出来玩，发现了玩具猫，它们怕极了，逃走了，后来发现是假猫，便又无法无天了。教师让幼儿练习轻轻跑和害怕的表情，以及无法无天的自由动作。这样，幼儿的表演技能得到了训练。又如，教小班幼儿做木偶操，用儿歌或者音乐伴奏，让他们练习立正等姿势。

总之，表演游戏是以作品为依据的创造性游戏。在表演游戏中，幼儿可以自导自演，以表演过程为乐趣，而不用十分注重表演的效果，这也是表演游戏的特点。因此，教师对幼儿表演游戏的指导，既要注意引导幼儿反映作品内容，更要注意发挥幼儿的主动性和创造性，鼓励幼儿生动、自然、创造性地表演，而不用严格按照作品进行表演。

（3）故事创编阶段

经历了前面两个阶段的表演，幼儿已经对剧本有了深入的了解，而且能游刃有余地表演剧本的内容。教师可以引导幼儿在故事情节、结局，或故事的延伸部分进行创编。比如，在"猴子学样"中，老爷爷通过把帽子扔在地上的方式取回帽子，但幼儿有了创新，他们说，猴子喝完酒以后跳《小苹果》，最后都醉倒了，老爷爷把帽子捡回来下山了。

三、表演游戏指导与案例分析

（一）小班

由于小班幼儿的语言能力和行动能力有限，只能表演自己看到的、听到的作品中印象最深的情节，表演简单而缺乏内在联系，只能是作品中片段的反映。幼儿经常进行的表演游戏更多是在幼儿与成年人之间展开的，例如用各种玩具动作在桌面上进行游戏；与木偶、手偶等展开对话。

游戏前：教师应当为幼儿准备封闭或半封闭的空间，这个空间最好在一定时间内是固定的，给幼儿认同感和安全感。教师可指定角色，也可由幼儿自报。选择简单易懂的文学作品，帮助幼儿理解文学作品的内容，熟悉文学作品中的语言。

游戏中：教师以游戏者的身份参与到幼儿的表演游戏中，担任某一角色，和幼儿一起演出。并且，教师在表演游戏中所扮演的应当是能够引导整个表演游戏顺利开展的角色，或者是幼儿尚不熟悉、扮演有困难的角色。

游戏后：师幼共同欣赏和回顾表演的过程，体验表演游戏的快乐，从而增加幼儿对故事情节的理解，激发幼儿对表演游戏的兴趣。

小班："小河马过生日"

【设计意图】

"小河马过生日"是节选《小河马的牙》故事的一个片段，小朋友在听《小河马的牙》这个绘本故事的时候对小河马过生日这个情节最喜欢，所以我设计了这个活动。第一活动阶段以角色理解、表现为主，引导幼儿借助自己已有的经验，从感知、模仿、想象、情感等方面去充分认识、理解角色，幼儿才能更好地运用语言、表情、动作，全面表达自己对故事和角色的理解，为后一阶段的表演及创作奠定基础。

小班表演游戏：
小河马过生日

【活动目标】

（1）体验与同伴合作表演的快乐，感受过生日喜庆快乐的气氛。

（2）能大胆地表现小河马以及同伴的个性。运用语言、表情、动作，全面表达自己对故事和角色的理解。

（3）初步尝试用自己的语言评价他人的表演。

【活动准备】

（1）物质准备：故事CD、服装道具。

（2）经验准备：听过《小河马的牙》的故事。

【重点、难点】

（1）重点：用身体动作表现"海浪"。

（2）难点：小组商讨共同合作用动作表现"海浪"。

【活动过程】

程序	进程	分析
导入部分	1. 回忆故事，选择最喜欢的故事情节 指导语：小朋友还记得《小河马的牙》的故事吗？故事说了什么事情？在故事里你最喜欢哪一段呢？为什么？	回忆故事情节，引导幼儿说故事内容
基本部分	2. 分析角色个性，熟悉角色之间的对话 （1）小河马过生日时它开心吗？它说了什么？ （2）小兔子送了小河马什么礼物？送礼物时说了什么？ （3）小狐狸送了小河马什么礼物？送礼物时说了什么？ （4）小象送了小河马什么礼物？送礼物时说了什么？ 3. 教师完整讲述故事情节，幼儿自由选择喜欢的角色 指导语：你最喜欢哪个小动物呢？我们试着把它表演出来吧。 （设计意图分析：帮助幼儿梳理故事，加深幼儿印象，为之后的片段表演做准备。） 4. 根据幼儿所选角色进行分组游戏，教师适时指导 指导语：现在小朋友们选择分组，表演你喜欢的小动物	通过分解故事的内容，以提问的方式逐步引导幼儿感受角色的形象和情感特征。到教师完整讲述内容，加深幼儿对故事的理解。继而在对故事熟悉的基础上，幼儿自由选择角色并进行分组表演。 需要注意的是，小班的幼儿自由分组，在小组中能否展开表演游戏

续表

程序	进程	分析
结束 部分	**5. 个别组示范表演，教师与其他幼儿点评** 指导语：经过刚刚的表演，我发现有一组的小朋友表演得非常不错，我们请他们来示范表演吧。 （1）教师点评幼儿的表情、语言、动作。 （2）幼儿用自己的语言点评好与不好的地方	通过观看其他组的示范表演，教师帮助幼儿提高自己的表演水平。需要注意小班幼儿能否较好地用自己的语言点评好与不好的地方

【总结与提升】

（1）活动结束后执教教师根据实际情况进行评析。

（2）活动反思建议从以下几点进行。

① 幼儿在表演的前期准备中是否对故事情节和人物特点已经非常熟悉。

② 在分小组表演时，教师的指导是否适时到位或是否过多地指导幼儿表演。

【延伸活动】

活动结束后教师可以把这个题材融入到更多的区域。例如：表演区、美工区（制作表演道具、表演服装）、建构区（生日蛋糕、小河马的家）等。

附：故事《小河马过生日》

今天是小河马的生日，小河马邀请了好朋友来家里做客！"咚咚咚"门响了，一定是小兔子、小狐狸和小象来了。小河马开心地打开门邀请它们进来。"小河马生日快乐！"小兔子、小狐狸和小象齐声说道。

小兔子拿出来它的礼物说："小河马生日快乐，这是我送给你的水晶糖。"小河马说："谢谢你小兔，我最喜欢吃水晶糖了。"

小狐狸拿出它的礼物说道："小河马生日快乐，这是我送给你的酸梅。"小河马接过礼物说："谢谢你，小狐狸。"

小象拿了一把大大的牙刷说："小河马生日快乐，这是送给你的礼物。"小河马看了一眼大牙刷说："你为什么送我牙刷呢？"小象说："因为你爱吃糖和酸梅，如果不刷牙就会长蛀牙的。"小河马点点头说："谢谢你，小象，我一定会每天刷牙的。"

小河马和它的好朋友们一起分享生日蛋糕，可开心啦！

湖南省长沙市雨花区教育局第一幼儿园　杨文钰

（二）中班

中班幼儿在有头饰的情况下，能够顺利地完成角色分配的任务，能够对表演游戏中的角色、情节、材料、动作等进行协商。幼儿表演的目的性不强，更注重游戏中快乐的体验，有时候会因为准备材料和道具忘掉游戏的目的。受中班幼儿言语能力、移情能力等的影响，中班幼儿在表演游戏中的表现一般，不能生动、活泼地展现表演的内容。

游戏前：教师应为中班幼儿提供适宜的游戏时间和空间，并注意材料的结构化程度。为幼儿准备封闭或半封闭的空间，这个空间最好在一定时间内是固定的，给幼儿认同感和安全感。

游戏内容适合幼儿的年龄、心理特点。应选择角色个性鲜明、情节简单，趣味性、动作性强，对话多次重复、语言朗朗上口等特征的儿童文学作品。

　　游戏中：为中班幼儿提供的材料要简单易用，以 2 ~ 4 种为宜。在游戏最初的开展阶段，教师要帮助幼儿做好分组工作，讲解角色更换原则。不要过多干预幼儿的游戏，不要急于示范，要耐心等待幼儿协商、讨论，提醒幼儿坚持游戏主题，帮助幼儿提高角色表现意识，可以参与游戏。当幼儿游戏停滞不前时教师可以为幼儿提供适当的示范。

　　游戏后：根据在游戏过程中的观察与记录，和幼儿共同欣赏体验游戏的乐趣。对幼儿表现出来的创造性表演给予表扬和推广，对幼儿的表演技能给予个别化的指导。

　　中班："小工具做鞋子"

【设计意图】

大班表演游戏：
小工具做鞋子

　　表演游戏"小工具做鞋子"。故事蓝本源于戏剧《米格爷爷的鞋匠铺》，借助小工具的外表特征，赋予其独特的角色语言。幼儿在游戏过程中能够创意地表现小工具在做鞋子的过程中的肢体形态特征，感受小工具对爷爷的关爱之情。中班幼儿在游戏中有较强的角色意识，乐于尝试不同的角色体验，活动旨在能够以小工具这一角色形象为载体，用游戏的方式释放肢体，传递合作友爱的情感。

【活动目标】

（1）体验表演小工具做鞋子的游戏乐趣。

（2）熟悉表演故事，能够用小工具的角色语言、肢体动作表演做鞋子的场景。

（3）明确各工具的角色任务，能与同伴合作完成做鞋子的表演游戏。

【活动准备】

（1）物质准备：小工具的图卡、鞋匠铺背景（PPT 形式呈现）、音乐。

（2）经验准备：熟悉《米格爷爷的鞋匠铺》故事。

【重点、难点】

（1）重点：熟悉故事，能够用小工具的角色语言、肢体动作表演做鞋子的场景。

（2）难点：明确各工具的角色任务，能与同伴合作完成做鞋子的表演游戏。

【活动过程】

程序	进程	分析
导入部分	**1. 回顾故事，创设准备做鞋子的表演情境** 　　指导语：你们还记得米格爷爷的鞋匠铺吗？每晚当米格爷爷睡去之后，12 点的时候，有一件什么神奇的事情发生了呢？其实，还有一个你们不知道的秘密，那就是小工具们都有自己厉害的本领呢！	通过故事创设游戏情境，一方面可激发幼儿的游戏兴趣，另一方面为后期明确小工具的角色任务做好铺垫
基本部分	**2. 理解并明确小工具的角色任务** 　　（1）指导语：原来小工具们都有自己的看家本领，让我们看看，今天都来了哪些小工具呢？	通过出示剪刀—针线—锤子—抹布等工具，为每样工具创编简单角色语言并用

程序	进程	分析
基本部分	（2）逐一出示小工具的图卡（剪刀—针线—锤子—抹布）。 （3）创编角色语言。 指导语：如果你是小剪刀你会怎样介绍自己呢？（鼓励幼儿从工具的作用来介绍自己）"我是锋利的小剪刀，裁剪皮革全靠我！" （4）创编角色动作。 指导语：小剪刀工作的时候是什么样子？（鼓励幼儿利用身体来创编剪刀工作的动作，配合相应的语词"剪，剪，剪剪剪"） **3. 引导幼儿合乐玩"领头人"游戏** （1）指导语：现在我们跟着音乐一起来试试，看看这些小工具到底能不能用来做漂亮的鞋子。 （2）游戏玩法：教师扮演小工具的首领，幼儿分组扮演小工具。小工具首领听音乐用指挥的方式依次领导小工具完成自己的工作，最后完成鞋子的制作。 （3）游戏规则：小工具们听到首领的指挥时开始用自己的肢体动作表征做鞋子，并加上相应的语词，当首领没有示意的时候保持不动。 **4. 幼儿示范合乐玩"领头人"游戏** （1）邀请幼儿轮流扮演小工具首领，指导所有的小工具做鞋子。 （2）教师根据幼儿游戏的情况进行游戏指导。 **5. 全体幼儿分组自主游戏** （1）将班级幼儿分为3～4组，幼儿组内协商分配角色，进行做鞋子的游戏活动。 （2）教师巡回指导	身体动作表征，通过看、听、说、做的方式引导幼儿全身心投入到活动中。在介绍完小工具的角色后，教师带领幼儿玩游戏，进而请小朋友示范做首领带大家玩，最后小朋友自主玩游戏，教师逐渐放手，退出游戏
结束部分	**6. 小组展示与分享** 请愿意展示的小组进行展示，其他幼儿欣赏	通过能力较强的小组的展示，为其他组的幼儿提供参照，丰富他们的动作素材

【总结与提升】

（1）活动结束后执教教师根据实际情况进行评析。

活动中幼儿明确故事的内容，能够共同梳理出制作鞋子的步骤，即将小工具的出场顺序排列出来。积极创编小工具的动作，并且能够配合相应的语词。在教师担任"领头人"进行游戏的时候，幼儿的角色任务较为明确，能够跟随音乐进行表演活动。

当教师逐步退出，请幼儿来当"领头人"时，小工具的表演效果（如小工具之间的动作衔接、动作的节奏快慢和语词加入的时机）会受到"领头人"的指挥精确性的影响。

在后期的活动中，合乐的节奏和乐句可以更精确，小组表演的形式给予幼儿更大的表达和表演空间。

（2）活动反思建议从以下几个点进行。

① 在游戏的过程中教师如何支持幼儿明确各种小工具角色的特征及任务，明确小工具首领的指挥，有序地进行做鞋子的表演。

② 小组游戏中教师如何支持幼儿进行协商合作，在分配游戏角色时关注到自己的音量，不吵醒爷爷？

③ 教师如何引导小工具首领关注各类小工具的出场顺序，知道什么时间该什么工具出场工作？

【延伸活动】

（1）将小工具的操作过程用图谱的方式呈现在表演区，供幼儿表演游戏参考。

（2）制作相关的小工具的服饰和头饰，丰富表演的角色性。

附：故事《小工具做鞋子》

米格爷爷的鞋匠铺还有一个秘密，那就是所有的小工具都有自己的看家本领。看到米格爷爷实在是太累了，小工具们决定自己忙活起来，给米格爷爷一个大大的惊喜。

这一天夜里，它们小声地商讨着，生怕吵醒了爷爷。小剪刀说："我是锋利的小剪刀，裁剪皮革全靠我！"针线也不示弱："我是细小的针和线，缝缝补补全靠我！"小锤子说："我是威武的小锤子，好看的造型全靠我！"小抹布说："我是能干的小抹布，擦得鞋子亮闪闪！"

原来所有的小工具都有自己独特的本领，不如"我们一起来加油吧！"于是，"剪，剪，剪剪剪！""缝，缝，缝缝缝！""锤，锤，锤锤锤！""擦，擦，擦擦擦！"经过大家的齐心协力，一双柔软又舒适的小鞋子做好了。小工具们都很辛苦，但是它们很快乐，因为它们帮助了爷爷，这天夜里它们都做了一个甜甜的美梦！

湖南省长沙市雨花区教育局第一幼儿园　罗圆圆

（三）大班

大班幼儿有较强的表演意识，在分配好角色后会自觉地等待上场，幼儿的理解能力和语言能力有了很大的提高，同伴之间能够相互提醒对白。表演中的幼儿会注意动作和对白与日常生活中的区别，会按照幼儿所理解的角色特征进行表演。在没有老师帮助和提醒的情况下，幼儿的一般性表现多，生动性表现少。经过教师的帮助和反复的排练，幼儿的生动性表现会有所增多。

游戏前：除提供时间、空间和基本材料外，教师应尽可能少地干预游戏活动，由幼儿自己协商分配角色。在创设环境时，教师应启发幼儿根据表演的主题和情节，认真思考，共同创设有关的环境，为幼儿提供多种辅助材料，一起商议并带领幼儿一起准备玩具、头饰、服饰等道具。

游戏中：教师通过小组讨论、谈话、及时反馈等方式丰富游戏情节与提高幼儿表现能力，帮助幼儿运用语气、语调、夸张的动作、生动的表情来塑造角色。在游戏中，教师以角色身份出现，通过和幼儿一起商讨演出程序，选择、使用道具，布置环境等一系列活动给幼儿以一定的启示，使他们进一步理解作品内容，塑造各种生动活泼的艺术形象。同时，对于游戏中幼儿自己创编的各种形体动作和表演语言，教师应及时地加以收集和整理，并在以后的游戏中介绍推广。

游戏后：根据在游戏过程中的观察与记录，和幼儿共同欣赏体验游戏的乐趣。对幼儿的创造性表现给予表扬和推广，对幼儿的表演技能给予个别的指导。

大班："大嘴狗——你可以带我回家吗？"

大班表演游戏：
大嘴狗——你可以
带我回家吗？

【设计意图】

绘本《大嘴狗》描述的是主人公大嘴狗伯尔因嘴太大，别人都不愿意收留它，看到他的人也都被吓跑了。而绘本中的小男孩卢卡斯想拥有一个自己的马戏团，可是因为年龄太小而没办法建立自己的马戏团。当饥饿的大嘴狗遇到一心想建立马戏团的卢卡斯时，一个很棒的马戏团成立了。从此，能干的大嘴狗就和卢卡斯一家快乐地生活在一起。选择此绘本是让幼儿学会体谅他人的不足，每个人都有优点与缺点。当自己的朋友陷入不快时，应当伸出援手帮助自己的朋友，同时自己也会收获一份不一样的惊喜。

【活动目标】

（1）体验绘本故事中伯尔在面对不同路人时的不快和欣喜。

（2）尝试用自己的方式大胆表演大嘴狗之歌，并可以进行简单对白。

（3）体验多人在共同协商后合作游戏的快乐。

【活动准备】

（1）物质准备：PPT、帽子、大嘴狗服装、音乐。

（2）经验准备：已阅读过绘本《大嘴狗》，会唱《大嘴狗之歌》。

【重点、难点】

（1）重点：知道故事内容，并体验其中的快乐。

（2）难点：尝试用自己的方式大胆表演《大嘴狗之歌》并进行简单对白。

【活动过程】

程序	进程	分析
导入部分	1. 回忆《大嘴狗》故事中的情节，进一步了解故事中的主角 指导语：你们还记得《大嘴狗》的绘本故事吗？故事中是谁嘴巴大大的，大家都不愿带它回家呢？ 指导语：你们觉得大嘴狗是一只什么样的狗呢？你愿意带它回家吗	通过回顾绘本内容引出话题，帮助幼儿理解大嘴狗的形象以及路人可能的心理活动
基本部分	2. 梳理故事情节，理解故事角色，尝试自主表演游戏 （1）运用大嘴狗之歌，表现大嘴狗的本领。 指导语：故事里的大嘴狗表演了《大嘴狗之歌》，说它会打扫与洗碗，如果你是这只大嘴狗，你会有哪些本领让大家喜欢你呢？我们一起来试试放到歌曲里表演出来吧。	分别对大嘴狗之歌和路人的行为表现进行分解练习。要注意，首先，幼儿是否熟悉歌曲，在熟悉的基础上，幼儿可以进行适当的创编。其次，引导幼儿尝试将生活中的本领创编到歌曲中，鼓励幼儿大胆尝试。

程序	进程	分析
基本部分	（2）理解"路人"角色，并尝试表演不同职业的"路人"对待大嘴狗的态度和情感。 指导语：今天我们的大嘴狗要进行街头秀了，看看今天谁是最受欢迎的大嘴狗？那怎样才知道谁是最受大家喜欢的呢？ （3）自由分组表演游戏。 游戏玩法：全班幼儿分两组，其中一组幼儿表演大嘴狗，其他成员则表演不同的路人。当"大嘴狗"唱完《大嘴狗之歌》后问："你可以带我回家吗？"路人则要用相应的动作、表情或语言表现出自己愿意或者不愿意	最后组合成表演，进一步推动幼儿从简单的歌曲表演、对话到成为一台小型的故事表演
结束部分	3．小结 （1）幼儿之间互评。 （2）教师回放幼儿的表演视频，进行小结评价	鼓励幼儿大胆地说出自己的看法与思考，同伴之间相互学习，共同成长。回放视频是给予幼儿在舞台上表演的自信，并找到自己的不足，进而得到改进

【总结与提升】

（1）活动结束后，教师根据实际情况进行评析，可以更有效地提高幼儿每次表演的技巧。

（2）活动反思建议从以下几个点进行。

① 幼儿表演前期学习《大嘴狗之歌》经验是否充分？如果幼儿缺乏经验，教师采用什么方式进行弥补？

② 在表演大嘴狗和路人的游戏环节中，教师是否有让不同能力的幼儿进行不同层次的表演？

【延伸活动】

幼儿在熟悉此剧目时，教师可以在表演区里投放音乐及道具鼓励幼儿进行自由表演及在家进行亲子表演，增加幼儿的表演经验。

附："大嘴狗"故事

"你好！""嗨！"大嘴狗说。"啊！天啊！"人们吓得撒腿就跑。他故意提高了嗓门说："你好，我是伯尔。"可是人们还是吓得撒腿就跑，因为他发出的声音实在太大了，让人心里直发毛。当然,他的大嘴巴也就显得更大了！后来,伯尔又试着在说话时不把嘴巴张得那么大。他只用嗡嗡的声音说："你好，我是伯尔！"那声音听起来就像可怕的呼噜声！人们还是吓得转身就跑！

卢卡斯是一个个头特别特别小的小男孩！他妈妈在收拾房间时，一不留神，就会把他和布娃娃、动物玩偶们混在一起。有一天，卢卡斯看到了伯尔，这时伯尔对着卢卡斯说："我很希望你能带我回家！""哦！这恐怕不行，我妈妈不喜欢在家里养动物，不过，要是你愿意的话，我可以训练你，让你参加我的马戏团！"小卢卡斯说。"我想告诉你，我会洗餐具，还会抖干净自己用的毯子。"伯尔急忙说。"那好吧！也许我的妈妈会喜欢你的。"卢卡斯说道。

附《大嘴狗之歌》（见图 6-29）

图6-29 《大嘴狗之歌》

湖南省长沙市雨花区教育局第一幼儿园　周欣

大班：《三只小猪》

【设计意图】

《三只小猪》是一个充满创意和欢乐的绘本故事。故事主要讲述了三只小猪盖了三座不同的房子，大灰狼要来吃小猪，把草房子、木房子吹掉，最后砖房子怎么也吹不动。正当大灰狼要爬到烟囱吃掉小猪时，三只小猪想出一个办法，把火烧得旺旺的，把大灰狼的尾巴烧掉了。孩子们在表演

大班表演游戏：
三只小猪

三只小猪的故事时，有一次一个小朋友说："为什么每次表演都是三只小猪把大灰狼的尾巴烧掉了呢？"因为这一句话让我有了反思，是呀！孩子们可以自己创造故事情节，自由创编故事。于是我请孩子自己创编，孩子们都很积极地参与其中，想出很多种小猪打败大灰狼的方法，于是就有了《想吃小猪的大灰狼》的故事。这个故事情节跟原版有一点变化，主要讲述了大灰狼要来吃小猪，但是小猪们团结在一起，将自己的房子加上了结实的围墙，大家用聪明智慧打败了大灰狼。教师以提问的方式导入活动，大胆地引导幼儿表演大灰狼的动作。

【活动目标】

（1）掌握各角色的出场顺序和对话，体验表演游戏的乐趣。

（2）熟悉绘本故事，积极参与大灰狼出场部分的故事创编。

（3）能创造性地表现每个角色语言、动作上的特征。

【活动准备】

物质准备：小猪、大灰狼的头饰、服饰和各种道具（见图 6-30、图 6-31）。

图6-30 大灰狼服饰

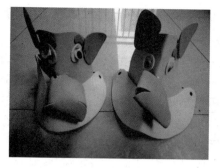

图6-31 小猪头饰

【 **重点、难点** 】

（1）重点：能积极参与故事并进行故事创编。

（2）难点：能创造性地表现每个角色的语言、动作上的特征。

【 **活动过程** 】

程序	进程
导入 部分	1. **教师讲故事，以提问方式引导幼儿了解故事情节** （1）指导语：今天老师带来了一个故事，听一听故事里有谁？故事情节跟以前的有什么变化？ （2）教师开始完整讲故事，幼儿倾听。 （3）幼儿回答，让幼儿学习故事中的对话
基本 部分	2. **幼儿自主表演大灰狼的动作特征** （1）指导语：你觉得大灰狼的动作是什么样子的？你是一个什么样的大灰狼？（比如：凶猛的、可怕的） （<u>设计意图分析</u>：给幼儿自由创编动作的机会，让幼儿发挥想象大胆创编动作。） （2）听大灰狼出场的音乐。 （3）指导语：你听到这个音乐感觉是怎样的？（轻松、欢快） （4）幼儿根据大灰狼的动作特征配上音乐来表演大灰狼出场的场景。 3. **变换语气来表演台词** （1）指导语：大灰狼说话的语气是怎么样的？小猪说话的语气是怎么样的？ （2）请个别幼儿来表演
结束 部分	4. **幼儿自主进行表演，教师适时参与其中** （1）幼儿自主选择角色，幼儿完整表演。 （2）幼儿有序地分组、分配角色，同伴之间相互装扮。 （3）幼儿游戏，教师指导

【 **总结与提升** 】

（1）活动结束后，教师根据实际情况进行评析。

（2）活动反思建议从以下几个点进行。

① 幼儿前期是否已经熟悉了故事的内容和情节，如果不熟悉，教师该怎么做？

②引导幼儿跟着音乐进行大灰狼出场舞蹈的不同创编。

附：改编后的故事

三只小猪盖好房子以后快乐地生活在了一起，他们每天一起游戏，一起劳动。有一天，一只爱吃小猪的大灰狼来到了这里，他对小猪们说："这地方是我的，你们怎么可以在这里搭建房子？"老大胖呼呼说："这地方是大家的，是我们先找到的，我们怎么就不可以盖房子了。"大灰狼凶狠狠地说："我说是我的就是我的，哪里这么多话，看我晚上把你们给吃掉。"说完大灰狼气冲冲地走了。

大灰狼走了以后，胖呼呼和胖噜噜非常着急地说："怎么办呢？大灰狼要来吃我们了。"老三胖嘟嘟说："没关系，我们先把我们的草房子、木房子和砖房子砌一个围墙围起来，再装一个铁门，这样大灰狼就很难进来了。"说完小猪们开始动手加固自己的新房子，森林里的小羊、大象听到大灰狼要吃小猪也都跑来帮忙。很快，高高地围墙砌好了，铁门也装好了。晚上，大灰狼流着口水来到这里说："小猪们，快出来，看我今晚把你们通通吃掉。我撞，我用力撞，我使劲撞。"大灰狼使出吃奶的劲儿也没有把门撞开。大灰狼准备翻过围墙去吃小猪，因为围墙太高，大灰狼不小心从上面摔了下来，灰溜溜地跑了。他一边跑一边说："可恶的小猪，等我养好了伤再来吃你们。"

在大灰狼养伤的时候，三只小猪也在积极地想办法对付大灰狼。经过努力，他们发明出一种吃了就想睡觉的水果，取名叫"昏睡果"。这天，大灰狼扮成猪爸爸的样子来到了小猪家喊道："小猪小猪，快开门，我是猪爸爸，我来看望你们了！"胖呼呼和胖噜噜准备去开门时，聪明的胖嘟嘟发现了大灰狼的诡计说："千万别开门，这是大野狼，我们的爸爸声音不是这样的。"胖嘟嘟对大灰狼说："你不是我们的爸爸，我们的爸爸喜欢吃果子，如果你把我放在门口的果子吃了我就相信你。"贪吃的大灰狼听到有果子吃，马上拿起果子一口就把它吃到肚子里了。吃完果子的大灰狼睡着了，怎么喊也喊不醒。这时小猪们一起来把大灰狼拖到了河里，至今谁也不知道大灰狼到哪里去了。

三只小猪们又继续快乐地生活在了这里，他们的房子也都保留了下来。小猪们把房子装饰得越来越漂亮，后来成为这里有名的旅游景点。

湖南省长沙市雨花区教育局第一幼儿园　苏海浪

第三节　幼儿结构游戏活动设计

一、结构游戏概述

（一）幼儿结构游戏的含义

结构游戏又称建构游戏（见图6-32），是指利用各种结构材料或玩具（如积木、积塑、沙石、泥、雪、金属材料等）进行建构活动的游戏。这种游戏对幼儿手的技能训练和发展思维能力有十分积极的作用，被称为"塑造IT工程师的游戏"。

图6-32　结构游戏

（二）结构游戏的要素

1. 结构材料

结构材料是幼儿开展结构游戏的物质基础，幼儿园可提供的结构游戏材料是多种多样的，根据材料性质不同，可以分为积木游戏、机主游戏、极速游戏、金属构造游戏、拼板拼图游戏等。

2. 结构技能

结构技能是保证结构游戏顺利开展的重要前提条件，有排列、组合、接插镶嵌、穿编和旋转螺丝等。（1）纸、线、绳以及竹、木、布等物品材料需要编织、黏合等技能。（2）积木等块状几何图形需要排列组合、铺平、延长、对称、加宽、加长、加高、间隔、围合、盖顶和搭台阶等技能。（3）形状多样的各类积塑需要接插（如，一字插、十字插、整对插、环形插、正方形插）、镶嵌、整体连接、端点连接、围合连接等。（4）塑料或木制的螺丝系列需要捶打、敲击、旋转等技能。

3. 象征性

结构游戏是以结构材料为物质基础进行的创造性活动，象征性特征在不同年龄段的结构游戏都有表现，即将建构物作为符号的象征，利用结构材料创造出想象的世界，通过建构物表达自己的认识。随着对建构技能的掌握，幼儿根据自己的想法和愿望来建构的能力进一步增强，开始利用建构物开展象征性游戏（见图6-33、图6-34）。

通过欣赏以下图片说说结构游戏的结构包括什么。

图6-33　结构游戏（一）

图6-34　结构游戏（二）

（三）结构游戏的分类

1. 积木搭建类

它主要包括积木、积竹游戏。积木游戏是用各种积木或其他代用品作为游戏材料进行的结构游戏。积竹游戏是利用竹片、竹筒等进行构造物体的游戏（见图6-35、图6-36）。

图6-35　积竹游戏

图6-36　积木游戏

小链接

积木建构的发展阶段

（1）搬弄：是指只是把积木拿来拿去，并不搭建什么东西。这通常是2岁以下幼儿的典型行为，他们主要是感知积木的重量和触摸积木，或试图探索抓取积木的方法等。

（2）重复：是指只是重复堆叠、平铺等简单动作。当幼儿刚刚开始"搭"积木时，通常用的是一样大小的积木，只是简单地把它们一块块往上叠起来，或者一块接一块地平铺成一列，试图将积木堆高，然后再推倒，重复进行。他们往往并不注意重叠或排列是否整齐，只注意能垒多高的"楼房"，能铺多长的"铁轨"。渐渐地，幼儿开始更细心地重叠或排列，有时将"搭楼房"和"铺铁轨"这两种形式结合起来玩。

（3）搭建：是指可以搭成"桥""楼房"等结构。3岁左右的幼儿开始探索用一块积木把其他两块积木连接起来，搭成一个可让火车开进开出的"门"。类似技能的逐渐发展，使幼儿可以搭成"桥""楼房"等结构。

（4）围封：是指用积木围成封闭空间。幼儿发现，几块积木可以围起来，形成一个封闭的空间。于是，小动物的"家""动物园""学校"，便在幼儿的手中诞生了。

（5）模型：幼儿自己发现并利用对称和平衡的原理来建造模型。渐渐地，他们所建造出来的模型越来越复杂，也特别乐于运用已有的经验来改进模型，使其外观更加具有美感。

（6）再现：是指为所建造的东西命名，使其成为现实世界中某种物体的象征。幼儿在建造模型之前有了再现某种东西的设想或计划，如，"我要来造个游乐场"。

2. 积塑插接类

这主要是积塑、金属构造。积塑游戏是指将各种形状的片、棒等部件，通过接插镶嵌组成各种物体或建筑物模型。金属构造游戏以带孔眼的金属片为主要建筑材料，用螺丝结合，建造成各种车辆及建筑物的模型。

3. 自然雕塑类（沙、土、雪）

沙土是一种不定型的结构材料，它可以随意操作，也可以利用水来塑造各种造型有雪的时候，可以玩堆雪人、打雪仗等游戏。玩沙、玩水、玩雪都是简便易行的结构游戏。

4. 拼图、拼棒游戏

拼图指各种材料制成不同形状的薄片，并按规定的方法进行拼摆的一种游戏。拼棒游戏是用火柴、塑料管、冰棒棍或用糖纸做成纸棍等作为游戏材料，拼出各种图形的一种游戏。

（四）结构游戏的作用

1. 促进幼儿感知运动技能的发展

结构游戏能够发展幼儿手的小肌肉活动，培养动作的精确性及手眼协调能力。幼儿不断地操作各种结构材料，运用各种手指及手臂动作，如拼接、穿插、搭建等，反复练习这些动作，极大地锻炼了幼儿手的小肌肉动作的协调性和灵活性，使肌肉感知变得敏锐、清晰，有利于幼儿肌肉动作的发展。另外，在结构游戏过程中，幼儿一边要用手不停地摆弄各种操作材料，一边要用眼睛观察操作材料的拼搭方法、色彩的搭配等，力求实现构造物的成功搭建。眼睛观察的结果是指导幼儿动手选择和拼搭结构材料的先决条件，因此，玩结构游戏的过程也是幼儿手眼共用、协调动作的过程，在一定程度上锻炼了幼儿的手眼协调能力。

2. 促进幼儿智力的发展

人们常常将建构游戏作为开发幼儿智力的一种手段。首先，幼儿在亲自操作结构材料时，可以认识不同结构材料的性质、大小、颜色、形状和重量，获得上下、中间、旁边、高低、前后、左右等空间概念，拓展幼儿的认知范围。其次，结构游戏不是幼儿无意识地将各种结构材料随机堆积在一起的游戏，而是需要幼儿通过细致的观察和缜密的思考，最终将操作材料运用结构力学、色彩搭配等多种建构常识有机地组织成某一结构物的过程。幼儿需要考虑选择合适的建构材料、用多少建构材料、建构材料的拼搭形式及顺序等问题。在这一过程中，幼儿的观察力与思维能力都能够得到有效的发展。

3. 培养幼儿坚强的意志品质

结构游戏是一项细致的工作，一个结构物的成功搭建需要几十个结构元件的有机组合。搭建的过程往往是不断试误，最终成功的过程，这就需要幼儿表现出极大的细心、耐心和恒心。遇到困难时，幼儿要勇于克服困难，对最终的成功充满信心，这对幼儿养成最初的忍耐力、克制力及毅力很有帮助。

二、结构游戏设计

（一）幼儿结构游戏活动的设计原则

1. 安全性原则

幼儿园必须把保护幼儿生命、促进幼儿身心健康放在首位，投放的材料要确保安全。在幼儿园的结构游戏中，材料要丰富多元，如材质不同（金属、木头、塑料等材质）、形状各异、大小不同、来源各异，既有专门的建构材料，又有废旧材料，更有自然材料。各类材料具有丰富的教育作用，既充实了游戏的内容，又发展了幼儿的想象力。特别是那些随处可见的砂石、小棒等自然废旧材料，虽然能成为经济实用的建构材料，但其安全、清洁、卫生与否，都需要事先检查，使用前要消毒。其次，给不同年龄段幼儿提供的材料也应有所不同。给小班幼儿就不可提供过小、过硬或者是易折的材料，避免出现在建构中幼儿将其吞食、塞进鼻孔的意外。最后要注意游戏过程中的安全。在幼儿建构游戏中，要特别注意使用剪刀的安全问题，养成良好的常规习惯，避免出现幼儿扔积木或争抢材料的行为，防止意外事故发生。

2. 操作性原则

结构游戏的本质就是对不同材料进行操作。无论是反复用积木搭建各种结构，还是将各类积木进行排列组合，或是将各个零件进行拼插连接，都需要教师在进行游戏设计时，考虑提供充足的时间、空间，以保障幼儿的操作行为。

（二）结构游戏设计要点

1. 结构游戏目标的设计

结构游戏目标的设计同样也应该是适宜的和全面的。适宜是指要符合幼儿的发展水平，全面是指目标的设计要包括知识、技能、情感等方面。比如，知识、经验方面包括认识结构材料并感知材料的特征，熟悉各种材料的操作方法；掌握物体的造型、色彩、比例、构图、布局等方面的简单知识；根据生活经验提出主题并进行建构活动。技能、能力方面包括学习用不同的构建方法建造物体，学会看简单的平面结构图，围绕主题进行构建，会合理选择、利用构建材料并添加辅助物；正确取放建构材料，学习正确评价自己和伙伴的游戏情况。情感方面的目标包括幼儿对建构活动感兴趣，能大胆尝试建构，能与伙伴分享材料，能与伙伴协商，分工合作进行建构活动；爱护和欣赏自己和别人的建构作品，能大胆介绍作品，有成就感。

2. 结构游戏的准备

（1）提供结构材料

结构材料是结构游戏展开的物质基础。教师向幼儿提供的结构材料，应当种类丰富而有层次。如积木、积塑、竹制品、金属材料、木塑的结构玩具以及常见的沙、水等自然材料。同时，教师还应准备一些构造用的工具，如小铲、小桶、小锤、螺丝刀，以及辅助材料胶泥、胶水、袋、线、树枝，各种盆、瓶、碗、半成品和一物多用的成品等。教师投放结构玩具材料时应注意：材料的投放既要符合幼儿的年龄特点和游戏需要，又要照顾到不同幼儿的能力差异。

（2）游戏时间

充足的游戏时间是保证幼儿结构游戏顺利开展的重要条件。教师应保证幼儿享有充足的游戏时间，可以结合幼儿园的活动安排为幼儿提供相对充裕的游戏时间，也可以充分利用入园、离园等时间组织幼儿开展小型的结构游戏。

（3）游戏场地

教师应为幼儿提供适宜的游戏场地，尽可能拓展幼儿的游戏空间。游戏场地可以在活动室，也可以利用寝室的活动空间开展游戏，同时还可以充分利用走廊等外部活动空间。有条件的幼儿园还可以创设专门的结构游戏室。

3. 结构游戏的过程设计

（1）激发幼儿参与结构游戏的兴趣

一般幼儿参与结构游戏的兴趣，可以通过投放新的材料、出示范例、创设情境这三个方面进行引入。

第一，投放材料引入。结构游戏要关注幼儿感兴趣的话题和材料，结构材料、材质规格要适度丰富，引发幼儿的自主游戏。等幼儿积累一定的搭建经验后，教师可根据幼儿的兴趣需求，适时加入建筑辅助材料，以增强结构游戏的趣味性（见图6-37、图6-38）。

图6-37　吸吸乐拼搭（一）　　　　图6-38　吸吸乐拼搭（二）

第二，出示范例引入。如果想用优美的结构作品吸引幼儿，教师可事先构造出各种各样的艺术造型展示给幼儿，充分调动幼儿感官去欣赏这些作品，使幼儿产生参与活动的愿望（见图6-39、图6-40）。

第三，创设情境引入。活动室里陈列着幼儿的结构作品，墙上挂着有关主题的图片，让幼儿自由参观欣赏，这种导入方式，使幼儿在环境的刺激下，产生游戏的愿望，丰富相关的知识经验，拓展构建的思路，使幼儿以较快的速度进入游戏状态（见图6-41、图6-42）。

图6-39　艺术造型（一）　图6-40　艺术造型（二）　　图6-41　挖土车　　　　　图6-42　大吊车

（2）引导幼儿对实物或模型进行观察

首先，教师要引导幼儿观察日常生活中各种不同的物体和建筑物的形状、颜色、结构以及空间位置关系，丰富幼儿头脑中的造型表象，为他们在结构活动中的想象和创造打下基础。教师可以带幼儿到大自然中去实地观察，也可以让幼儿观看多方位、多角度的影像或图片资料。例如构建火车，可以给幼儿提供火车的各种图片和录像，使幼儿认识到火车是由一节一节车厢组成的，必须在钢轨上运行，有单层火车，也有双层火车。

其次，教师在指导幼儿观察实物与图片中的结构物时，应教会他们掌握结构分析法，即说出物体各部分的名称、形状，比较建筑物的不同部分，掌握各部分结构物的组合关系。例如，引导幼儿观察房子时，教师应引导他们有顺序地先观察房顶的样式、墙壁的颜色、门窗的位置等，然后引导幼儿观察各部分的整体结构，最后概括出房子的基本特征。

最后，教师要引导幼儿进行对比观察，比较出事物的异同。这种对比观察法，有助于幼儿掌握同类物体的共性，并区别出它们的个性特点，从而加深幼儿对各种事物的完整印象。在构建主题时，引导幼儿运用对比观察找出众多结构物中的相同点，也有助于幼儿把已经获得的建构知识技能迁移运用到新的构建活动中去。

（3）引导幼儿使用材料建构模型

① 介绍材料。教师向幼儿介绍结构材料，如木质的、塑料的、金属的，让幼儿了解它们的作用、性能。

② 操作技能的指导。指导幼儿运用排列与组合、接插与镶嵌、串套与编织、黏合、螺旋等构造方法构造物体；会灵活选用结构元件和辅助材料表现物体的基本特征，如会用两个三角积砖代替正方积砖、用小纸做成彩旗布置轮船等；会根据实物和平面图进行结构游戏。

③ 建构过程的指导。能根据结构方案，按计划有目的、有步骤地进行构造活动，并能在实践中修改、补充方案。如用积塑插孔雀，要用什么形状、颜色的材料，怎样组合等。

④ 对幼儿分工合作能力的指导。指导幼儿能在集体建造活动中分工合作，建造出较复杂

的"建筑物"。

（4）作品展示与评价

幼儿结构游戏结束时，教师可以请幼儿向全班介绍自己的作品和造型，让幼儿和他们的建构作品合影，将搭建成果拍成照片，收集成册，让幼儿在观察作品中相互借鉴，开阔思路。

评价可以从以下几个方面进行：①从幼儿对建构材料的识别、选择和运用方面进行评价，如幼儿建构过程中所运用的材料是否合适、是否多样，摆设的位置是否合理，搭配是否恰当，是否创造性地运用了材料。②从结构操作技能方面评价。考察幼儿是否掌握了排列组合、拼插镶嵌、架空围合等结构技能，造型是否整齐美观，是否运用了对称和装饰等。③从建构过程看，如幼儿是否学会看平面图纸，是否能分析结构范例，是否掌握了相关结构分析技能。④从建构习惯看，是否能坚持集中注意力，持续搭建；是否能做到爱护玩具材料，遵守搭建规则。⑤从结构过程中的合作性上评价，幼儿能否和他人合作，配合使用玩具材料，共同搭建主题。

4. 结构游戏活动设计的类型

（1）模拟结构活动设计

模拟结构指幼儿模仿结构实例或者结构实例图片进行的构造活动。这种活动的目的在于通过让幼儿看结构物体平面图或看实际物体，从中学习结构和造型的技能，培养模仿能力与操作能力。模仿学习是幼儿学习的主要方法，也是他们进行创造活动的前提。特别在小班，当新的结构材料出现时，需要教师演示结构材料的用法和结构技能的要点。所以，模拟结构活动是结构游戏重要的指导形式。

模拟结构的设计和指导重点是要选择结构模拟对象。按照结构模拟对象不同，模拟活动设计可以分为以下四种。

① 对结构物的模拟设计。

结构物是一种立体结构造型的范例，幼儿模仿范例，再现范例，并在操作中掌握结构技能。对结构物的模拟建构活动适宜小班幼儿。教师可通过出示范例、示范讲解构造方法，引导幼儿模拟构造物体的主要特征，让幼儿掌握建构技能。在这一过程中，幼儿的创造成分较少，因此在颜色上教师要给幼儿自由搭配的选择空间（见图6-43～图6-45）。

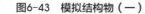

图6-43　模拟结构物（一）　　　图6-44　模拟结构物（二）　　图6-45　模拟结构物（三）

② 对结构图纸的模拟设计。

这种模拟要求幼儿首先观察图纸中的结构造型，了解构造物的主要特征，然后按照图纸造型，将其变为立体结构造型。对结构图纸的模拟造型活动的重点是要培养幼儿看图构物的能力，通过引导幼儿观察结构图纸，教师示范讲解如何看图构造，让幼儿了解构造物的主要特征，教师可给予幼儿一定的构造空间，有利于促进幼儿看图造型能力的发展（见图6-46）。

③ 对实物、玩具等形象的模拟设计。

实物、玩具这种范例只有主题形象的造型，而无结构造型，所以，幼儿在模拟时要进行结构造型的创造。开展这种模拟造型活动，教师首先要引导幼儿观察，概括出实物、玩具的主要特征和造型特点，然后让幼儿创造性地进行建构，教师可示范讲解实物、玩具的部分特点和造型（见图6-47）。

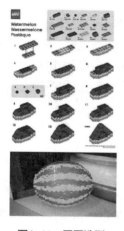

图6-46　看图造型

图6-47　恐龙玩具

④ 对物体形象图的模仿设计（如照片、图画等）。

这种模拟不仅要求幼儿将图（照片、图画）中的形象变为结构造型，还要将平面造型变为立体造型。因此这种设计对幼儿来说难度较高，可在掌握前面几种模拟造型的基础上逐渐进行（见图6-48、图6-49）。

图6-48　物体形象图图片（一）

图6-49　物体形象图图片（二）

这四种模拟构造的结构技能要求是逐步加深的，其中对结构物的模拟是最基础的技能，对物体形象图的模拟是难度最大的。教师可根据幼儿的结构能力开展相应的结构活动。模拟结构设计的一般步骤为：分析范例，演示结构中的新技能和难点，指导幼儿分步建构各结构部件，再将结构部件组合成整体。

（2）命题构造活动设计

命题构造活动是指给定主题的造型活动，要求幼儿围绕主题，学习布局，集体合作，目的是培养幼儿的目的性、集体协商合作能力和构思创造能力。主题主要反映幼儿生活中所熟悉的周围环境内容，可大可小，可以是单一事物主题，也可以是组合情景主题。

命题构造活动中，教师要围绕物体造型、主题布局、分工合作等方面进行重点指导。具体设计步骤为：参观，讨论建构物的特点，分组合作，结构完成。教师也可指导幼儿根据平面图进行主题建构活动，其基本步骤为：出示平面图，引导幼儿观察并学习合理布局，组织讨论，分组建构具体的内容，集体协商合作建构中大型结构主题。

（3）自由构造活动设计

自由构造是指在幼儿掌握一定建构技能的基础上，按照自身意愿、兴趣自由选择建构主题和建构物体，进行创造性构造活动的主要目的是培养幼儿的独立性，让他们自由想象与创造。

自由构造活动设计的重点在于及时了解幼儿构造意图，鼓励幼儿独立构造，并根据幼儿的具体建构给予帮助，诱发其自由想象和创造进程，使他们能够实现建构目的，内心喜悦，满足操作与表现的需要。同时，教师应引导幼儿分享成果及构造经验。

三、结构游戏指导与案例分析

（一）小班

小班幼儿年龄小，对周围建筑物的观察及了解经验不足，手部肌肉发育不成熟，材料选用盲目而简单；建构技能简单，多数都是平铺、延伸、垒高等；易中断，坚持性差；无主题建构计划，搭建前也没有预想到自己将要建造的事物。

游戏前：首先教师要提供合理的活动场地和数量足够的结构材料，满足幼儿游戏的需要。其次教师要有意识地引导幼儿认识各种结构材料，或者带他们去参观欣赏中大班幼儿的结构游戏活动，引发小班幼儿进行结构游戏的兴趣。

游戏中：教师向幼儿介绍游戏材料、游戏名称，示范基本结构技能，与幼儿讨论并共同建立材料使用、归放规则。由于小班幼儿游戏的目的性较差，拼插或搭建材料时具有一定的盲目性，结构游戏的主题意识淡薄，在游戏过程中，教师应注重对游戏的观察，了解幼儿的发展水平，进而通过在幼儿拼搭过程中提出问题让幼儿思考，如这个材料你能做什么用。教师要放手让幼儿尝试独立构造。当幼儿在构造中遇到困难时，教师不要急于代替解决，而应该通过启发引导鼓励幼儿积极动脑，在反复的实践操作中学习自己解决问题，从而培养幼儿独立构造的能力。

游戏后：教师和幼儿共同点评游戏，鼓励幼儿简单说说活动感受。教师对幼儿在游戏中所表现出来的优秀品质（专注、解决问题的能力）给予表扬。教师应教会幼儿整理和保管玩具最简单的方法，让其参与部分整理工作，培养良好的习惯。

小班："我的家"

【设计意图】

家是小班幼儿熟悉并十分依恋的地方，在班上总能听见幼儿相互交流说自己的家在哪里，家里有什么好玩的玩具，自己的房间是什么样子的。尤其当谈到房间时，幼儿会激动地说自己睡觉的大床、床上的布置等。为此，教师结合幼儿的生活经验和兴趣进行建构游戏的设计，引导幼儿将自己的家搭建出来。期望幼儿通过运用不同的建构材料，学习运用基本的搭建方法（围合、简单的叠高等）去亲手创建自己的家，感受家的温馨。鼓励幼儿大胆尝试，从中享受创作、合作的乐趣，体验成功的喜悦。

【活动目标】

（1）积极主动地参与"我的家"主题建构活动，体验建构自己的家的成就感与喜悦感。

（2）选择不同的建构材料，进行围合并学用简单叠高技能，搭建简单的房子造型。

（3）通过观察材料的不同特征，了解材料的合理使用方法。

【活动准备】

（1）物质准备：各种积木、雪花片、易拉罐、泡沫垫、纸筒；"我的家"空间布局图及成品展示等。

（2）经验准备：知道家里的基本结构和布局；有玩建构游戏的经验。

【重点、难点】

（1）重点：积极参与到主题建构游戏中，并体验游戏的快乐。

（2）难点：能选择不同的建构材料进行围合，并学用简单的叠高技能，搭建简单的房子造型。

【活动过程】

程序	进程	分析
导入部分	**1. 谈话导入，激发幼儿兴趣** 指导语：你的家是什么样的？ 引导幼儿从房间方位、用途等方面展开活动，启发幼儿提出并大胆建构"我的家"	从幼儿的直观经验入手，一方面引导幼儿回忆家里的布局，另一方面可激发幼儿的游戏兴趣，为幼儿大胆尝试搭建做铺垫
基本部分	**2. 出示"我的家"空间布局图，感知家的结构** （1）情境导入：今天小河马邀请我们去做客。我们一起来参观下小河马的家吧！ 教师："孩子们，我们一起来参观下小河马的家吧！这是小河马睡觉的卧室，是什么形状的呢？瞧，这里是哪里？洗澡澡的地方叫作浴室，是什么形状呢？看，它和卧室比起来，谁大谁小？" 教师重点引导幼儿观察空间布局图的主要内容：房间的分布、功能及其空间大小。 （2）幼儿讨论：怎样搭建我的家？ 教师："你会怎样搭建自己的家？家里会布置什么房间，它都是用来干什么的？房间的出口在哪里？房间里会摆放些什么呢？如何使用我们的材料呢？" 引导幼儿大胆想象，说出自己的想法，教师进行小结和技能的讲述：如何进行简单的叠高和围合，注意材料之间的连接。	通过展示空间布局图，引导幼儿观察房间的布局、功能及大小。对于小班幼儿而言，通过看空间布局图来掌握家的建构技能会有些难度，教师可以通过向小班幼儿展示立体结构造型的范例，引导幼儿模仿范例，再现范例，并在操作中掌握结构技能。教师可通过出示范例、讲解构造方法，引导幼儿模拟构造物体的主要特征，掌握建构技能

程序	进程	分析
基本部分	教师小结：有些幼儿想要把自己睡觉的房间搭建得大大的，里面有自己喜欢的玩具；有些幼儿都想好要搭建几间房子了；有些幼儿说将积木一块一块地连接或者叠在一起就可以搭建高高大大的房子。 （设计意图分析：结合图片，让幼儿从直观上感知房间的结构，鼓励幼儿交流讨论，进行大胆设想。） **3. 幼儿进行搭建创作，教师提醒幼儿注意搭建的规则和要求** （1）幼儿讨论自己家的空间布局，确定各房间的范围。 教师："你想要搭建几间房？是用来干什么的？什么形状呢？哪间房间大？哪间房间小？" （2）幼儿操作，教师观察并指导，提醒幼儿按要求进行搭建。教师从房间的数量和大小进行引导。 （3）鼓励幼儿尝试与同伴分组合作，大胆交流自己的想法。 教师："如果你有好的想法，可以和你的朋友一起搭建哦。" （4）提醒幼儿游戏时爱护材料，轻拿轻放，不要把别人搭建的家碰倒了	小班幼儿更多的是独自游戏和平行游戏，要求小班幼儿进行合作搭建难度过大。 在游戏过程，教师也要注意引导建立结构游戏的规则，让幼儿轻拿轻放，不乱扔，玩后要整理好
结束部分	**4. 成品展示，幼儿相互交流** （1）个别幼儿介绍自己的家，教师予以评价和建议。 教师：你是怎么搭建自己的家的？你的家看起来是什么形状的？一共搭建了几间房？ （2）对于分组合作的作品，请幼儿讲述搭建的步骤和方法，教师鼓励幼儿自主进行检查，提出修改建议。 教师："刚刚你是和谁一起搭建的？你们用了什么方法？现在看看自己的家感觉如何？你觉得还有需要进行修改的地方吗？" 教师小结：提出叠高、围合、拼接等技能的要求和操作方法	教师通过分享、提问、描述，总结和提升幼儿的游戏经验

【总结与提升】

（1）活动结束后，教师根据实际情况进行评析。

游戏中，教师结合幼儿的生活经验展开交流。通过让幼儿观看图片，使其初步了解"我的家"的布局和分布及其功能。鼓励幼儿与同伴合作，教师在一旁观察，及时地介入，指导幼儿探索。幼儿通过讨论，分组搭建"我的家"的各个部分，如卧室、客厅、浴室、书房、厨房等，在搭建的过程中发现能力强的小组分工明确，搭建效果良好，而能力较弱的幼儿在重复搭建、拆的过程中反复，搭建的成品很少，应鼓励幼儿以强带弱，共同进步、成长。

（2）活动反思建议从以下几个点进行。

① 幼儿已有经验水平是否能按要求完成建构？如何引导幼儿解决搭建过程中出现的问题？

② 教师需要了解幼儿对空间概念的掌握程度，如幼儿是否能根据图片感知理解"我的家"的整体结构？

③ 观察小班幼儿建构技能的基本了解，他们对简单的叠高和基本围合的掌握是否适宜进行合作搭建？

【延伸活动】

幼儿在熟悉了基本搭建方法后，对自己搭建过程中出现的问题进行调整，和同伴共同提出解决策略。同时，引导幼儿分两大组进行活动，鼓励能力较强的幼儿积极和其他幼儿合作搭建，通过合作让每个幼儿都体验到成功的快乐。合理布局，分工搭建，拼搭出大型结构的"家"。

湖南省长沙市雨花区教育局第一幼儿园　罗辉

（二）中班

中班幼儿能按建构物体的特性来选择材料，尤其是当幼儿用某种材料成功搭出作品后，他们往往会不断地重复搭建；建构技能以"架空"为主打，结构主题单一，通常都是简单的房子、花园、汽车等；与同伴交流，偶尔出现合作也仅限于两人之间，通常表现为一人递材料一人动手操作，或一人观察并指挥另一人动手。

游戏前：教师可丰富幼儿的生活经验，增加幼儿对造型方面的感知和认识，带领幼儿到户外进行参观，加强幼儿对事物结构造型方面的了解。

游戏中：引导幼儿学习架空、覆盖、连接等建构技能，并学会运用这些技能把平面的物体变换成立体的事物，例如可以进行架空式的建楼、架大桥、造马路等活动。教师可以提供一些作品的造型图，引导幼儿学习看平面结构图，进行看图纸搭建的活动。例如，看图搭建花园、汽车车库等。教师还可以引导幼儿进行小型集体合作结构游戏活动，学习与同伴一起合作搭建公园、马路等。

游戏后：请幼儿介绍自己的作品，教师和幼儿共同欣赏点评，表扬并鼓励幼儿在游戏中的创新行为以及解决问题的能力，引导幼儿收拾整理玩具。拓宽延伸结构游戏的范围，可以在阅读区里投放各种不同的建筑图片、书籍，丰富幼儿对建筑的感性经验；还可在美工区里投放白纸、蜡笔、油画棒等材料，让幼儿能结合自己的生活经验自主设计各种不同的建筑图，并在建筑区中把图纸设计变成立体直观的建筑作品。

中班："南郊公园"

【设计意图】

南郊公园是长沙比较有名的公园。在开展"我生活的周围"主题活动中，很多幼儿对游乐场所都很了解，特别是讲到南郊公园时，幼儿更是各抒己见，畅谈自己的所见所闻以及自己的一些设想。有了这些经验的积累，我发现幼

中班结构游戏：
南郊公园

儿对"南郊公园"规划也有浓厚的兴趣，便设计了这一活动，期望幼儿通过运用不同的建构技能去亲自创建公园，感受公园的美，鼓励幼儿大胆尝试，从中享受创作、合作的乐趣，体验成功的喜悦，形成不怕困难，勇于探索的品质。

【活动目标】

（1）能与同伴一起协商、创作，体验共同建构南郊公园造型的成就感与喜悦感。

（2）选择不同的建构材料，运用组合、连接等技能，搭建较复杂的主题造型。

（3）搭建的作品较为稳固和逼真，尝试用辅助材料美化作品。

【活动准备】

（1）物质准备：各种积木、雪花片、易拉罐、泡沫垫、纸筒等；南郊公园主题区域场景图片；音乐；相机。

（2）经验准备：参观游玩过南郊公园；有玩建构游戏的经验。

【重点、难点】

（1）重点：选择不同的建构材料，运用组合、连接等技能，搭建较复杂的主题造型。

（2）难点：搭建的作品较为稳固和逼真。

【活动过程】

程序	进程	分析
导入部分	**1. 谈话导入，激发幼儿兴趣** （1）指导语：你们都去过南郊公园吗？那里都有什么？你最喜欢南郊公园里的什么地方？ （2）出示南郊公园主题区域场景图片。 指导语：瞧瞧，老师把你们喜欢的地方都带来了	通过谈话导入，从幼儿的生活经验入手，一方面可激发幼儿的建构兴趣，另一方面为后期的整体造型建构做铺垫
基本部分	**2. 观看图片，自由选择建构主题** （1）选定搭建的主题场景。 指导语：老师也很喜欢这些地方，想和大家一起尝试把它们搭建出来，那我们先来投票选出最喜欢的四个场景，等会儿一起来搭建。 （2）介绍材料，自由选材分组进行场景搭建。 指导语：一起看看老师都准备了哪些材料，等会儿请你们自由分成四组，选一张场景图进行合作搭建。 （3）教师与幼儿共同制定搭建规则。 提问：你们觉得在游戏过程中要注意哪些方面？教师提炼梳理游戏注意事项。 （4）幼儿开始搭建。 指导语：音乐开始后你们开始行动，音乐停止后请大家坐回位置。	用自由分组的形式让幼儿合作搭建，难度可能有些大，因为中班的幼儿偶尔出现合作也仅限于两人之间，通常表现为：一人递材料一人动手操作；或一人观察指挥另一人动手操作

程序	进程	分析
基本部分	（设计意图分析：从回忆讲述到实景图片到操作材料，教师有意识地从直观到具体到实际操作，层层递进，给幼儿后期的主题搭建铺路。最后幼儿与教师共同制定游戏规则，突出幼儿的主体作用，同时幼儿自己制定的规则也更容易被遵守。） 3. 展示作品，体验获得成功的喜悦 （1）指导语：宝贝们都很棒，音乐停止后都能快速回位。哪组愿意给大家介绍一下你们的作品？ （2）提问：你们最喜欢哪个作品？为什么？ （设计意图分析：了解幼儿搭建的想法与技能，通过互评、自评、师评的形式从中获得满足感与成就感。）	
结束部分	4. 回顾游戏，丰富游戏经验 （1）师幼共同梳理游戏过程。 指导语：今天在游戏中你遇到了什么问题？是怎么解决的？你觉得哪些地方做得好（或不好）？怎么改进？ （设计意图分析：总结、归纳、梳理游戏经验。提高建构技能、完善设计规划构图方法等，并将幼儿获得的学习经验进行经验迁移，使其能举一反三搭建其他同类型作品。） （2）幼儿与作品合影纪念，师幼共同收拾场地与材料	作品留影可使幼儿获得成就感，同时可以和下次的作品进行比对，看看自己的进步。师幼共同收拾场地可培养幼儿的责任感

【总结与提升】

（1）活动结束后，教师根据实际情况进行评析。

本次活动主题的选择来源于幼儿的生活经验，幼儿对"公园"造型与布局有一定认识，并能进行很好的表述。在分组搭建中幼儿运用的围合和垒高技能，也基本以平面构图为主，图形之间的组合不够大胆和有创造性。在合作中多数以一个幼儿为主或是大家各自玩自己的，中班幼儿合作的意识还不够强。

（2）活动反思建议从以下几个点进行。

① 幼儿分组搭建主题区域时幼儿与材料、幼儿与幼儿之间的互动情况，通过幼儿的互动调整下次活动材料的准备与合作情况。

② 思考在幼儿的作品构建方面还有哪些点值得挖掘提升，教师找到幼儿的共性和典型个性问题进行梳理总结。

【延伸活动】

（1）幼儿可以在美工区设计自己心目中的公园形象，制作设计图。

（2）幼儿根据对活动中建构技能的掌握，在建构区进行其他作品的搭建。

湖南省长沙市雨花区教育局第一幼儿园　刘娜

（三）大班

大班幼儿的结构技巧日趋成熟，他们能合作选取丰富多样的材料，有目的性、计划性、创造性地围绕一个主题进行长时间的建筑与构造，能搭建出一些有场景、有情节的主题建构活动。大班幼儿搭建出来的作品相对于中班来说更注重细节性、美观性，作品还讲究对称和平衡，他们还能根据游戏情境的生成需要，不断产生新的结构主题。他们可共同设计活动方案，确定规则，分工合作，开展大型结构游戏。他们在欣赏自己和同伴作品的过程中，逐渐发展自我评价和评价他人的能力。

游戏前：教师可带领幼儿到户外进行参观，丰富幼儿的生活经验，加强幼儿对事物结构造型方面的了解。教师可提供多种材料来发展幼儿的创造性思维，如用形状多变、不规则的积木来启发幼儿的思维。

游戏中：引导幼儿在围绕主题进行建构时，要学习表现作品的细节特点和特征，并学会灵活选择和运用丰富的结构材料和辅助材料；引导幼儿学习分工与合作，并在合作中学会欣赏自己及同伴作品。

游戏后：请幼儿介绍自己的作品，教师和幼儿共同欣赏点评，表扬并鼓励幼儿在游戏中的创新行为以及解决问题的能力。

大班："超级机器人"

【设计意图】

大班结构游戏：
超级机器人

近期班级开展"我爱动画"的主题，幼儿对动画片的兴趣浓厚。在分享活动环节，泽泽带了自己画的《变形金刚》里的擎天柱，立刻引起了班上幼儿的强烈关注，有的说我见过这个"人"；有的说我乐高课拼过比这个还大的；有的说泽泽的又不能站……看到幼儿的表现，感受到幼儿主动发起的、强烈的求知与探索的信号，我于是设计了一个运用多种材料建构机器人的游戏活动。

【活动目标】

（1）喜欢参与机器人建构游戏，愿意大胆想象创造机器人造型，体验成功的喜悦。

（2）能运用巩固组合、连接等技能，进行组合型的机器人主题结构游戏。

（3）学习合理的布局，尝试用不同材料表现出机器人头、身躯、四肢及天线等身体部位特征。

【活动准备】

（1）物质准备：各种拼插积、塑玩具若干；各种大小纸盒、废旧纸筒、双面胶、泡沫胶、吸管等。

（2）经验准备：对机器人形象有一定了解。

【重点、难点】

（1）重点：能进行组合型机器人主题结构游戏。

（2）难点：能尝试用不同材料表现出机器人头、身躯、四肢及天线身体部位特征。

【活动过程】

程序	进程	分析
导入部分	**1. 出示机器人玩具，引发幼儿兴趣** （1）指导语：老师是魔术师你们信不信？我有召唤机器人的本领，你们仔细看哦！ （2）教师用不同的方式出示各种机器人	教师以魔术师的身份引发幼儿的好奇心，用带有神奇色彩的身份与语言、动作充分调动了幼儿的兴趣，吸引幼儿观察机器人，为后期了解机器人结构埋下伏笔
基本部分	**2. 观察机器人特征，激发学习欲望** 了解机器人身体结构。 指导语：你们喜欢这些机器人吗？谁能描述出自己喜欢的机器人的样子？ 小结：原来所有的机器人都有头、身躯、四肢及天线四个部分组成。 （<u>设计意图分析</u>：教师引导幼儿观察机器人的身体机构与连接方式，为后续自己选材、组合做铺垫。） **3. 尝试运用不同材料制作机器人** （1）介绍材料。 指导语：老师给你们准备了许多不同材质不同类型的材料，我们一起来看看都有什么？ （2）同伴间讨论交流：你想制作什么样的机器人？想用哪种材料制作机器人的哪个部位？ （3）幼儿自由分组或个体选择材料进行机器人制作，教师巡回观察指导。 （<u>设计意图分析</u>：在观看完机器人成品的基础上，对机器人外形特点有了了解；观看完各种材料，幼儿对材料特性有了认识；通过讨论交流的形式让幼儿对将要建构的机器人形象有了初步的构想。） **4. 展示评价机器人** （1）作品展示。 针对幼儿现场制作情况，通过不同方式进行作品展示。（看图展示《现场照片记录》、实物观看展示《机器人展览会》、推荐达人《说说我的机器人》……）	通过对机器人的观察，采用结构分析法，即说出物体各部分的名称、形状，掌握各部分的组合关系 通过不同的展示方式，使幼儿在介绍自己作品的过程中发展自己的观察能力、语言表达能力、审美能力等

续表

程序	进程	分析
基本部分	（<u>设计意图分析</u>：不同的展示方式侧重点也不同，整体看图是边看边说注重教师和幼儿共同梳理，提升经验；实物欣赏侧重于幼儿自己观察和发现，注重幼儿的自我学习与提升；幼儿自己介绍自己的机器人，注重幼儿的逻辑性思维与语言表述。但是每种方式最后教师都需要有归纳与小结。） （2）评价小结：梳理游戏经验。 指导语：刚刚我们观看了这么多机器人，你觉得哪个最好？好在哪里？	
结束部分	5. 经验迁移 观看生活中的机器人。 我是小小机器人。幼儿模仿机器人的特点，如说话、走路等。 （<u>设计意图分析</u>：总结、归纳、梳理游戏经验。最后回归生活中的应用，体验生活中机器人的价值与作用，并用模仿的形式亲身感受机器人的特点。）	幼儿通过小游戏"我是机器人"，感受机器人的特点，使幼儿对机器人的兴趣得以继续保持，可以在阅读区里投放各种不同的机器人图片、书籍，丰富幼儿对机器人的感性经验，并把图纸设计变成立体直观的作品

【总结与提升】

（1）活动结束后，教师根据实际情况进行评析。

本次活动选题很好，既是幼儿感兴趣又是贴近幼儿生活的主题。教师采用不同方式调动幼儿的激情和好奇心，提供充足的材料让幼儿实践操作，和《指南》中提到的幼儿需要亲身经历、实践操作、感知体验的思想十分吻合。幼儿在活动中充分与材料、与同伴互动，教师也适时、适当地将角色定位为观察者、引导者、合作者等身份。

（2）活动反思建议从以下几个点进行。

① 幼儿游戏前期对机器人了解经验是否充分？如果幼儿缺乏经验，教师采用什么方式进行弥补？

② 教师提供的材料是否合适？材料与幼儿的互动情况怎么样？如果有不合适的材料应该如何调整？

【延伸活动】

鼓励幼儿运用不同方式了解查阅关于机器人的各种资料，教师进一步提供多种材料引导幼儿尝试用更多材料制作不同类型机器人，包括拼装能运行的机器人。

湖南省长沙市雨花区教育局第一幼儿园　刘娜

四、结构游戏案例分享

（一）中班："马路上"

中班结构游戏：
马路上

【设计意图】

一个学期下来,班级开展了不同的建构游戏:"各种各样的汽车""立交桥""房子""花草树木"等,我发现孩子们的建构兴趣和建构技能明显增强,合作能力明显提升,于是在已有建构经验的基础上,生成了此次活动"马路上"。这些活动让幼儿将这些游戏中的技能、能力等融合在一起,期望幼儿通过运用不同的建构技能去感受马路给人们生活带来的便利。教师应鼓励幼儿大胆尝试,从中享受创作、合作的乐趣,体验成功的喜悦,养成不怕困难、勇于探索的品质等。

【活动目标】

（1）体验与同伴共同建构马路的乐趣与成功感受。

（2）能与同伴一起协商、分工合作,选择不同的建构材料,运用平铺、延长、连接、组合等技能,搭建马路及马路上的汽车、绿化带、建筑物等。

（3）学习让马路更加坚固的搭建方法,尝试用辅助材料美化作品。

【活动准备】

（1）物质准备:各种积木、积塑、易拉罐、泡沫垫、纸盒等、PPT。

（2）经验准备:有认真观察马路的经验;有玩建构游戏的经验。

【重点、难点】

（1）重点:能与同伴协商分工合作进行搭建活动。

（2）难点:学习让马路更加坚固的搭建方法。

【活动过程】

程序	进程
导入部分	**1. 谈话导入,激发幼儿建构兴趣** 指导语:你们知道长沙有哪些马路吗? 马路上和马路旁边有些什么? （设计意图分析:从幼儿的生活经验入手,一是能激发幼儿建构马路的兴趣,二是让幼儿产生建构布局的意识。）
基本部分	**2. 观看 PPT,幼儿自主选材、自由组合选定搭建主题** （1）自由组合选择搭建的主题。教师:今天我们就要来搭建马路了。一起来瞧瞧,我们今天的任务是什么。（出示相关图片 PPT） （设计意图分析:PPT 内容展示的是从不同角度拍摄的马路整体图片以及孩子们以往搭建单个主题时的作品图片。） （2）介绍材料,分组商定搭建主题以及制定相关的组内搭建规则。 ① 介绍材料,选择搭建主题。 指导语:看看老师给你们准备了什么材料? 请你们自由组合,商量后选定主题,并在搭建过程中大胆使用各种材料进行搭建。

程序	进程
基本部分	② 制定搭建规则。 提问：你们觉得在游戏过程中要注意哪些方面？ 教师提炼梳理游戏注意事项。 **3. 幼儿分组搭建，教师巡回指导** （1）指导语：音乐开始你们开始行动，音乐停止请大家坐回位置。 （设计意图分析：从回忆讲述到实景图片到操作材料，教师有意识地从直观到具体到实际操作，层层递进，给幼儿后期的主题搭建铺路。最后幼儿与教师共同制定游戏规则，尊重了幼儿的主体作用，同时幼儿更容易遵守自己制定的规则。） （2）教师巡视幼儿的游戏情况，鼓励幼儿积极主动地参与游戏，并学会合作。 （设计意图分析：活动中关注幼儿搭建技巧的运用，及时记录拍摄幼儿的创意，并在幼儿需要帮助时适时介入。）
结束部分	**4. 展示作品，体验成功的喜悦** （1）指导语：孩子们都很棒，音乐停止都能快速回位。哪组愿意给大家介绍一下你们的作品？ （2）教师和幼儿共同梳理游戏过程。 指导语：今天在游戏中你遇到了什么问题吗？是怎么解决的？你觉得哪些地方做得好（或不好）？怎么改进？ （设计意图分析：总结、归纳、梳理游戏经验。提高建构技能、学习如何设计规划构图方法等，并将获得的学习经验进行经验迁移，举一反三搭建其他同类型作品。） （3）幼儿与作品合影纪念，教师和幼儿共同收拾场地与材料。 （设计意图分析：作品留影幼儿可获得成就感，同时可以和下次的作品进行比对，看看自己的进步。教师和幼儿共同收拾场地，培养幼儿的责任感。）

【总结与提升】

（1）活动评析：本次建构游戏的重点在于幼儿以分组形式运用垒高、围合、拼插、对称等搭建技能参与合作搭建马路以及马路周围的相关建筑物；难点是幼儿了解"马路"的整体布局，学会根据简单平面图进行建构，并能选择游戏材料搭建出坚固和不同造型的作品。在组织游戏的过程中以任务形式贯穿始终，保持幼儿的搭建兴趣，同时应注意提升幼儿的搭建技能；此外还要引导幼儿与同伴分享玩具、合作搭建、有序收拾玩具。

（2）活动反思建议从以下几个点进行。

① 活动中，教师如何支持幼儿的组织协调？前期各方面的经验已经比较丰富，活动刚开始，需要老师帮助一个有"领导"能力的幼儿进行分组发布指令，进行场地的划分和布局。

② 在搭建过程中，当幼儿在遇到困难时，教师怎样支持幼儿？比如立交桥搭建得不够稳固，很容易倒塌时，如何引导幼儿利用材料的特点：以拼插材料作为骨架，在此基础上再用积木搭建，这样，立交桥就能搭建得很坚实。

【延伸活动】

在美工区中幼儿尝试用绘画方式设计图纸，用泥工捏造立体马路的立体模型。在建构区中搭建"我设计的马路"等，回家跟爸爸妈妈说说自己在活动中承担了哪部分的工作，是怎样完成的。

湖南省长沙市雨花区教育局第一幼儿园　曾丹

（二）小班："建高楼"

【设计意图】

小班结构游戏：
建高楼

根据小班幼儿的年龄特点和发展水平，我们选择了这一幼儿易于表现的事物——高楼。让幼儿在认识和熟悉一些不同形状积木的基础上，通过各种形状的不同组合、垒高等发展幼儿想象力、创造力和发散性思维的能力，进一步丰富搭建技能知识及在日常生活中的实际运用。通过做做、玩玩、讲讲的活动，发展幼儿的动手能力、表现能力。

【活动目标】

（1）乐意主动与同伴一起合作分享交流，感受共同建构高楼的成就感与喜悦感。

（2）尝试用垒高、组合等技能搭建高楼。

（3）感知建构材料的特征，熟悉材料的操作方法。

【活动准备】

（1）物质准备：长颈鹿、PPT、各种不同形状积木、泡沫垫（两人或三人一块）。

（2）经验准备：幼儿观赏过各种造型不同的高楼。

【重点、难点】

（1）重点：知道材料的特征并熟悉材料的操作方法。

（2）难点：能用垒高、组合等技能搭建高楼。

【活动过程】

程序	进程
导入部分	**1. 谈话导入，激发幼儿为长颈鹿小姐建造高楼的欲望** 指导语：今天老师请来了一位客人长颈鹿小姐，她有一个困难需要小朋友帮忙解决，大家愿意帮助她吗？长颈鹿："小朋友们好，我是长颈鹿，我遇到了一个小麻烦，我的身高太高了，在动物世界找不到适合我住的房子，听说城市里新建了许多漂亮的高楼，小朋友们愿意帮我建一个高楼做我的家吗？" （设计意图分析：利用长颈鹿出场寻求解决问题的方式激发幼儿的兴趣。）
基本部分	**2. 丰富幼儿对房屋外形的认识，帮助幼儿初步了解房屋简单的外形特征** （1）观看PPT，欣赏城市里的高楼图片，了解高楼的外形特征。 （2）指导语：你们刚才看到的楼房是什么样子的？高楼上面的部分是什么？下面呢？你想为长颈鹿小姐建几层的高楼？你想建什么形状的高楼？

程序	进程
基本部分	（设计意图分析：观看高楼的图片，让幼儿可以更加直观地观察在实际生活中看到的高楼，学会模仿搭建。） **3. 教师示范搭建高楼的技巧** （1）建构材料的介绍。 指导语：看看老师为小朋友准备了哪些建构材料？都有什么形状的积木？ （设计意图分析：活动前让幼儿了解有哪些材料可以运用，给予孩子对材料需求的支持。） （2）请个别幼儿示范，尝试搭建。 （设计意图分析：请个别幼儿用自己的方式示范搭建后与其他幼儿一起分享学习改进。） （3）教师示范搭建技巧。 指导语：请小朋友看看，老师是怎么搭建一层层高楼的？（垒高）老师搭建的高楼是什么形状的？楼顶用了什么形状积木搭建？楼身用了什么形状的积木搭建？（组合） （设计意图分析：通过老师示范垒高、组合，让幼儿初步了解垒高的搭建方法，请幼儿观看后说出老师搭建的步骤，加深印象，也可通过模仿进行技巧学习。） **4. 幼儿搭建，教师指导** （1）幼儿领取地垫，2～3人一组进行搭建。 （设计意图分析：小班幼儿的合作意识处于萌发阶段，请幼儿2～3人一组进行建构，教师引导幼儿初步进行合作，利用地垫给予幼儿空间区域的划分，引导幼儿在自己的区域进行搭建，并且更方便作品展示。） （2）教师巡视幼儿的游戏情况，鼓励幼儿积极主动地参与游戏，观察幼儿搭建技巧的情况，适时介入引导。 （设计意图分析：活动中教师应时刻关注幼儿的搭建技巧，在活动出现冲突时适时介入。）
结束部分	**5. 教师和幼儿评价，结束活动** （1）幼儿自评、互评游戏情况。 （2）教师根据幼儿建构技巧、成品展示进行分享评价总结。 （3）组织幼儿有序地整理游戏材料，结束活动。 长颈鹿小姐："非常感谢小朋友给我建构了这么多漂亮的高楼，解决了我的小麻烦。" （设计意图分析：总结、归纳、梳理建构游戏经验，提高幼儿搭建技巧，激发幼儿游戏兴趣，巩固学习经验并进行经验迁移。） 成品（见图6-50、图6-51）。

续表

程序	进程
结束 部分	 图6-50 建构成品　　　　　　图6-51 建构成品

【总结与评价】

（1）活动结束后，教师根据实际情况进行评析。

本次活动整个流程设计合理，从幼儿的生活经验入手，抓住了幼儿的兴趣点，以层层递进的方式引导幼儿参与游戏过程。在游戏中，幼儿与材料的互动是我关注的重点，幼儿用不同材质的材料进行垒高，在反复的尝试过程中找到垒高的方法。幼儿从最开始的三层到后来的十五层积木垒高就是一种进步，从塑料积木和木质积木对比中发现木头积木垒高更加稳固，这些都是幼儿经验的提升。

（2）活动反思建议从以下几个点进行。

① 在游戏中，老师是否随时观察幼儿并根据幼儿的不同能力水平，提出不同要求？对幼儿提供了哪些支持？

② 在教师引导幼儿进行垒高时，如何引导幼儿尝试用不同的方法垒高？

③ 小班幼儿在分组游戏过程中出现沟通、交往技巧问题时，教师如何进行引导？

【延伸活动】

鼓励幼儿区域活动中继续用图形建构房屋或其他物体，也可提供立体积木让幼儿进行立体构造游戏。

湖南省长沙市雨花区教育局第一幼儿园　熊梓丹

知识巩固

一、选择题

1. 幼儿在结构游戏中，由独自搭建发展为能与同伴联合搭建，主要反映了游戏中幼儿（　　　）的水平。

　　A. 运用材料　　　　B. 建构形式发展　　　C. 社会性发展　　　D. 行为发展

2. 幼儿园的"娃娃家"游戏属于（　　　）。

　　A. 结构游戏　　　　B. 表演游戏　　　　　C. 角色游戏　　　　D. 智力游戏

3. 小班的角色游戏指导重点是（　　　）。

    A. 通过评价丰富游戏经验　　　　　　B. 如何使用游戏材料

    C. 培养规则意识　　　　　　　　　　D. 教师进行不参与

4. （　　　）是幼儿游戏的基础和源泉。

    A. 教师的指导　　　B. 家长的影响　　　C. 同龄人的经验　　　D. 幼儿的生活经验

5. 下列几种游戏中，（　　　）属于创造性游戏。

    A. 智力游戏　　　　B. 体育游戏　　　　C. 音乐游戏　　　　D. 角色游戏

二、材料分析题

1. 李老师设计了一个"三只蝴蝶"的游戏活动，她选了三位幼儿扮演蝴蝶，又选了若干幼儿扮演花朵。结果，幼儿兴趣不高，表现被动，还没等游戏结束，一个幼儿问李老师："李老师，游戏完了吗？我们可以自己玩了吧？"

问题：对于这种现象，请从幼儿游戏特征和游戏指导的角度进行论述。

2. 大二班在建构开元寺，幼儿除了建构已学过的建筑外，还联想到在开元寺里有很多古船，幼儿都兴致勃勃地参与到古城建筑中。小小和妮妮都选择了小星星积塑，相互配合拼起了船底，女孩子们都在用橡皮泥捏树木和寺庙，并使用火柴纸片等完成作品。

问题：以上案例属于什么类型的游戏？该类游戏的结构和教育作用是什么？

实践与练习

1. 结合幼儿园见习或观摩活动自定主题编写一份大班角色游戏设计与指导方案，要求格式规范、有明确的目标、合适的内容、适宜的准备和具体的活动指导。

2. 结合幼儿园见习或观摩活动自定主题编写一份中班表演游戏设计与指导方案，要求格式规范、有明确的目标、合适的内容、适宜的准备和具体的活动指导。

3. 结合幼儿园见习或观摩活动自定主题编写一份小班建构游戏设计与指导方案，要求格式规范、有明确的目标、合适的内容、适宜的准备和具体的活动指导。

参考文献

[1] 王宏艳. 幼儿学前教育. 北京：清华大学出版社，2015.

[2] 吕苹，朱蓓凌，张瑛. 保教知识与能力辅导用书. 重庆：重庆大学出版社，2014.

[3] 翟理红. 学前儿童游戏教程. 上海：复旦大学出版社，2006.

[4] 刘晓东，卢乐珍. 学前教育学. 南京：凤凰出版传媒集团，2009.

[5] 郑佳珍，朱炳昌. 幼儿体育游戏指导. 北京：高等教育出版社，2004.

[6] 郑名，龙红芝. 学前游戏论. 兰州：兰州大学出版社，2014.

[7] 邱学青. 学前儿童游戏. 南京：江苏教育出版社，2008.

[8] 刘晓红. 学前儿童游戏. 郑州：郑州大学出版社，2012.

[9] 高宏. 幼儿园游戏. 哈尔滨：哈尔滨工业大学出版社，2014.

[10] 姚伟. 幼儿游戏与指导. 北京：中央广播电视大学出版社，2014.

[11] 沙莉. 学前儿童心理发展. 北京：清华大学出版社，2014.

[12] 刘炎. 儿童游戏通论. 北京：北京师范大学出版社，2008.